주님, 속이 시원하시겠습니다

주님,
속이
시원하시겠습니다

김양재 지음

QTM

이 책을 펴내며

최근 무명 가수들이 출연하여 경연을 벌인 한 TV 프로그램이 큰 인기를 끌었습니다. 시청자들의 코끝을 찡하게 만든 장면이 많았지만, 그중 심사위원을 맡은 37년 차 대선배 가수의 심사평이 참 인상적이었습니다. 흔히 경연 심사평이라 하면 독설부터 떠오르는데, 그는 "참 잘했어요"라는 짧은 평만을 건넸습니다. 그러나 이 짧은 말이 굵은 공감의 표현이 되어 출연자뿐만 아니라 시청자까지 울렸습니다.

초등학생들에게나 할 "참 잘했어요"라는 말이 칭찬을 넘어 공감의 언어로 다가온 것은, 그 말에 그 가수의 인생이 투영되었기 때문입니다. 그는 노래 잘하는 가수로 대중에게 인정을 받았지만, 복잡한 가정사로 젊은 시절을 불우하게 보내고, 몇 년 전엔 배우자의 죽음까지 겪었습니다. 또한 정신의 병과도 끊임없이 싸워야 했죠. 그럼에도 늘 최고의 무대를 보여 주었습니다. 그러므로 "참 잘했어요"라는 그의 말은, 문자 그대로 '잘했다'라는 의미를 넘어 자신의 인생을 걸고 노래한 무명 가수들에게 보내는 최고의 찬사요, 체휼이었습니다.

5

어느덧 창세기 큐티강해 시리즈가 8권을 맞았습니다. 8권을 아우르는 야곱의 여정은 "네 출생지로 돌아가라" 하시는 하나님의 명령에서부터 시작됩니다. 야곱이 집을 떠났을 때만큼이나 집으로 돌아가는 여정도 녹록지 않습니다. 왜냐하면 하나님이 택하신 자녀인 야곱이 여전히 자기 생각에 가득 차 있기 때문입니다. 여전히 인간적인 방법을 내세우면서 세상에서 벗어나지 못했기 때문입니다. 그래서 하나님이 작정하시고 야곱이 홀로 남아 있는 얍복 나루로 찾아가 그를 만나 주십니다. 야곱과 밤새 씨름하시며 급기야 그의 환도뼈를 치십니다.

야곱의 인생이 곧 성도의 인생 아니겠습니까? 이때 야곱은 어떤 생각을 했을까요? 여러분이라면 하나님께 뭐라고 기도했겠습니까? 저는 야곱이 이랬을 것 같습니다.

"하나님, 제가 불구자가 돼서 속 시원하십니까? 내 돈 다 빼앗아 가셔서 후련하십니까? 저를 아주 와장창 깨뜨려 버리셨으니 참 좋으시겠습니다……."

그러다 이내 고백했을 것입니다.

"그러나 주님, 참 잘하셨습니다. 제게 행하신 모든 일 중에 제 환도뼈를 치신 일이 제일 잘하신 일입니다. 하나님, 너무너무 잘하셨어요……."

어떻게 하나님께 "속이 시원하시겠습니다, 참 잘하셨습니다"라고 불경스럽게 말할 수 있겠습니까. 그러나 야곱은 하나님이 환도뼈를 치신 일이 자신의 구원을 위해 하나님께서 작정하신 환난이며, 이 환난을 끝내실 분 역시 오직 하나님뿐이라는 걸 깨달았습니다. 즉, 자신을 치실 수밖에 없었던 하나님의 마음을 깊이 체휼하는 고백인 것입니다.

창세기 31장부터 34장까지의 이야기를 다루는 이 책에서 우리는 야곱을 향한 구속사의 정점을 보게 될 것입니다. 나아가 우리의 구원을 위해 작정하시고 씨름하시는 하나님의 사랑을 경험할 것입니다.

하나님이 나에게만 야박하신 것 같아 속이 타십니까? 끝날 것 같지 않은 긴 고난의 터널 속에서 절망하고 계십니까? 성도의 인생에 우연은 없습니다. 모든 것이 하나님이 작정하신 일이기에 누구를 탓해서도 안 됩니다. 우리가 할 일은 인내하고, 내 죄 때문에 온 고난이라면 회개하는 것뿐입니다. 부디 이 책을 통해 "여전히 인간적이고 내 생각이 많아 말씀이 안 들렸다" 고백하는 성도가 많아지길 소원합니다. 나아가 나를 향한 하나님의 구속사가 깨달아져 "하나님, 속이 시원하시겠습니다", "하나님, 참 잘하셨습니다!"라고 고백할 수 있는 은혜가 임하길 축원합니다.

2024년 2월
우리들교회 담임목사 김양재

차
례

PART 3   **아름다운 화해**

Part 1

집으로

01

네 출생지로 돌아가라

창세기 31장 1~16절

하나님 아버지, 네 출생지로 돌아가라 말씀하십니다.
인생이 어디서 왔다가 어디로 가는지 모르는 이도 허다한데
주님은 출생지로 돌아가라 하십니다.
그 출생지가 어디인지 알기 원합니다.
말씀하여 주옵소서. 듣겠습니다.

저의 부모님은 두 분 다 이북 평안북도 출신이십니다. 저는 전쟁 피난 길에 대구에서 태어났고 줄곧 서울에서 살았습니다. 그래서 이북에 관한 기억도, 대구에 관한 기억도 없습니다. 오직 서울 생활만 기억할 뿐입니다. 만일 "네 출생지로 돌아가라" 한다면 저는 어디로 가야 할까요? 조상들의 흔적이 있는 이북으로 가야 하나, 문자 그대로 출생지인 대구로 가야 하나, 대구에 간들 아는 사람 하나 없는 그곳에서 누가 나를 반겨 줄까…… 여러 생각이 교차합니다. 그렇다고 서울이 내 고향이라 할 수 있을까요? 서울이란 곳이 시골 같지 않아서 다 문 잠그고 살고 이사 가면 끝입니다. 그래서 수십 년을 살았어도 고향 친구라고 부를 만한 사람이 없습니다. 지금은 이사 왔지만 한 동네에서 30년 넘게 살았는데도 서로 눈인사 정도만 할 뿐 속사정까지 터놓는 이웃은 없었습니다. 여러분은 "네 고향으로 가라" 한다면 어디로 가겠습니까?

한편으로는 그래요. 고향이 마냥 정겨운 곳은 아닙니다. 이혼해도 못 가고, 망해도 못 가고, 감옥 다녀와도 못 가고, 입시에 떨어져도 못 갑니다. 세상 고향이 그렇습니다. 뭔가 보여 줄 게 있어야 가고 싶은 곳입니다. 그러니 출생지, 고향은 지리적인 곳만을 의미하지는 않는 것 같습니다.

그런데 내 고향은 어딜까 묵상해 보다가 문득 우리들교회가 생각났습니다. 이렇게 매 주일 만나 좋은 소식이든지 나쁜 소식이든지 서로 허물없이 나누며 희로애락을 함께하는 공동체가 세상에 또 어디 있겠습니까. 이처럼 주일학교서부터 나의 모든 것을 나누고 가는 아이들은 자라서 교회가 고향이 되리라고 생각합니다. 몇십 년이 지나도, 미국에 있더라도 "우리들교회 모여라!" 하면 다 모일 것 같습니다. 우리들교회가 우리의 나눔이 쌓이고 쌓인 추억 박물관이 돼서, 서로 너무 만나고 싶지 않을까요?

저는 어려서부터 교회를 다녔어도 속 얘기를 해 본 적이 없어서 어릴 적 교회가 고향이라고는 생각되지 않습니다. 우리는 자녀들에게 돌아갈 고향을 남겨 주어야 합니다. 출생지를 남겨 주어야 합니다. 부모가 믿음으로 살아내는 본을 보여 주지 않으면 우리가 죽은 뒤 자녀들이 찾아갈 고향이 없습니다. 힘들 때 찾아갈 고향, 믿음의 공동체를 남겨 주는 것이 자녀에게 물려줄 최고의 유산입니다.

고향, 곧 출생지는 나를 낳아 주신 부모님이 계신 곳입니다. 영적으로는 하나님 아버지가 계신 곳입니다. 내가 어디에서 와서 어디로 가는지를 알아야 인생의 방황이 멈춥니다. 언제나 내가 어디에서 왔는지 돌아보고 출생지로 돌아가야 합니다. 나의 출생지는 '하나님 아버지'입니다. 나는 하나님의 형상으로 지음을 받았기 때문입니다.

그런데 우리가 출생지로 돌아가기가 참 어렵습니다. 야곱의 인생만 보아도 그렇습니다. 어떻게 우리가 나의 출생지, 하나님 아버지께로 돌아갈 수 있을까요? 본문을 통해 살펴보겠습니다.

환경이 조여 와야,
즉 하나님이 가게 하셔야 돌아갈 수 있습니다

> 야곱이 라반의 아들들이 하는 말을 들은즉 야곱이 우리 아버지의
> 소유를 다 빼앗고 우리 아버지의 소유로 말미암아 이 모든 재물을
> 모았다 하는지라_창 31:1

우리는 주로 어떨 때 비난하고 비난받을까요? 가진 것이 없어 스
스로 열등하게 느껴질 때 우리는 남을 비난하기 좋아합니다. 반대로
내가 유명해지고, 부자가 되고, 잘나가면 비난의 표적이 되기도 합니
다. 이삭도 같은 일을 겪었습니다. 아비멜렉 왕이 처음엔 이삭을 좋아
하다가 그가 우물을 너무 잘 파니까 그랄 땅에서 떠나 달라고 했습니
다(창 26:16). 잘되면 그때부터 사탄의 공격이 시작됩니다.

야곱이 열성인 아롱진 것과 점 있는 것, 검은 양만을 취했는데도
거부가 되니까(창 30:43) 라반과 그 아들들이 들고일어나 음모를 꾸미
고 악성 루머를 퍼뜨립니다. 야곱도 조짐이 수상한 걸 딱 캐치합니다.

> 야곱이 라반의 안색을 본즉 자기에게 대하여 전과 같지 아니하더
> 라_창 31:2

『얼굴의 심리학』이라는 책을 보면, 진짜 웃음은 눈을 둘러싼 눈
둘레근과 큰광대근이 함께 수축해서 만들어진다고 합니다. 그런데

이 두 근육 중에 큰광대근은 의지에 복종하지만 눈둘레근은 그렇지 않다는 겁니다. 그래서 상사의 썰렁한 농담에 예의상 웃어 줄 수는 있지만 진짜 웃음은 지을 수 없습니다. 입은 웃어도 눈이 움직이지 않을 테니 진짜 웃음이라고 할 수 없는 것이죠. 행복한 부부는 웃음을 주고 받을 때 눈둘레근을 움직이지만 사이가 나쁜 부부는 절대로 이 근육을 쓰지 않습니다. 또 아무리 표정을 꾸며도 차가운 비소(非笑)는 상대방도 다 안답니다.

야곱이 돈을 벌어 준 14년 동안 라반은 기쁘게 웃다 못해 입이 찢어졌습니다. 그런데 갑자기 야곱이 부자가 되고 자신에게는 약한 양만 남았습니다. 그리된 이유조차 모릅니다. 그러니 라반의 안색이 전과 같지 않습니다. 입은 웃어도 눈둘레근이 움직이지 않습니다. 이제는 야곱이 떠날 때가 됐다는 신호입니다.

아브라함 대에는 밧단아람이 본토(本土)였지만 믿음의 3대인 야곱 대에 이르러 본토의 개념이 바뀝니다. 라반의 땅에 와서 20년을 살아 보니 그곳은 내 고향, 내 본토가 아닌 겁니다.

사실 야곱은 요셉을 낳았을 때 고향으로 떠나기로 이미 결정했습니다(창 30:25). '내 고향 브엘세바로 다시 돌아가야지……' 타지에서 고생하다 보니까 이런 생각이 들었습니다. 그런데 라반이 품삯을 주겠다고 하자 6년을 더 머뭅니다. 그사이 야곱이 돈을 많이 벌었습니다. 14년 일했어도 돈 한 푼 못 쥐다가 6년 만에 큰 부자가 되었습니다. 그러니 좀체 떠나지를 못합니다.

따져 보면 야곱으로서는 떠날 이유가 없습니다. 브엘세바로 돌아가 봤자 뭣합니까. 나를 죽이려는 형과 내가 속여 먹은 아버지가 떡하니 버티고 있지 않습니까? 또 돌아가면 처음부터 다시 시작해야 합니다.

그럼에도 불구하고 브엘세바는 야곱의 출생지입니다. 믿음의 아버지가 계신 약속의 땅입니다. 반드시 돌아가야 할 나의 본토입니다.

마태복음 14장에서 예수님이 오병이어로 오천 명을 먹이시는 기적을 행하십니다(마 14:13~21). 이 영광스러운 장면을 목도한 제자들이 어떻게 그 자리를 떠날 수 있겠습니까? 그런데 이어지는 22절을 보면 "예수께서 즉시 제자들을 재촉하사 자기가 무리를 보내는 동안에 배를 타고 앞서 건너편으로 가게" 하셨다고 합니다. 편안하고 안락할 때 우리는 못 떠납니다. 그래서 예수님이 가게 하십니다. 우리를 환경으로 조이셔서 떠날 수밖에 없도록 하십니다.

물론 떠난다고 꽃길이 펼쳐지는 건 아닙니다. 어렵게 떠난 제자들에게도 좋은 일보다는 되레 광풍이 기다리고 있었습니다. 이때 제자들이 어떻게 반응합니까? 그동안 예수님이 얼마나 수많은 기적을 베푸셨습니까. 무리에게 떡을 먹이시고, 귀신 들린 자를 고치시고, 각종 병자를 고치셨을 뿐만 아니라 베드로 장모의 열병도 고쳐 주셨습니다. 그런데도 제자들은 도와주러 오시는 예수님보고 "유령이라" 하며 소리 지릅니다. 그동안 주님이 베푸신 기적은 모조리 잊어버렸습니다.

그러나 비록 주님을 몰라보고 무서워했어도 배에서 내리지 않고 소리치니까 주님이 "나니 두려워하지 말라"고 즉시로 대답해 주십니다(마 14:27). 이처럼 폭풍 가운데서 주님과 신뢰가 쌓입니다. 기적이 계속된다고 신뢰가 쌓이지 않습니다.

그러므로 폭풍과 같은 고난은 반드시 있어야 할 일입니다. 여전히 사탕 달라고만 하는, 기적만 바라는 어린아이 신앙에 머물러 있다면 이제는 주님과 신뢰 관계로 나아가기를 구하십시오. 저는 여러분이 무슨 일을 당하든지 "나야 나" 하시는 주님 음성에 안심하는 남편, 아내, 부모, 목사, 목자가 되었으면 좋겠습니다. "안심해라 나다 나~" 하시는 주님 음성만 듣고도 모든 바람이 그치는 여러분 되기를 축복합니다.

지난 20년간 야곱은 사랑과 재물에 집착하며 살았습니다. 그 결과 모든 걸 얻었지만, 장인과 처남들에게 호감을 얻는 데는 실패했습니다. 아무리 잘 지내보려 해도 그들은 도리어 괴롭히며 내 재물을 빼앗으려 듭니다. 이 문제를 어떻게 풀어야 할지 방법조차 모르겠습니다. 그러니 인생이 허무하게 느껴집니다.

왜 이런 일이 야곱에게 왔습니까? 이 세상이 아무리 좋아도 우리가 돌아갈 고향은 하늘나라입니다. 그런데 야곱이 못 떠나고 있으니까 주님이 라반과 그의 아들들을 사용해서 야곱을 등 떠미시는 겁니다. 내 힘으로는 못 떠나니까 쫓겨나게 하십니다. 이렇게 환경이 조여오지 않으면, 우리 인생이 육신의 것에서 하나님께로 옮겨 가기가 어렵습니다.

돈을 벌고, 결혼하고, 자녀 낳고…… 이 모든 일도 하나님의 소원을 이루는 게 목적이어야 합니다. 하나님이 이루어 주셨으니 하나님께 돌려드려야 하는데, 내가 그러지 못하니까 환경으로 조이셔서 나로 출생지로 돌아가게 하십니다. 삶이 편치 않다면, 이대로는 안 된다는 생각이 자꾸 든다면 "출생지로 돌아가라"는 하나님의 사인입니다.

어쩔 수 없이 떠나야 할 처지입니까? 애매한 고난 가운데 있습니까? 미움받습니까? 그래서 쓰러지듯 예배의 자리로 왔다면 그보다 축복은 없습니다. 우리들교회도 수많은 사람이 갖가지 사연을 품고 예배로 옵니다. "하나님, 나를 살려 주세요", "우리 아이를 살려 주세요", "우리 집을 살려 주세요"…… 얼마나 간절히 부르짖는지 모릅니다. 이들을 생각하면 눈물이 앞을 가립니다. 그중엔 오늘이 마지막이라 생각하며 오는 분도 있습니다. 저는 이분들이 다 살아나길 바랍니다. 그것이 제 소망입니다. 갖은 고난에 등 떠밀려 떠나온 이분들의 간절한 기도를 주님이 들으시고 다 살려 주실 줄 믿습니다.

그런데 우리의 야곱은 엉덩이가 여전히 무겁습니다. 1절에서 자신을 음해하는 소문을 들었고, 2절에서 라반의 안색이 변한 걸 보았는데도 못 떠나고 있습니다. 그러니 주님이 또 찾아오셔서 말씀해 주십니다.

여호와께서 야곱에게 이르시되 네 조상의 땅 네 족속에게로 돌아가라 내가 너와 함께 있으리라 하신지라_창 31:3

가진 것이 없을 때는 쉬이 떠날 수 있습니다. 그런데 6년간 피나는 노력 끝에 야곱이 거부가 되었잖아요. 돈이 마구 벌리는데 어떻게 떠납니까? 더구나 고향엔 나를 죽이려고 벼르는 형이 딱 버티고 있습니다. 못 떠날 이유 천지입니다. 그런데 라반이 조여 오니까 드디어 야곱에게 하나님의 음성이 들립니다. 지금은 형보다 라반이 더 무서운 겁니다.

예배에 와도 하나님의 음성이 들리지 않는 사람이 있습니다. 설교 말씀이 무슨 말인지 하나도 모르겠다고 합니다. 야곱처럼 정말 급해야 하나님의 음성이 들립니다. 그래서 저는 여러분이 고난당했다고 하면 안타까우면서도 한편으로 기쁩니다. 막판까지 가지 않으면 하나님의 음성이 들리지 않기 때문입니다.

부인과 맨날 다투다 못해서 교회에 오신 한 의사 선생님이 계십니다. 이분이 만일 아내랑 알콩달콩 잘 살았다면 자기야말로 교회를 이상하다고 몰아세웠을 대표적인 사람이라고 나누셨습니다. 지금은 저에게 너무 감사하답니다. 우리가 다 그렇습니다. 배우고 가진 게 조금이라도 있으면 하나님의 음성이 들리지 않습니다. 돈과 지위를 가졌는데 어찌 말씀이 들리겠습니까? 구속사가 어찌 깨달아지겠습니까?

사람은 믿음의 대상이 아닙니다. 야곱을 보세요. 외삼촌에게 아무리 잘해도 외삼촌은 나를 이용하기만 합니다. 당장 정치판도 그렇습니다. 어제의 동지가 오늘의 적이 되는 걸 수없이 봅니다. 그러나 모함당하니까 고향이 그리워지고, 하나님이 그리워져서 찾고 싶은 생각이 듭니다. 그래서 배신은 우리에게 보약이라고 할 수 있습니다. 고향 찾게 해 주는 좋은 보약입니다.

부모에게, 배우자에게, 애인에게 배신당해서 하나님을 찾았다면 진짜를 찾은 겁니다. 야곱도 "내가 너와 함께 있으리라" 하시는 하나님의 음성이 이제야 새롭게 들리기 시작했습니다. 지난 30장 25절에서는 야곱이 떠나려는 마음만 먹었지 실행에 옮기지 못했습니다. 그때는 가진 재물도 없을뿐더러 라반에게 미움을 받지 않았습니다. 지금은 사방으로 모함당하고, 무엇보다 돈 좋아하는 야곱이 돈을 빼앗기게 생겼습니다. 그러니까 떠날 의지가 불끈불끈 솟아납니다. 마음이 급해집니다.

- 내가 떠나야 할 땅은 어디입니까? 안락함의 땅, 부요함의 땅, 중독의 땅, 쾌락의 땅 등등 어디입니까?
- 세상에서 떠나지 못하는 나를 하나님이 어떻게 조이고 계십니까? 그래서 하나님께 돌아가고 있습니까, 버티고 있습니까?
- 나는 하나님의 음성이 잘 들립니까? 설교 말씀이 깨달아집니까?

가족을 설득해야 합니다

4 야곱이 사람을 보내어 라헬과 레아를 자기 양 떼가 있는 들로 불러다가 5 그들에게 이르되 내가 그대들의 아버지의 안색을 본즉 내게 대하여 전과 같지 아니하도다 그러할지라도 내 아버지의 하나님은 나와 함께 계셨느니라_창 31:4~5

'떠나야지, 떠나야지' 하다가 어느새 자녀가 11명, 부인만 4명인

대식구가 되었습니다. 혼자여도 떠나기 힘든데 딸린 식구가 많아졌습니다. 더구나 레아도 라헬도 강적이라 이 둘을 설득하지 못하면 못 떠납니다. 한 사람이라도 놓고 가면 라반한테 이를 테니까 다 데려가야 합니다. 미우나 고우나 함께 살고 함께 죽어야 하는 공동체가 되었습니다.

사실 야곱은 라헬하고만 가고 싶을 겁니다. 4절에도 보세요. 야곱이 '라헬과 레아'를 불렀다고 합니다. 조강지처는 레아인데 라헬이 늘 먼저입니다. 곧 죽어도 라헬밖에 모릅니다. 하나님의 순서는 레아와 유다인데, 야곱은 끝까지 라헬과 요셉을 못 내려놓습니다. 그러니 야곱에게 얼마나 약점이 많은지 모르겠습니다.

레아나 라헬도 그렇습니다. '눈엣가시 같은 언니, 동생은 떼어 두고 나만 갔으면······' 바라지 않겠습니까? 한편으로 레아는 차라리 남고 싶었을지도 모릅니다. 라헬만 챙기는 남편 뭐 이쁘다고 따라가고 싶겠습니까.

그러나 결론부터 말하면 야속한 남편이라도 레아는 함께 떠났습니다. 물론 야곱이 나를 안 좋아하는 것 잘 압니다. 그러나 하나님을 나의 남편 삼은 후로 레아가 육적 남편에게서 완전히 졸업했습니다. 나를 예뻐하든지 미워하든지 개의치 않고 아내로서 책임을 다하게 됐습니다. 남편의 인격이 아니라 역할에 복종하게 됐습니다. 왜냐하면 야곱이 부족해도 믿음의 조상이기 때문입니다. 행위가 아닌 믿음으로 구원을 얻기에 야곱에게 있는 믿음의 씨를 보았습니다. 레아에게 이런 믿음 있었기에 그녀에게서 예수님이 오셨습니다.

바람피워도 예수 믿는 배우자가 있고, 생전 바람 안 피우지만 예수 안 믿는 배우자가 있습니다. 지질해도, 바람피워도 예수 믿으면 천국에 갑니다. 돈 잘 벌어도, 바람 안 피워도 예수 안 믿으면 천국에 못 갑니다. 그러니 그 안의 예수 씨를 볼 수 있는 여러분이 되길 바랍니다. 옳고 그름으로 그만 따지세요. 우리가 자꾸 행위로만 판단하니까 하나님께서 야곱을 모델로 보여 주셨습니다.

다시 본문으로 돌아가 보겠습니다. 야곱으로서는 지금 절체절명의 위기입니다. 장인이 내 편이 아닌데 그 딸들과 자식들까지 모조리 데리고 떠나는 건 탈북 못지않게 위험한 일입니다. 더구나 아내들은 아직 라반을 분별하지 못합니다. 라반이 자기네 발목을 잡는 사람이라고는 전혀 생각하지 못합니다. 왜냐하면 내 아버지이잖아요. 고초를 당해 봐야 분별력이 생기는데, 온실 속의 화초같이 자란 이 딸들은 아버지가 내 앞길에 장애물인지, 걸림돌인지, 디딤돌인지 분별이 안 됩니다.

그러나 지금 사사로운 감정에 매여 지체해서는 안 됩니다. 그렇다고 마구 밀고 나가서도 안 됩니다. 그래서 야곱은 신중히 행동합니다. 얼마나 비밀을 요하면, 얼마나 위험하면 아내들을 들로 불러 설명하겠습니까?

청소년 자녀를 둔 우리들교회 부모들은 해마다 두 번 전쟁을 치릅니다. 바로 '자녀 수련회 보내기 전쟁'입니다. 그런데 이때 자녀가 수련회 가기를 거부하면 "아이들도 인격이 있는데 보내지 말자" 하는 부모가 있습니다. 이건 정말 분별이 안 되는 겁니다. 학원은 잠깐 안 보내도 됩니다. 2박 3일 예배 다녀온다고 얼마나 손해를 보겠습니까?

아이들이 수련회를 안 가려는 데는 여러 이유가 있겠지만, 대부분 게임하려고 안 간다고 봅니다. 요즘 게임 중독 문제가 심각합니다. 게임 중독자의 뇌를 검사해 보니 전두엽을 비롯한 여러 부분이 마약 중독자의 뇌와 비슷하답니다. 자기 힘으로는 못 끊는 것입니다. 한번 게임에 중독되면 빠져나오기가 정말 어렵습니다.

우리들교회에도 게임에 중독된 자녀 때문에 몸살을 앓는 부모가 많습니다. 이건 부모의 피눈물 나는 기도가 필요한 문제입니다. 그만큼 내가 예수를 만나지 못해서 이런 자녀를 붙이신 것 아니겠습니까. 그런데 자녀들도 인격이 있으니 수련회 보내지 말자고요? 예수 믿는다고 하지만 주님과 한마음이 되지 못하는 사람이 많습니다. 이성, 이론, 논리 등을 따지면서 하나님 뜻과 반대로 가는 절벽 같은 교인이 얼마나 많은지 모르겠습니다.

야곱도 부인이 강적이라 설득해 가야 합니다. 이들을 회유하기가 얼마나 어려운지 16절까지 설득하고 또 설득합니다.

5 그들에게 이르되 내가 그대들의 아버지의 안색을 본즉 내게 대하여 전과 같지 아니하도다 그러할지라도 내 아버지의 하나님은 나와 함께 계셨느니라 6 그대들도 알거니와 내가 힘을 다하여 그대들의 아버지를 섬겼거늘 7 그대들의 아버지가 나를 속여 품삯을 열 번이나 변경하였느니라 그러나 하나님이 그를 막으사 나를 해치지 못하게 하셨으며 _창 31:5~7

가족에게 하나님을 전하려면 "그대들도 알거니와" 할 수 있는 행위가 따라야 합니다. 레아와 라헬은 야곱이 20년 동안 한결같이 라반을 섬기며 라반이 품삯을 열 번이나 변경해도 참아 내는 걸 보았습니다.

그런데 참 아이러니하지요? 둘째가라면 서러울 정도로 똑똑한 야곱이 라반 아래서 20년이나 당했습니다. 이는 하나님께서 야곱보다 한 수 위인 라반을 붙이셔서 야곱을 끊임없이 훈련하신 것입니다. 열 번이나 속게 하신 것은 그만큼 야곱이 대왕 사기꾼이요, 속임수의 대가이기 때문입니다. 속이기가 전공인 야곱의 약점이 끈질기게 해결되지 않았기 때문입니다.

그러니 자꾸 속았다고 말하는 사람은 '하나님이 내 약점을 훈련하시려고 더 잘 속이는 사람을 내게 붙이셨구나' 알면 됩니다. "나는 평생 남편에게 속았다"고 말합니까? 그렇게 말하는 아내도 속임수쟁이라 그렇습니다. 자녀들이 자꾸 내 지갑에서 돈을 가져간다고요? 나는 부모님께, 혹은 배우자에게 더한 죄를 짓지 않았습니까?

> 8 그가 이르기를 점 있는 것이 네 삯이 되리라 하면 온 양 떼가 낳은 것이 점 있는 것이요 또 얼룩무늬 있는 것이 네 삯이 되리라 하면 온 양 떼가 낳은 것이 얼룩무늬 있는 것이니 9 하나님이 이같이 그대들의 아버지의 가축을 빼앗아 내게 주셨느니라_창 31:8~9

야곱이 아롱진 것과 점 있는 것과 검은 것, 즉 열성인 가축만 달라고 했는데도 라반은 또다시, 여러 번 계약을 수정했습니다. 그런데 웬걸요. 라반이 "점 있는 것이 네 삯이 되리라"고 변경하면 점 있는 것만 나고, "얼룩무늬 있는 것이 네 삯이 되리라"고 변경하면 얼룩무늬 있는 것만 납니다. 한 푼도 주지 않으려는 라반의 꼼수가 전혀 통하지 않았습니다. 이를 보고 라반의 아들들은 야곱이 우리 아버지의 소유를 다 빼앗았다고 했지만(창 31:1), 야곱은 하나님이 빼앗아서 내게 주셨다며 부인들을 설득합니다.

우리나라가 양궁을 잘하니까 세계양궁협회가 자꾸 경기 방식을 바꾼답니다. 그래도 우리가 계속 금메달을 따낸다는 겁니다. 금메달 안 주려고 갖은 애를 써도 우리가 따고, 또 딴답니다. 우리 성도들도 그렇습니다. 하나님만 신뢰하고 순종하면 상대가 무리한 요구를 한 대도 주님이 결코 손해 보지 않게 하십니다. 세상의 어떤 지혜에도 승리하게 하십니다.

한편으로 야곱의 용의주도한 면도 볼 수 있습니다. 과거를 회상하는 방식으로 부인들을 설득해 가는데 그중에 결혼 이야기는 딱 생략합니다. 레아에게도 라헬에게도 상처 난 기억이기 때문입니다. 설득은 이렇게 해야 합니다.

그런데 9절까지 왔는데도 라반의 딸들이 동의를 안 합니다. 설득이 안 됩니다. 가족을 설득해 출생지로 돌아가는 일이, 다시 말해 가족을 전도하는 일이 이만큼이나 어렵습니다.

10 그 양 떼가 새끼 밸 때에 내가 꿈에 눈을 들어 보니 양 떼를 탄 숫양은 다 얼룩무늬 있는 것과 점 있는 것과 아롱진 것이었더라 11 꿈

에 하나님의 사자가 내게 말씀하시기를 야곱아 하기로 내가 대답하기를 여기 있나이다 하매 12 이르시되 네 눈을 들어 보라 양 떼를 탄 숫양은 다 얼룩무늬 있는 것, 점 있는 것과 아롱진 것이니라 라반이 네게 행한 모든 것을 내가 보았노라_창 31:10~12

그러자 야곱은 자신이 꾼 꿈 이야기를 합니다. 하나님의 사자가 자신을 격려해 주었고, 너희 아버지 라반이 나에게 행한 모든 일, 즉 얼마나 품삯을 변경했는지를 하나님께서 다 보셨다고 말합니다. 하나님의 사자까지 등장하니까 드디어 이 아내들이 설득됩니다.

라헬과 레아가 그에게 대답하여 이르되 우리가 우리 아버지 집에서 무슨 분깃이나 유산이 있으리요_창 31:14

내게 아무리 잘해 줘도 세상에 속한 부모에게서는 받을 분깃이 없습니다. 반면에 가진 것 없고 배움이 부족한 부모라도 믿음의 부모에게서는 분깃을 받습니다. 내게 못되게 굴든지, 잘해 주든지 예수 안 믿으면 분깃 없는 부모인 건 매한가지입니다. 그런데 못된 부모에게 분깃이 없다는 건 우리가 빨리 아는데, 잘해 주는 부모에게도 분깃이 없다는 건 깨닫기가 어렵습니다.

15 아버지가 우리를 팔고 우리의 돈을 다 먹어버렸으니 아버지가 우리를 외국인처럼 여기는 것이 아닌가 16 하나님이 우리 아버지에

게서 취하여 가신 재물은 우리와 우리 자식의 것이니 이제 하나님이 당신에게 이르신 일을 다 준행하라_창 31:15~16

세상 아버지의 재물은 야곱과 그 후손의 것입니다. 세상 재물은 믿는 우리의 것입니다. 우리가 재물을 모으려 굳이 애쓰지 않아도 하나님께서 우리 믿는 자들을 위해 모든 것이 쓰이게 하십니다. 그렇게 전 세계에 기독교가 전파되어 왔습니다.

라반이 얼마나 탐욕스러운지 딸들이 야곱 편을 들면서 가책을 느끼지도 않습니다. 서로 못 잡아먹어서 안달하던 자매 아닙니까? 그런데 위급 상황이 오니까 하나가 딱 돼서 야곱 편을 듭니다. 서로 치고받고 싸워도 믿는 사람들은 이렇게 마지막에는 한편이 됩니다. 안 믿는 라반은 아버지라도 보탬이 안 되는 겁니다.

라반이 자기 딸들을 팔아먹었듯, 예수를 믿지 않는 식구는 서로를 팔 수밖에 없습니다. 서로 진실하게 사랑하지 못합니다. 왜냐하면 사람은 사랑을 할 수도, 만들 수도, 지을 수도 없기 때문입니다. 자녀를 위한다지만 그 근본을 들여다보면 자녀를 내 자랑거리 삼으려는 욕심이 자리한 경우가 많습니다. 예수님을 모르는데 어찌 이타적인 사랑, 십자가 사랑을 할 수 있겠습니까?

부족해도 그저 예수를 믿는 것만으로 자식에게 분깃과 유산을 물려줄 수 있는 부모가 됩니다. 자격 있는 부모가 됩니다. 그러니 예수께서 부르시는 소리에 응답하는 부모가 되길 바랍니다.

- 행위로만 판단하며 바람피우는 배우자, 돈 못 버는 배우자, 지질한 배우자를 버리려 하지는 않습니까? 그 안에 예수 씨를 봅니까? 예수 씨가 심기면 문제 배우자도 변할 줄 믿습니까?
- 가족에게 하나님을 전하기 위해 어떤 노력을 합니까? "그대들도 알거니와" 할 수 있는 일상의 섬김이 있습니까? 복음을 받아들이지 않는 가족들을 설득하고 또 설득하며 갑니까? '이 정도 했으면 됐어' 하면서 설득하기를 멈추지 않았습니까?
- 나는 자녀들에게 믿음의 분깃과 유산을 물려주는 부모입니까, 분깃 없는 부모입니까?

벧엘의 하나님이 돌아가게 하십니다

나는 벧엘의 하나님이라 네가 거기서 기둥에 기름을 붓고 거기서 내게 서원하였으니 지금 일어나 이 곳을 떠나서 네 출생지로 돌아가라 하셨느니라 _창 31:13

라반이 야곱에게 행한 모든 것을 하나님께서 보셨습니다. 야곱의 지난 20년을 돌아보면 슬프고 억울하기 그지없는 인생입니다. 앞서 6절에서 야곱이 "내가 힘을 다하여 그대들의 아버지를 섬겼다"고 했는데 맞는 말입니다. 마치 노예처럼, 밤낮없이 추위와 더위를 무릅쓰고 열심히 일했습니다.

그런 야곱의 수고를 아내들도 인정해서 따라나섰습니다. "맞아, 아버지는 늘 발 뻗고 자면서 품삯을 열 번이나 떼먹고, 오빠들은 스키 타고 골프 치러 다니면서 남편을 종처럼 부렸잖아. 그래도 야곱이 아버지를 얼마나 열심히 섬겼는지 몰라."

그런데 구약의 호세아 선지자는 야곱의 섬김에 대해 의견이 다릅니다. 호세아서 12장 2절을 개역한글판으로 보면 이렇습니다.

"여호와께서 유다와 쟁변하시고 야곱의 소행대로 벌 주시며 그 소위대로 보응하시리라"(호 12:2).

'소위', '소행'……. 야곱의 행동이 올발랐다면 이런 표현을 쓰지 않았겠지요. 또한 호세아 12장 12절에서는 이렇게 이야기합니다.

"야곱이 아람의 들로 도망하였으며 이스라엘이 아내를 얻기 위하여 사람을 섬기며 아내를 얻기 위하여 양을 쳤고"(호 12:12).

그러니까 야곱이 라반의 구원을 위해서, 외삼촌을 사랑해서 섬긴 것이 아니라 오직 아내를 얻기 위해서 양을 치고 섬겼다는 겁니다. 성실히, 친절히 섬겼지만, 직업적으로 했다는 것입니다. 야곱은 앉으나 서나 자기 식구밖에, 내 아내밖에 모릅니다. 야곱의 수준이 아직 여기입니다.

미국 캘리포니아주립대 사회학과 교수인 앨리 러셀 혹실드(Arlie Russell Hochschild)가 쓴 『감정노동』이라는 책에 이런 내용이 나옵니다.

감정노동(Emotional Labor)은 말 그대로 자신의 감정과 기분, 느낌까지 조절해서 다른 사람을 만족시키는 것을 의미합니다. 혹실드 교수는 여러 사례 연구를 통해 감정 관리가 노동의 일부분이 된 사회 현실을 이야기합니다.

일례로, 항공기 승무원을 들 수 있습니다. 그들의 이야기를 듣고 실제 입사 면접과 직원 연수에 참여해 지켜본 결과 혹실드는 많은 승무원이 극한의 감정노동에 시달리고 있다는 사실을 발견했습니다. 그들은 웃기 어려운 상황에서도 미소를 지어야 합니다. 승객이 웨이트리스 취급을 하거나 아무런 이유 없이 자신의 팔에 커피를 쏟아도 절대 화를 내서는 안 됩니다.

그들이 이런 극한 상황에서도 감정을 조절하는 이유는 회사가 그것을 요구하기 때문입니다. 회사는 승객에 대한 분노를 어떻게 감출 것인지에만 초점을 맞출 뿐, 승무원의 화를 돋우는 일은 무엇인지에 대해서는 전혀 관심을 가지지 않습니다. 고객은 왕이라고 강조하면서 승무원에게 오직 스마일만을 요구합니다.

이와 반대로 채권 추심원들은 불친절을 요구받습니다. 그들은 '내가 상대하는 모든 이는 거짓말을 하고 있다'는 전제 아래 누구도 믿어서는 안 됩니다. 회사는 그들에게 "화를 더 낼 수 없나?", "불안감을 더 조성해 봐" 하는 등의 지나친 분노를 요구합니다. 그러니 감정노동에 시달리기는 승무원이나 추심원이나 매한가지입니다.

나아가 혹실드 교수는 이런 감정노동자들이 자아 재정의나 직업과의 자아 분리를 통해 자신을 지키려 한다는 사실을 발견했습니다. 쉽게 말하면 '직업상 연기하는 것뿐이지 이게 진짜 내 모습은 아니야'라고 스스로 위안하면서 자존감을 지키는 겁니다.

그런데 문제는 이런 자아 재정의에 실패하면 더 큰 상처만 남는다는 겁니다. '내가 이따위 커피나 나르려고 승무원이 됐나……' 하고 더 깊은 열등감으로 빠져드는 것이죠. 또 자아 분리에 성공하더라도 거짓 자아를 계속 유지해야 하기에 결국엔 바람직하지 못한 정신 상태에 이르게 된답니다.

혹실드 교수는 감정의 상품화가 퍼질 대로 퍼진 사회 분위기를 우려했습니다. 실제로 사회 곳곳에서 여러 폐단이 생겨나기 시작했습니다.

일례로 음식점이나 대형마트에서 "내가 이런 서비스를 받으려고 돈 내는 줄 아느냐"면서 점원에게 지나친 친절을 요구하는 고객을 들 수 있습니다. 감정의 상업화를 교묘히 이용해 상대를 깎아내리는 데만 능숙해진 겁니다.

혹실드는 우리가 꾸밈없는 감정에 더 가치를 두는 것은 관리되지 않는 감정이 점점 희소해지기 때문이라고 결론 내렸습니다. 쉽게 말하면 상대의 친절이 진짜인지 가짜인지 알 수 없는 세상이 되었다는 것입니다. 사회가 요구하니까 웃고 있지만 진실한 미소가 아닌 것이죠. 이런 현상은 가정에서도 나타납니다. 배우자의 저 미소가 진짜인지 아닌지 분간하기가 어렵습니다. 그러니 부부 사이라도 서로 신뢰하지 못합니다. 꾸밈없는, 있는 그대로의 감정을 드러내는 사람을 만나기가 어려워졌습니다.

그런데 제가 맨날 "출생지로 돌아가라. 본향으로, 하나님께로 돌아가라!" 외치니까 우리들교회 성도들은 대체로 솔직합니다. 서로 거짓이 없습니다. 어른, 아이 할 것 없이 목장에서 자기 이야기를 진술하게 합니다. 세상에서는 이런 사람을 만나기 어려워서 그런지 청년끼리 결혼도 잘 이루어집니다.

야곱의 섬김도 실상은 감정노동이었습니다. 라반을 사랑해서 섬긴 게 아니라 그저 그를 만족시키고자 한 겁니다. 예수 믿어도 얼마든지 그럴 수 있습니다.

벧엘의 하나님께서 야곱에게 얼마나 어마어마한 약속을 주셨습니까. 벧엘에서 야곱이 어린아이 같은 기도를 했어도 하나님은 신실하게 응답하셨습니다. 야곱을 빈 들에서 만나 주셨고, 지금도 만나 주시고, 후에도 만나 주실 것입니다. 그런데도 야곱이 도무지 본향으로 돌아갈 생각을 안 하니까 라반의 탐욕에 부딪히게 하신 겁니다. 이제는 돌아가라 하십니다. 고향 밖에서도 보호해 주셨으니 고향 가는 길도 반드시 지켜 주실 것입니다.

내 힘으로는 출생지로, 하나님께로 돌아가지 못합니다. 그래서 하나님이 가게 하십니다. 이제는 돌아오라고 우리를 환경으로 조이십니다.

그런데 우리가 가족을 설득해야 출생지로 돌아갈 수 있습니다. 가족을 섬겨야 합니다. 나아가 그 섬김이 감정노동이 되지 않기를 기도해야 합니다. 뭐든지 이해타산하면 노동이 되고 상처받고 생색만 날 뿐입니다. 사랑해서 해야겠는데 우리는 라반 같은 가족을 사랑할 수도 없습니다. 그러나 부족해도 우리는 약속의 자녀이기에 나는 할 수 없어도 벧엘의 하나님이 이끌어 주실 줄 믿습니다.

야곱의 욕심을 가지치기하며 끝까지 인도해 주신 하나님을 신뢰하면서 우리도 오늘 출생지로 한 발짝 내딛기를 원합니다. 우리가 교회로, 예배로, 목장으로, 양육훈련으로 한 발 떼는 것이 바로 출생지로 돌아가는 지름길입니다. 예수께서 우리를 부르시는 소리에 반응하는 여러분 되기를 바랍니다.

• 내가 밤낮없이, 추위와 더위를 무릅쓰고 섬기는 이유는 무엇입니까? 사랑해서 섬깁니까, 구원을 위해 섬깁니까? 상대를 만족시키려는 감정노동은 아닙니까?

내가 어디에서 와서 어디로 가는지를 알아야
인생의 방황이 멈춥니다.
언제나 내가 어디에서 왔는지 돌아보고
출생지로 돌아가야 합니다.
나의 출생지는 '하나님 아버지'입니다.

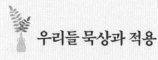 우리들 묵상과 적용

저는 결혼하고 미래에 대한 막연한 두려움이 생겼는데, 그즈음 지인의 인도로 교회에 첫발을 들이게 되었습니다. 하지만 교회를 다녀도 '약속의 하나님'보다 내가 원하는 것을 다 들어주실 것 같은 '전능의 하나님'만을 바랐기에, 세상 사람과 별반 다름없이 악하고 음란하게 살았습니다.

그러다 저는 잘 다니던 회사에 사표를 던지고 나와 무리하게 사업을 벌였습니다. 그러면서 몸에 탈이 나기 시작했습니다. 회사 일에 대한 극심한 스트레스로 갑작스러운 심장 부정맥이 발병한 것입니다. 저는 수차례 구급차를 타고 응급실에 실려 갔습니다. 그러자 처음으로 내가 밑동 잘린 나무와 같이 죽을 수밖에 존재임이 깨달아졌습니다. 그러나 질병 고난이 말씀으로 해석되지 않으니, 여전히 기복적으로 병 고쳐 주시기만을 부르짖을 뿐이었습니다. 그러면서 스트레스를 핑계로 음란 동영상을 보기도 하고, 전 직장 동료들과 어울리기도 했습니다. 그중에는 여직원도 있었는데, 그녀와 사적인 만남이 이어지면서 저는 결국 넘지 말아야 할 선을 넘어 버리고 말았습니다. 처음에는 바람피우는 것이 마냥 즐거웠습니다. 하지만 점점 양심의 가책으로 괴로

36

움은 커져만 갔고, 견디다 못한 제가 그녀에게 먼저 이별을 통보하면서 관계가 정리되었습니다. 유교 사상을 신봉하며, 가부장적 가치관으로 가득했던 저는 이렇게 이중생활을 하면서도 '아내는 무조건 남편을 극진히 섬겨야 한다'고 생각했습니다. 그래서 조금이라도 마음에 들지 않으면 아내에게 윽박지르기 일쑤였고, 내 소견에 옳은 대로 아내를 좌지우지하려고 했습니다.

이런 저를 불쌍히 여기신 하나님은 저희 부부를 말씀 공동체로 인도해 주셨습니다. 그곳에서 "인생의 목적은 성공과 행복이 아니라 거룩이다"라는 말씀을 들으면서 저의 인생관이 통째로 흔들리기 시작했습니다. 하나님은 세상 가치관으로 똘똘 뭉쳐 있던 제게 "죄에서 떠나 네 출생지로 돌아가라, 하나님께로 돌아가라"고 말씀해 주셨습니다(창 31:13). 매주 설교 말씀을 들을 때마다 욕심과 교만으로 행한 저의 소행이 깨달아지니, 쏟아지는 회개의 눈물을 주체할 수 없었습니다. 무엇보다 창조 질서에 대한 말씀으로 건강한 부부 관계에 대해 알아 가게 되니, 아내를 바라보던 저의 시선도 백팔십도 바뀌었습니다.

지금은 날마다 말씀으로 욕심을 가지치기하며, 공동체와 함께 거룩을 향해 나아가고 있습니다. 우둔하고 이기적인 죄인을 포기하지 않고, 끝까지 이끌어 가시는 벧엘의 하나님께 감사와 찬양을 올려 드립니다.

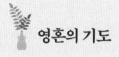

영혼의 기도

하나님 아버지, 야곱이 라반 아래서 20년을 수고하며 사람들을 섬겼습니다. 그런데 주님은 그가 하나님을 사랑해서가 아니라 아내를 사랑해서 수고하고 양을 친 것이라고 말씀하십니다. 그래서 모든 것이 야곱에게 감정노동이 되고, 육체적·정신적으로도 노동이 되었다고 말씀하십니다.

주님, 우리도 그렇습니다. 배우자를 위해, 자녀를 위해, 내가 좋아하는 그것을 위해 열심히 섬기고 돈을 벌고 일을 합니다. 그러다 배신을 당하면 상처받고 생색이 북받치고, 너무 혼란스러워서 방황하게 됩니다. 인생이 허무하게 느껴지기도 합니다. 그러나 내 열심으로 했기에, 하나님보다 내가 좋아하는 것을 앞세웠기에 배신을 당할 수밖에 없었다는 걸 비로소 깨달았습니다. 배반당하는 것이 우리가 하나님에게 가는 가장 좋은 보약이라는 말씀이 정말 맞습니다. 이곳저곳에서 얻어맞을 때면 '내가 예수님을 믿는 사람 맞는가'라는 의구심이 들기도 하지만, 그로 인해 상한 심령이 되어 출생지를, 본향을 찾아 우리가 주님 앞에 오지 않았습니까. 주님, 이렇게라도 본향을 찾게 하시니 참 감사합니다.

그러나 주님, 내 힘으로는 라반 같은 사람을 사랑할 수 없습니다. 품삯을 열 번이나 떼먹은 라반을 무슨 수로 사랑하겠습니까. 주님, 도무지 사랑하지 못하겠습니다. 그러므로 두려울 때마다 주님께 소리 지르며 "안심하라 나니 두려워 말라" 하시는 주님의 손을 잡기 원합니다. 내게는 사랑할 능력이 조금도 없지만 "내가 너를 지키며 너를 떠나지 아니하리라" 하신 벧엘의 하나님의 약속을 내가 붙들 때, 주님이 나를 인도하시고 나의 형편없는 욕심도 처리해 주실 줄 믿습니다. 야곱의 행실과 행위를 기억하셔서 벌하셨듯 우리의 죄도 징계하실 테지만, 그래도 주님의 배에서 뛰어내리지 않고 예수님과 함께 가길 원합니다.

주님, 바람이 그치게 도와주시고 내 본향, 내 고향 아버지 하나님 나라로 마침내 입성할 수 있도록 역사하여 주옵소서. 나를 붙들어 주옵소서. 은혜에 은혜를 내려 주옵소서. 또한 그러기 위해 우리가 교회로, 목장으로, 양육으로 한 발 내딛게 하옵소서. 예수님 이름으로 기도하옵나이다. 아멘.

02

선악간에 말하지 말라

창세기 31장 17~42절

하나님 아버지, 선악간에 말하지 말라 말씀하시지만
우리는 늘 옳고 그름을 따집니다.
그러다 실족하기도 합니다. 어떻게 우리가
선악간에 말하지 않을 수 있겠습니까.
말씀하여 주옵소서. 듣겠습니다.

4세기 수도사 펠라기우스(Pelagius)는 엄격한 수도 생활로 대중에게 존경을 받았습니다. 그는 로마 기독교인들의 비도덕적이고 방탕한 생활을 지적하며 경건한 삶을 앞장서 실천했습니다. 이를 보고 특별히 수많은 지식인이 그를 따랐다고 합니다. 그런데 그는 결정적으로 원죄와 세례를 부정했습니다. 아담의 죄는 개인적인 죄에 불과하다고 주장하면서 모든 인간에게 원죄가 있다는 것은 옳지 않다며 인간의 능력과 자유를 강조했습니다.

동시대 교부인 어거스틴(St. Augustine)은 이런 펠라기우스를 맹렬히 반대한 사람입니다. 그는 펠라기우스의 주장을 정면으로 반박하며 인간은 전적으로 타락했고 오직 하나님의 은혜로 구원받는다는 것을 강조했습니다. 당시 교회에서도 어거스틴파와 펠라기우스파로 나뉘어 논쟁이 매우 뜨거웠습니다.

성 어거스틴은 사도 바울 이래로 가장 훌륭한 사람으로 손꼽히는 인물입니다. 지금이야 성인으로 추앙받지만, 살아생전 그는 존경받을 만한 길만을 걸은 건 아닙니다. 회심하기 전까지 소위 말해 개차반 인생이었습니다. 어려서부터 주색잡기에 능하고, 선과 악을 이원론으로 보는 마니교라는 이단에 오랫동안 몸담기도 했습니다. 그마저 별 볼 일 없게 여겨지자 어떤 진리도 없다는 회의주의에 빠졌습니다. 신앙적으로도, 윤리적·도덕적으로도 형편없기가 그지없었습니다. 그러다 어머니 모니카의 눈물의 기도로 극적으로 회심한 겁니다.

행위나 행적만 본다면 어거스틴과 펠라기우스 중 사람들이 누구를 추종하겠습니까? 물론 펠라기우스도 수도원에서 남몰래 죄를 지었을 수 있지만 우리로서는 알 수 없습니다. 정말 거듭나지 않고는 올바로 분별하기가 어렵습니다.

'선과 악을 어떻게 구별해야 하는가.' 창세기부터 계시록까지 성경은 이 문제에 대해 끊임없이 이야기합니다. 야곱과 라반 중에 누가 악하고, 누가 선합니까? 우리는 야곱이 믿음의 조상이니까 야곱이 선하다고 말합니다. 그런데 본문을 보면 야곱이 여전히 악한 방법을 씁니다. 라반이야 본래 악질이라지만 하나님의 사람인 야곱은 도대체 왜 이러는 겁니까? 누가 악하고 누가 선한지 너무 헷갈립니다.

그런데 이에 대한 하나님의 답은 "선악간에 말하지 말라"는 것입니다(창 31:24). 왜 하나님은 이런 명령을 하실까요? 본문을 통해 살펴보겠습니다.

선한 자가 악한 방법을 쓰기 때문입니다

라반이 열 번이나 품삯을 변경해도 야곱은 잘 참았습니다. 그런데 품삯을 다 챙기고 나니까 도망이라는 방법을 택합니다. 열 번 잘 참다가 마지막에 넘어졌습니다.

지난 20년간 야곱은 라반 아래서 일했습니다. 라반이 고약해도 야곱의 주인인 건 맞습니다. 그러니 세상 원칙대로라면 라반에게 말은 하고 떠나야죠. 어찌 죄인처럼 도망갈 수 있습니까? 물론 라반에게 더는 기대할 것이 없어 그런 것이지만, 결론적으로 믿음의 사람 야곱이 세상 원칙을 무너뜨리고 떠났습니다.

라반에게는 그만의 원칙이 있고, 야곱에게도 그만의 원칙이 있습니다. 그러면 누구의 원칙을 따라야 합니까? 야곱이 자신은 선하다고 여기면서, '나는 하나님의 원칙을 가졌다'고 생각하면서 보여 주는 행동들을 한번 봅시다.

첫째, 믿음 없이 앉으나 서나 하나님의 이름을 부르짖습니다.

17 야곱이 일어나 자식들과 아내들을 낙타들에게 태우고 18 그 모은 바 모든 가축과 모든 소유물 곧 그가 밧단아람에서 모은 가축을 이끌고 가나안 땅에 있는 그의 아버지 이삭에게로 가려 할새

_창 31:17~18

아내들에게 동의를 얻자 야곱이 과감하게 일을 진행합니다. 곧장 떠날 준비를 합니다. '그의 아버지 이삭'이 목적지입니다. 믿음의 아버지가 있는 땅, 하나님 아버지가 약속하신 가나안, 곧 본향으로 가겠다고 합니다. 믿음 하나 없는데 야곱은 앉으나 서나 하나님을 부르짖습니다.

둘째, 재물을 모으느라 시간을 허비했습니다.

그런데 야곱이 하나님께 영광 돌린다고 하면서 실상은 돈 모으기에 바빴습니다. 18절에 '모은 바 모든 가축과 모든 소유물을 이끌고' 떠났다고 합니다. 그만큼 밧단아람에서 얻은 짐승과 소유물이 많았다는 의미입니다. 한마디로 야곱이 굉장한 부자가 되었습니다. 그러자 떠나기가 어려워졌습니다.

야곱의 할아버지인 아브라함도 그랬습니다. 하란에서 곧장 떠났어야 했지만 재물을 모으느라고 시간을 지체했습니다. 그런데 훗날 기근이 들었을 때 그 많은 재물이 아무짝에도 쓸모가 없었습니다.

하나님이 어련히 알아서, 각 사람의 필요를 따라 재물을 주실 텐데 우리는 하나님의 사람이라 하면서도 재물 모으느라고 시간을 허비합니다. 재물보다 하나님이 우선이어야 하는데 순서가 뒤바뀌었습니다.

50세 이상의 여자들에게 조사해 보니 가장 필요한 것이 돈이고, 둘째가 친구고, 셋째는 건강, 넷째가 딸이라고 답했답니다. 반면에 남자들은 첫째는 아내, 둘째는 마누라, 셋째는 집사람, 넷째는 안사람이라고 답했답니다. 그러고 보면 여자들이 더 돈을 좋아하는 것 같습니다. 야곱도 아내 얻으려고, 여자 얻으려고 라반의 양을 쳤다고 하지 않았습니까? 아무쪼록 여자 조심하세요. 아내에게 잘하지 않으면 오십 넘어 국물도 없습니다.

셋째, 용의주도하게 움직입니다.

그 때에 라반이 양털을 깎으러 갔으므로 라헬은 그의 아버지의 드라빔을 도둑질하고 _창 31:19

당시 양털 깎는 일은 일 년 일한 결과를 거두는 큰 축제였습니다. 기록에 따르면 이 행사에는 300~400명 정도의 인원이 약 3일 동안 함께 일했다고 합니다. 그러니 라반의 감시가 소홀해졌을 겁니다. 라반을 속이기 딱 좋은 때입니다. 상대가 방심한 틈을 타서 공격에 들어갑니다. 너무나 용의주도합니다. 여전히 야곱은 세상에서 벗어나지 못했습니다.

넷째, 여전히 라헬을 분별하지 못합니다.

그런데 라반이 양털 깎으러 간 틈을 타 라헬도 아버지의 드라빔을 도둑질합니다. 드라빔은 우상의 일종으로 당시 메소포타미아에서는 가정의 수호신으로 여겼습니다. 그래서 이 드라빔을 소유한 자가 가장 큰 몫의 유산을 상속받을 수 있었습니다. 아마도 라헬은 받을 분깃도 없고 품삯도 안 주려 하니까 라반이 죽은 뒤 야곱이 유산이라도 상속받게 할 목적으로 드라빔을 훔쳤을 겁니다. 하나님 뜻대로 도망간다고 하면서 아버지의 돈도 챙기고 싶은 겁니다.

또한 드라빔은 다산(多産)의 신이기도 했습니다. 그러므로 '드라빔을 지니고 있으면 혹시 아들을 더 낳을 수 있지 않을까' 하는 기대도 있었을 겁니다. 여전히 레아를 향한 질투심에 불탑니다.

그런데 더한 문제는 라헬로 인해 유입된 드라빔이 훗날 이스라엘 백성을 미혹한 대표적 우상으로 자리매김했다는 점입니다. 이스라엘에 큰 해악을 끼친 원흉이 바로 라헬입니다.

라헬은 하나님을 믿는다고 하면서도 우상숭배하던 습관을 여전히 버리지 못했습니다. 그런데도 야곱은 라헬을 분별하지 못합니다. 믿음 좋은 줄 알고 그저 끼고돕니다. 정말 선한 것 하나 없는 야곱입니다.

다섯째, 라반을 속이고 도망갑니다.

> 야곱은 그 거취를 아람 사람 라반에게 말하지 아니하고 가만히 떠났더라 _창 31:20

"외삼촌, 외삼촌~" 하며 따를 때는 언제고 이제는 '아람 사람 라반'이라고 합니다. 그리고 끝까지 라반에게 귀향 사실을 알리지 않고 몰래 도망합니다.

예나 지금이나 야곱이 달라진 게 없습니다. 20년 전 브엘세바에서도 도망쳐 왔는데 또다시 도망합니다. 예전엔 몰라도 지금은 하나님의 명령을 따라 떠나는 것 아닙니까? 그러면 떳떳하게 떠나야죠. 아니면 하나님께 물어보기라도 해야죠. 그런데 그저 이해타산하기에만 바쁘니까 옛날 방법이 또다시 튀어나옵니다. 우리도 그렇습니다. 하나님의 선한 자녀라 하면서 도망갈 때가 얼마나 많은지 모릅니다. 예수 믿고 20년, 30년이 지나도 도무지 안 바뀝니다.

미국의 경영컨설턴트 오리 브래프먼(Ori Brafman)과 심리학자 롬 브래프먼(Rom Brafman) 형제가 쓴 『스웨이(Sway)』는 사회심리학, 행동경제학, 조직행동학 등 다양한 분야의 연구를 활용하여 인간의 행동을 통찰력 있게 분석한 책입니다. 책에서 브래프먼 형제는 "사람들은 위험부담이 클수록 더 위험한 선택을 한다"고 말합니다. 즉, 위험이 클수록 비이성적인 결정을 내리기 쉽다는 것입니다.

일례로 그들은 인류 역사상 최악의 항공사고라 불리는 테네리페 참사를 들고 있습니다. 1977년, 네덜란드 KLM 항공기의 야코프 반 잔텐 기장은 예기치 않은 상황으로 테네리페 공항에 비상착륙을 합니다. 문제는 이후에 벌어졌습니다. 관제탑으로부터 이륙 허가가 떨어지지 않자, 반 잔텐이 독단적으로 이륙을 강행한 겁니다. 그 결과 활주로에 마주해 있던 팬암 여객기와 충돌해 583명이 목숨을 잃는 대참사가 발생했습니다.

반 잔텐은 안전에 관한 한 최고를 자랑하는 베테랑 조종사였습니다. 그런데 운행 시간이 지연될 때 따르는 커다란 손실에만 오로지 신경이 쏠려서 이런 최악의 결정을 하고 만 겁니다.

야곱도 그렇습니다. 하나님이 떠나라 명하셨기에 라반에게 떳떳하게 말했다면 이후 모든 행보를 하나님이 지켜 주셨을 것입니다. 그런데 눈앞에 위험을 피해 보겠다고 더 위험한 결정을 합니다. 뒤에서 보겠지만 라헬이 훔친 드라빔 때문에 야곱 일행은 큰 위기를 맞습니다. 하나님이 도와주셨기에 망정이지 하마터면 재산을 몰수당하고 목숨마저 잃을 뻔했습니다(창 31:32).

이처럼 스스로 선하다고 하면서 결정적인 순간에 악한 방법을 택하는 사람이 얼마나 많은지 모릅니다. 관제탑의 허가 없이 이륙하는 건 악한 겁니다. 결코 좋은 게 좋은 것이 아닙니다. 항상 원칙이 중요한데, 어떤 원칙을 지켜야 할지 깊이 묵상해 보기 바랍니다.

- 입으로는 하나님을 부르짖지만 실상은 재물을 하나님으로 여기지는 않습니까? 재물 모으느라 지체하고 있는 하나님의 일은 무엇입니까?
- 날마다 큐티하며 "하나님의 뜻대로 살게 해 달라"고 기도하지만, 결정적일 때 내 방법이 튀어나오지는 않습니까? 내가 도망가고 있는 일은 무엇입니까?
- 손해 안 보려다가 더 큰 손해를 경험한 일은 무엇입니까?

악한 자의 악한 방법을 만나게 하십니다

21 그가 그의 모든 소유를 이끌고 강을 건너 길르앗 산을 향하여 도망한 지 22 삼 일 만에 야곱이 도망한 것이 라반에게 들린지라
_창 31:21~22

야곱이 숨 돌릴 새도 없이 라반에게 추격당합니다. 야곱이 도망

했다는 소식이 라반에게 들린 겁니다. 아마도 야곱에게 사람을 붙여 두지 않았을까요? 그러니 금세 소식이 전해졌겠지요. 야곱 못지않게 라반도 용의주도합니다. 선한 자나 악한 자나 다 악한 방법을 씁니다. 누구도 악에서 자유로운 자는 없습니다.

그런데 라반이 곧바로 듣지는 못하고 3일 후에나 들었답니다. 왜 그럴까요? 앞서 라반이 자기 양과 야곱의 양이 섞이지 않게 하려고 사흘 길 떨어진 데서 지냈다고 했습니다(창 30:36). 결국 자기가 놓은 올무에 자기가 걸린 겁니다.

> 라반이 그의 형제를 거느리고 칠 일 길을 쫓아가 길르앗 산에서 그에게 이르렀더니_창 31:23

야곱이 도망한 소식을 듣자마자 라반이 뒤쫓아 갑니다. 달리고 또 달려 야곱의 턱밑까지 이릅니다.

그런데 야곱은 열흘 걸려 간 길을 라반은 일주일 만에 이르렀다고 합니다. 생각해 보세요. 야곱이 얼마나 똥끝 타게 달렸겠습니까. 그런데 라반은 더 열심히 달려서 사흘이나 시간을 단축했습니다. 올림픽 기록도 0.1초 줄이기 힘든데 무려 3일을 줄인 겁니다. 그만큼 라반이 분노에 차 있다는 걸 알 수 있습니다. '너 죽고 나 죽자' 하면서 야곱의 모든 것을 빼앗고자 죽을힘을 다해 달렸습니다. 뭐든지 신기록을 내려면 헝그리 정신을 발휘하든지 분노에 차야 하나 봅니다.

한편 야곱으로서는 딱 걸렸습니다. 열흘 천하입니다. '아니, 왜 이렇게 되는 일이 없는 거야. 20년 잘 살다가 딱 한 번 실수했는데 하나님은 이것까지 걸리게 하시나. 죄도 못 짓겠네…….' 조금은 억울하지 않았을까요?

그러나 야곱은 하나님의 사람이기에 들키는 게 축복입니다. 야곱은 밧단아람에서 하나님의 사람으로 살아왔습니다. 그러니 함부로 살아서는 안 됩니다. 함부로 살면 이렇게 걸리는 겁니다. 하나님의 사람이니까 걸리게 하신 겁니다.

회사에서, 학교에서, 내가 속한 모든 공동체에서 크리스천이라는 걸 고백합니까? 그 고백이 나로 하여금 죄를 못 짓게 하는 큰 원동력이 될 수 있습니다. 내가 선해서가 아닙니다. 하나님이 인도해 주시는 것입니다.

> 밤에 하나님이 아람 사람 라반에게 현몽하여 이르시되 너는 삼가 야곱에게 선악간에 말하지 말라 하셨더라_창 31:24

야곱도 보세요. 하나님이 나서서 보호해 주십니다. 라반의 꿈에 나타나 "선악간에 말하지 말라" 명령하십니다. 덕분에 라반의 분노의 농도가 조금 옅어졌습니다.

> 라반이 야곱을 뒤쫓아 이르렀으니 야곱이 그 산에 장막을 친지라 라반이 그 형제와 더불어 길르앗 산에 장막을 치고_창 31:25

하지만 그냥 넘어갈 라반이 아닙니다. 야곱의 양 떼는 빼앗지 않겠지만 끝끝내 야곱을 만나 싸워야 직성이 풀립니다.

- 내가 분노에 차서 쫓고 있는 것은 무엇입니까? 상대의 악에 나도 악으로 대응하고 있지는 않습니까?
- 죄 좀 지어 보려다가 딱 걸린 일은 무엇입니까? 들키고 드러나는 게 하나님의 보호하심이라는 걸 인정합니까?

선악간의 시비가 일어납니다

이제부터 야곱과 라반 사이에 대단한 시비가 일어납니다. 라반의 말을 요약하자면 '너는 왜 말없이 떠났냐? 왜 내 물건을 훔쳤냐!'입니다.

내가 즐거움과 노래와 북과 수금으로 너를 보내겠거늘 어찌하여 네가 나를 속이고 가만히 도망하고 내게 알리지 아니하였으며 _창 31:27

부부간이나 고부간, 가족 사이에도 돈이 빌미가 되어 시비가 종종 일어납니다. 그때마다 이렇게 말하는 사람이 있습니다.
"네가 그러지만 않았다면 내가 돈 주려고 했어!"
그러면 우리는 속으로 비웃습니다.

'웃기네, 내 몫을 챙겨 두었기에 망정이지, 절대로 안 줬을 거야. 몰래 빼돌리기를 잘했어…….'

지금 라반이 꼭 그러는 겁니다. 야곱이 속이지만 않았다면 노래와 북과 수금으로 보내려 했답니다. 라반이 잘도 그랬겠습니다. 정말 가증해서 들어 줄 수가 없습니다.

그런데 그다음엔 그럴듯한 소리를 합니다.

내가 내 손자들과 딸들에게 입맞추지 못하게 하였으니 네 행위가 참으로 어리석도다_창 31:28

틀린 말은 아닙니다. 라반이 딸들을 사랑하는 건 맞습니다. 그래서 레아를 위해 7년을 일하게 하고 여종 실바와 라헬에게는 빌하까지 붙여 준 것 아니겠습니까. 누구나 자기 자녀는 사랑합니다.

선악간에 말하는 사람들, 옳고 그름을 따지는 사람들이 그렇습니다. 아주 교묘하게, 틀린 말과 맞는 말을 섞어서 합니다. 그러니까 다른 사람은 라반이 옳은지, 야곱이 옳은지 좀체 분별이 안 됩니다.

왜, 그렇잖아요. 나에게는 못되게 구는 남편인데 자녀나 이웃에게 살가운 걸 보고 남들은 "자상한 남편 둬서 좋겠다"고 말합니다. 그럴 때면 분통이 터집니다. '지킬 박사와 하이드가 따로 없는데 남의 속도 모르고 말이야…….' 내 고통은 아무도 몰라주는 것 같아 답답합니다.

라반이 야곱에게 이르되 네가 나를 속이고 내 딸들을 칼에 사로잡
힌 자 같이 끌고 갔으니 어찌 이같이 하였느냐_창 31:26

아니, 언제 야곱이 아내들을 칼에 사로잡힌 자같이 끌고 갔습니
까? 마치 야곱이 강도라도 되는 듯이 이야기합니다. 이것이 라반의 해
석입니다.

우리가 다 이기적이라 자기 시각으로 문제를 해석할 때가 정말
많습니다. 남의 일에는 엄격하면서 내 일, 내 가족 일에는 관대합니다.

2010년 밴쿠버 동계올림픽에서 김연아 선수가 월등한 점수로
아사다 마오 선수를 제치고 금메달을 차지하자, 일본 국민들이 불만
의 목소리를 냈습니다. 당시 일본 국민의 75%가 김연아 선수가 너무
높은 점수를 받았다고 답했답니다. 그뿐만 아니라 동메달을 차지한
캐나다의 조아니 로셰트 선수의 점수도 납득할 수 없다고 했습니다.
오직 아사다 마오 선수만 정확한 점수를 받았다는 겁니다. 심지어 한
매체는 "金(김)이 金(금)으로 金(금)을 땄다"는 기사를 내기도 했습니
다. 김연아 선수가 돈으로 매수해서 금메달을 땄다는 겁니다. 참으로
억지 주장이 아닐 수 없습니다.

이런 이야기를 들으면 한국 사람으로서는 분통이 터져 살 수가
없습니다. 당시 우리나라와 일본 국민 사이에 논쟁이 치열했던 걸로
기억합니다. 그러면 일본이 옳습니까, 한국이 옳습니까?

여러분, 옳고 그름으로만 따지면 답이 없습니다. 그런데 우리는
맨날 선악간에 말하느라 인생이 피곤합니다. 여기저기서 시비가 일

어나고, 인터넷상에서도 하루가 멀다고 설전이 벌어집니다.

> 너를 해할 만한 능력이 내 손에 있으나 너희 아버지의 하나님이 어
> 제 밤에 내게 말씀하시기를 너는 삼가 야곱에게 선악간에 말하지
> 말라 하셨느니라_창 31:29

라반이 하나님을 읊어 가면서 말하니까 더 헷갈립니다. 믿음이
있는 것도 같고 없는 것도 같습니다.

> 이제 네가 네 아버지 집을 사모하여 돌아가려는 것은 옳거니와 어
> 찌 내 신을 도둑질하였느냐_창 31:30

하지만 이게 핵심입니다. '내 드라빔을 왜 훔쳐갔느냐'는 겁니다.
드라빔에 굉장히 집착합니다. 사라진 드라빔을 빌미잡아 야곱을 옭
아매려 합니다.

> 31 야곱이 라반에게 대답하여 이르되 내가 생각하기를 외삼촌이 외
> 삼촌의 딸들을 내게서 억지로 빼앗으리라 하여 두려워하였음이니
> 이다 32 외삼촌의 신을 누구에게서 찾든지 그는 살지 못할 것이요
> 우리 형제들 앞에서 무엇이든지 외삼촌의 것이 발견되거든 외삼촌
> 에게로 가져가소서 하니 야곱은 라헬이 그것을 도둑질한 줄을 알지
> 못함이었더라_창 31:31~32

"내가 몰래 도망친 것은 외삼촌이 딸들을 억지로 빼앗으려 하는 것 같아 두려웠기 때문입니다. 하지만 드라빔은 결코 훔치지 않았습니다." 야곱도 항변합니다. 나아가 만약 자기 무리 가운데서 드라빔을 찾으면 그 사람은 반드시 죽을 것이라고 합니다. 당시 법에서는 다른 사람의 신상을 훔친 자는 사형에 처하도록 규정하고 있었습니다. 라헬이 드라빔을 훔친 줄은 꿈에도 모르고 눈먼 장담을 한 겁니다. 훗날 이 말이 씨가 되어 라헬은 약속의 땅에 들어가지 못하고 길가에서 죽었습니다. 라헬을 사랑한다지만 여전히 야곱은 라헬에 대해 전혀 모릅니다.

> 33 라반이 야곱의 장막에 들어가고 레아의 장막에 들어가고 두 여종의 장막에 들어갔으나 찾지 못하고 레아의 장막에서 나와 라헬의 장막에 들어가매 34 라헬이 그 드라빔을 가져 낙타 안장 아래에 넣고 그 위에 앉은지라 라반이 그 장막에서 찾다가 찾아내지 못하매 35 라헬이 그의 아버지에게 이르되 마침 생리가 있어 일어나서 영접할 수 없사오니 내 주는 노하지 마소서 하니라 라반이 그 드라빔을 두루 찾다가 찾아내지 못한지라 _창 31:33~35

라반이 샅샅이 뒤졌지만 드라빔을 찾아내지 못했습니다. 라헬이 기지 넘치는(?) 거짓말로 우상 지켜 내기에 성공합니다. 그러면 라헬이 옳은 걸까요?

라헬은 오직 남편을 위해 벌인 일이라고 할 겁니다. 드라빔을 훔친 목적도 라반이 죽은 뒤 야곱에게 많은 재산을 상속해 주려는 것이었습니다. 남편에게 친정 재산을 한 푼이라도 더 가져다주려 하니까 세상이 보기엔 이만한 부인이 없습니다. 레아보다 훌륭해 보입니다. 그러나 이런 부인 좋아하다가는 집안이 망하는 수가 있습니다. 세상 나라 편에서는 라헬이 훌륭해 보이지만, 하나님 나라 편에서 보면 레아가 훌륭합니다.

여리고 기생 라합이 이스라엘 정탐꾼을 숨겨 준 것은 하나님 나라를 위한 선택이었습니다. 이 믿음의 선택으로 라합은 예수님의 족보에 길이길이 올랐습니다. 그런데 조국 여리고 편에서 보자면 라합은 천하의 매국노 아니겠습니까? 우리가 이 구속사를 이해하기가 너무 어렵습니다.

인간은 이기적이기 때문에 하나님 나라 편의 설교, 이타적인 설교를 하면 이해하지 못합니다. 많이 가지고 배운 사람일수록 더 그렇습니다. 우리들교회만 보아도 설교를 몇 년이나 들었는데도 여전히 "너무 어렵다"고 말하는 분들이 계십니다. 대부분 학벌이 좋고 풍족한 분들입니다.

우리는 내게 이익을 가져다주면 좋은 일, 좋은 사람이라 하고 내게 손해를 끼치면 나쁜 일, 나쁜 사람이라고 합니다. 무조건 내가, 내 가족이, 내 나라가 이겨야 합니다. 이것이 세상의 계산법입니다. 윈윈(WIN-WIN)이란 없습니다. 앞서 밴쿠버 동계올림픽 이야기를 했는데, 올림픽도 그렇잖아요. 경쟁의 드라마입니다. 또 하나의 전쟁입니다. 모든 전쟁의 끝에는 돈이 있지 않습니까? 우리나라가 올림픽 포상금이 생긴 뒤부터 금메달을 많이 땄다고 합니다.

그러나 하나님의 계산법은 다릅니다. "세상에서는 너희가 환난을 당하나 담대하라 내가 세상을 이기었노라"(요 16:33b). 이것이 하나님의 방식입니다. 우리가 이 하나님의 방식을 이해하지 못하니까 예수님이 십자가에서 죽으심으로 몸소 본을 보여 주신 것입니다.

저는 학창 시절에 얼마나 열심히 살았는지 모릅니다. 1분 1초를 아껴 가며 피아노 치고 공부하고, 그 와중에 아르바이트까지 해서 집안 살림을 도왔습니다. 그 결과 원하는 대학에도 갔습니다. 하지만 하나님의 방식과는 정반대인 삶이었습니다. 그때는 하나님의 영광을 위해서 한다고 했지만 말뿐이었죠. 실은 내 야망을 이루기 위해서 열심히 산 겁니다. 또 가난했기 때문에 그런 삶이 가능했던 것도 인정합니다. 옛날처럼 공부하고 피아노 치라고 하면 이제는 못 할 것 같습니다. 그때보다 형편이 나아졌기 때문입니다.

그런데 주님을 깊이 만나고 나니까 지난날 누구보다 열심히 살았는데도 꼭 헛산 것만 같게 느껴졌습니다. 또 아르바이트하는 데 젊은 날을 다 보낸 것 같아 아쉬운 마음도 들었습니다. 그래서 저와 같이 피아노를 전공한 딸에게는 아르바이트도 좋지만 있는 형편대로 살고 교회를 열심히 섬기라고 권면했습니다. 저의 진심이 통했는지 딸은 온 마음을 다해 교회를 섬겼습니다. 국위 선양도 좋지만, 하나님 나라 선양이 더 훌륭한 줄 믿습니다. 하나님께서 더 큰 품삯으로 채워 주실 줄 믿습니다.

오직 나를 위해 피아노를 쳤던 제가 이제는 다른 사람을 섬기려고 열심히 성경을 봅니다. 물론 전보다 기쁨이 넘치지만, 평탄한 삶은 아닙니다. 주님이 우리를 위해서 죽어 주셨듯이 저도 늘 죽어지는 고통을 경험합니다. 당장 주일에 말씀을 선포해야 하는데 아무리 성경을 보고 또 보아도 무엇을 전해야 할지 쉽게 떠오르지 않습니다. 그때마다 "주님, 저는 아무것도 할 수 없습니다" 고백할 뿐입니다. 그러면 하나님이 불쌍히 보셔서 성령께서 도와주시는 걸 느낍니다.

올림픽에서 금메달을 따낸 한 선수에게 어떻게 부담을 이겨 냈는지 묻자 "충분히 연습했기에 자신이 있었다" 말하더군요. 반면에 저는 평생 스스로 준비됐다고, 자신 있다고 생각해 본 적이 없습니다. 내가 머리털 하나 희게도, 검게도 할 수 없는데 무엇이 자신 있겠습니까. 그저 주님의 도우심을 구할 뿐입니다.

36 야곱이 노하여 라반을 책망할새 야곱이 라반에게 대답하여 이르되 내 허물이 무엇이니이까 무슨 죄가 있기에 외삼촌께서 내 뒤를 급히 추격하나이까 37 외삼촌께서 내 물건을 다 뒤져보셨으니 외삼촌의 집안 물건 중에서 무엇을 찾아내었나이까 여기 내 형제와 외삼촌의 형제 앞에 그것을 두고 우리 둘 사이에 판단하게 하소서 38 내가 이 이십 년을 외삼촌과 함께 하였거니와 외삼촌의 암양들이나 암염소들이 낙태하지 아니하였고 또 외삼촌의 양 떼의 숫양을 내가 먹지 아니하였으며 39 물려 찢긴 것은 내가 외삼촌에게로 가져가지 아니하고 낮에 도둑을 맞았든지 밤에 도둑을 맞았든지 외삼촌이 그것을 내 손에서 찾았으므로 내가 스스로 그것을 보충하였으며 40 내가

이와 같이 낮에는 더위와 밤에는 추위를 무릅쓰고 눈 붙일 겨를도 없이 지냈나이다 41 내가 외삼촌의 집에 있는 이 이십 년 동안 외삼촌의 두 딸을 위하여 십사 년, 외삼촌의 양 떼를 위하여 육 년을 외삼촌에게 봉사하였거니와 외삼촌께서 내 품삯을 열 번이나 바꾸셨으며 42 우리 아버지의 하나님, 아브라함의 하나님 곧 이삭이 경외하는 이가 나와 함께 계시지 아니하셨더라면 외삼촌께서 이제 나를 빈손으로 돌려보내셨으리이다마는 하나님이 내 고난과 내 손의 수고를 보시고 어제 밤에 외삼촌을 책망하셨나이다_창 31:36~42

라반이 드라빔을 찾지 못하자 야곱이 반격에 나섭니다. 자기의 선함을 적극적으로 증언합니다. "내 허물이 무엇입니까? 내가 돌본 외삼촌의 양과 염소들이 낙태하지 아니했고, 물려 찢겨도 내가 보충했고, 도둑이 훔쳐 가면 도로 찾아오지 않았습니까! 내가 더위와 추위를 무릅쓰고 눈 붙일 겨를 없이 20년을 일했는데 외삼촌은 도리어 열 번이나 품삯을 바꾸지 않았습니까!" 이럴 때는 라반이 외삼촌이라는 걸 얼마나 강조하는지 모릅니다.

여러분은 누구 편을 들겠습니까? 물론 야곱이라 하겠지만, 야곱도 소위 더티(dirty) 하기는 매한가지입니다. 야곱은 예수 믿는 사람 아닙니까. 그런데 세상 사람 라반과 다른 것이 도대체 무엇입니까?

• "이건 맞고, 저건 틀려" 하면서 시시비비를 따지는 일은 무엇입니까? 부부 싸움을 할 때 나는 상대에게 어떤 걸 따집니까? "네가 그때 그랬잖아!"

하면서 고릿적 일까지 들추어 추궁하지는 않습니까?

• 나는 세상 계산법대로 사는 사람입니까, 하나님의 계산법대로 사는 사람입니까?

선악간의 시비가 있어도 말하지 말라 하십니다

여러분은 야곱과 라반 중에 누구의 원칙에 공감합니까? 누가 선을 행한 사람입니까? 누굴 따르겠습니까? 열 가지 중에 일곱 가지 선을 행하면 선한 사람입니까? 두 가지 선만 행하면 그는 악한 사람입니까?

야곱이나 라반이나 똑같습니다. "외삼촌이 나를 속였다!" 주장하지만 야곱도 라반을 속이고 도망갔고, 우상 좋아하는 라헬을 끼고 돌지 않습니까. 욕심이 조금 더 있으나 없으나 그게 그겁니다. 예수 믿으나 안 믿으나 별 차이 없습니다. 똥 묻은 개가 겨 묻은 개 나무란다고, 잘났든 못났든 다 뭐 묻은 인생들입니다. 더럽기는 매한가지입니다. 선악으로 논하면 이 땅에 선한 사람은 아무도 없습니다.

다만 야곱이 다른 점은 자신이 선하지 않은 걸 알고 걸어가는 사람이라는 겁니다. 서두에 이야기한 어거스틴도 습관적인 죄를 끊지 못했습니다. 그래서 늘 자기 죄를 인정하며 갔습니다. 자기 죄를 보지 못하는 사람은 하나님의 전적인 은혜로 구원받는다는 걸 이해하지 못합니다.

야곱이 또다시 죽을 위기에 처했습니다. 라헬의 거짓말 때문에 온 가족이 발목 잡히고 하마터면 참극이 벌어질 뻔했습니다. 이 위기에서 건져내 주신 분은 하나님이십니다. 야곱에게는 선한 것이 하나도 없습니다.

그러니 내가 선해서 공부 잘하고 사업 잘된다고 생각해서는 안 됩니다. "누구든지 주의 이름을 부르는 자는 구원을 받으리라 하였느니라"(행 2:21). 이 말씀을 삶으로 경험하지 못한 사람은 "내가 열심히 노력해서 일군 것이지 하나님이 무슨 상관이냐" 말합니다. 야곱이 선해서 하나님이 축복하신 것이 아니잖아요. 악해도 하나님의 자녀이기에 하나님이 전적으로 지켜 주셨습니다. 오직 내가 죄인인 걸 알고 걸어가는 자만이 이런 전적인 은혜를 경험합니다.

> 24 밤에 하나님이 아람 사람 라반에게 현몽하여 이르시되 너는 삼가 야곱에게 선악간에 말하지 말라 하셨더라…… 29 너를 해할 만한 능력이 내 손에 있으나 너희 아버지의 하나님이 어제 밤에 내게 말씀하시기를 너는 삼가 야곱에게 선악간에 말하지 말라 하셨느니라_창 31:24, 29

하나님께서 "선악간에 말하지 말라" 명령하셨기에 야곱처럼 우리도 죽지 않고 살아 있다는 것을 믿으십시오. 라반이 이 말씀을 듣고도 선악간에 따지고 야곱의 장막을 뒤진 것을 생각하면, 정말 우리는 하나님이 도와주지 않으시면 아무것도 할 수 없는 인생이 맞습니다.

세상 어떤 것도 선악의 문제가 아닙니다. 그러니 자꾸 옳고 그름의 잣대로 따지지 마세요. 서로 사랑하면 시비가 일어날 수 없습니다. 이 세상에서 가장 약자는 사랑하는 자입니다. 사랑하니까 물러날 수 있는 겁니다. 그런데 우리가 누구도 사랑하지 않기 때문에 자꾸 다툼이 일어나는 것입니다.

주님은 그런 우리 모습이 주인에게 만 달란트 탕감받은 종이 자기에게 백 데나리온 빚진 동료를 옥에 가두는 것과 같다고 비유하십니다(마 18:21~35). 만 달란트는 약 육천만 데나리온에 달하는 돈으로 인간의 힘으로는 도저히 갚을 수 없는, 어마어마한 빚입니다. 반면에 백 데나리온은 노동자의 3, 4개월치 품삯에 해당하는 돈으로 노력하면 얼마든지 갚을 수 있는 빚입니다. 자기는 억만금을 탕감받고 고작 백 데나리온 빚진 동료를 옥에 가두는 것이 얼마나 치졸한 행동입니까. 매사 선악을 따지기 좋아하는 우리가 이 어리석은 종과 똑같다는 말입니다. 내가 얼마나 큰 죄인인지를 깨달은 사람이 어떻게 백 데나리온 빚을 탕감 못 해 줍니까? 내가 천하보다 귀한 구원을 얻었는데 어찌 한 사람을 용서 못 합니까?

내 옆에 안 변하는 식구가 바로 백 데나리온 빚진 자입니다. 일곱 번을 일흔 번까지라도 용서해야 할 식구가 곁에 있는 사람은 교회 안에 어린아이 같고 무능한 이들도 잘 품습니다. 반면에 힘든 식구를 감내하며 인내해 본 적 없는 사람은 연약하고 힘없는 이들을 용납하지 못합니다.

용서할 줄 모르는 종의 비유가 기록된 마태복음 18장은 일명 '교회장'이라고도 불립니다. 건강한 교회는 힘든 사람이 모여드는 곳입니다. 환난당하고 빚지고 원통한 자들이 모여 함께 걸어가는 곳입니다. 그러므로 어린아이 같은 자, 백 데나리온 빚진 자를 용납하고 그를 위해 중보하는 것이 성도와 교회가 할 일입니다. 그럴 때 그의 상처가 아물며 그 역시 다른 누군가를 살리는 주의 자녀로 거듭나게 됩니다.

그런데 만 달란트 탕감받고도 그 은혜를 모르니까 날마다 백 데나리온 빚진 자를 옥에 가두고서 잘했느니 못했느니, 이혼하느니 마느니 하는 겁니다.

선악간에 말하느라고 온 가정이, 회사가, 나라가 몸살을 앓습니다. 교회 안에도 옳고 그름의 잣대가 판칩니다. 바리새인들이 그랬잖아요. 예수님의 제자들이 손을 씻지 않고 떡을 먹는다면서 비난하고 무시했습니다. 그러나 손 씻는 원칙보다 중요한 것은 긍휼과 사랑입니다. 세상 원칙보다 중요한 것은 하나님 나라의 원칙입니다. 영원히 지킬 원칙은 하나님 나라의 진리밖에 없습니다.

하나님은 선한 겉모습으로 많은 사람에게 존경받은 펠라기우스 같은 이들이 아니라, 어거스틴처럼 자신을 죄를 고백하며 걸어가는 이들을 성경의 주역으로 세우셨습니다. 맥스 루케이도(Max Lucado)는 『하나님이 캐스팅한 사람들』이라는 자신의 책 서문에서 이렇게 말합니다.

예수의 조상들. 이야기마다 스캔들과 과실과 음모로 얼룩져 있다. 이 사람들은 도대체 누구인가? 우리들이다. 그게 바로 우리 모습이다. 그들의 이야기에서 우리는 나의 이야기를 발견한다. 그들이 소망을 찾은 곳에서 우리도 소망을 발견한다. 그들 한가운데에, 그리고 그들 위를 맴돌며 만물의 주인공인 분이 계시다. 바로 하나님, 창조주, 만물을 지으신 분.

그분은 절망에 빠져들어 가는 심령을 건지며, 소명을 주시고, 다시금 기회를 주시고, 당신께로 오는 사람들과 당신의 부르심을 받아들이는 모든 이에게 도덕적 나침반을 전해 주시는 분이다. 살인을 저질렀던 모세에게, 실족했던 삼손에게, 하나님을 지레짐작했던 도마에게, 원시인 같은 옷차림에 회색 곰의 음식을 먹었던 세례 요한에게.

이 말씀을 읽으면 마치 가족사진을 보는 것 같은 기분이 든다. 결혼식이나 여름휴가, 혹은 명절 때 이모, 삼촌, 일가친척이 모두 모인 것 같다. 집안의 별난 인물들이 다 모였다. 유랑자, 술주정뱅이, 절대 자라지 않는 삼촌, 입을 다물 줄 모르는 이모, 전과가 있는 사촌, 신랄한 말을 하는 할아버지. 애굽식 옷차림의 요셉과 험악한 눈빛의 아버지 야곱. 라반 삼촌과 다윗 왕. 모두 다 여기 있다. 예수님을 포함해서. 그분께서는 한가운데 앉아 계시다. 아이들을 자랑스러워하는 아버지처럼 미소 띤 얼굴로 말씀하신다.

"볼지어다 나와 및 하나님께서 내게 주신 자녀라."

사진 속에 당신 얼굴도 보이는가? 그렇기를 바란다. 당신도 그 사진 속에 있다. 그리고 그분은 당신 역시 자랑스러워하신다.

어떻습니까? 루케이도가 말하는 사진 속에 여러분의 얼굴도 있습니까? 펠라기우스처럼 "나는 경건한 사람이야" 합니까? 인간은 다 지질합니다. 원칙을 지킬 수도 없습니다. 그래서 날마다 눈물로 기도하며 나아갈 수밖에 없습니다.

한 집사님이 남편에게 "밀크커피보다는 블랙커피가 입맛에 맞다"고 했더니, 남편이 언제부터 당신이 블랙커피를 마셨냐면서 "교만하기가 짝이 없다"고 했답니다. 참 사소한 일로도 시비가 일어납니다. 여러분은 어떠세요. 블랙커피와 밀크커피 중에 무엇이 맞는 겁니까? 이럴 때 "내가 블랙커피가 좋다는데 당신이 웬 참견이야!" 따져야 할까요? 그런데 이 집사님은 자신에게 교만하다 하는 남편의 말이 100% 인정되었답니다.

그렇습니다. 상대가 옳고 그름으로 따져 와도 내가 "옳소이다" 하면 되는 겁니다. 사랑하는 자가 약자라 하지 않았습니까. 사랑하면 시비가 일어날 수 없습니다.

스스로 선하다고 말하면서 우리는 야곱처럼 도망가고 라반처럼 추격합니다. 끊임없이 시비가 붙습니다. 옳고 그름의 잣대 앞에 누구도 자유로운 사람이 없습니다. 모두가 선악에 매여서 곳곳에서 다툼이 일어납니다. 보수와 진보가 대립하고, 가정과 회사, 교회마저 분열되고, 부모 자식, 부부간에도 시비가 일어납니다. 사랑하면 어떤 시비에서도 한 걸음 물러날 수 있지만, 사랑을 할 수도 만들 수도 지을 수도 없는 것이 우리 현주소입니다. 그러므로 사랑 그 자체이신 하나님께로 나아가는 것 외에는 길이 없습니다. 선악간에 말하지 않고 구원의 언어를 쓰는 여러분 되기를 축원합니다.

- 내 옆에 백 데나리온 빚진 자는 누구입니까? 교회 안에 연약한 지체를 용납하고 그를 위해 중보합니까? 흉보고 흠잡지는 않습니까?
- 내 죄를 인정하고 고백합니까? 내가 선해서 공부 잘하고 사업 잘되고 인간관계가 원만하다고 생각하지는 않습니까? 나는 아무것도 할 수 없음을 알고 주님의 은혜를 구하며 나아갑니까?

서로 사랑하면 시비가 일어날 수 없습니다.
이 세상에서 가장 약자는 사랑하는 자입니다.
사랑하니까 물러날 수 있는 것입니다.

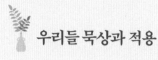
우리들 묵상과 적용

저는 불교 집안의 남자를 만나 결혼하고, 유학 생활을 하다가 하나님을 만났습니다. 한국에 돌아와 교회에 다니고 싶었지만, 독실한 불교 신자인 시어머니가 극심히 반대하시고, 남편도 어머니의 뜻에 따르자고 하니, 자연스레 신앙생활에 소홀해졌습니다. 친정어머니가 일찍 돌아가셨다는 열등감이 있던 저는 "엄마 없이 자라 뭘 보고 배웠겠냐?"며 무시하는 시어머니에게 흠 잡히지 않고자, 무조건 시어머니의 뜻을 받들며 살았습니다. 하지만 야곱이 이기심으로 라반을 섬기다가 생색과 혈기를 낸 것처럼, 저 또한 시어머니를 모시면서 쌓인 생색을 자녀들에게 터뜨리며 가정을 죽음으로 몰아가고 있었습니다(창 31:36~42). 그렇게 생색과 자기연민으로 도저히 견딜 수 없는 환경 가운데 있을 때, 저는 하나님을 다시 찾게 되었습니다.

하지만 시어머니의 눈치를 보느라 교회를 자유롭게 다닐 수 없었기에 교회에 한번 가려면 야곱처럼 용의주도하게 계획을 짜야만 했고, 시어머니는 라반과 같이 그런 저를 추격하셨습니다(창 31:20~23). 한번은 시어머니 몰래 아이들을 교회에 데리고 갔다가 들키는 바람에 맨발로 집에서 쫓겨나기도 했습니다. 시어머니는 "예수 믿는 며느리 때문에 집안에 망조가 들었다"며 저와 이혼하라고 남편을 계속 부추겼습니다. 괴로워하던 남편은 급기야 "어머니가 돌아가시면 교회에 같이 나가자"며 저를 회유했습니다. 하지만 이런 상황이 선악간에 옳고 그름을 따지며 살아온 제 삶의 결론임이 깨달아지니, 하나님 나라의 진리를 따르고자 '죽으면 죽으리라'는 심정으로 교회에 나갈 수 있었습니다(창 31:24, 29).

그러던 어느 날, 대학에 합격한 큰딸이 "우리 집은 무덤"이라면서 가출하는 일이 있었습니다. 너무 두려웠지만, 남편에게 "우리 가정에 왜 이런 사건이 왔는지 함께 말씀을 들어 보자"고 간청했고, 남편은 이를 승낙해 주었습니다. 남편이 교회에 온 첫날 설교 본문은 '해와 달과 별이 떨어지는 사건에서 인자가 구름을 타고 능력과 큰 영광으로 오신다'는 말씀이었습니다(마 24:29~30). 큰딸의 가출이라는 해와 달과 별이 떨어지는 사건으로 남편은 비로소 하나님 앞에 무릎 꿇게 되었고, 저희 부부는 딸을 이기적으로 키운 것을 눈물로 회개하였습니다.

그동안 저는 일만 달란트 탕감받은 자가 일백 데나리온 빚진 자를 옥에 가둔 것처럼, 하나님의 은혜를 잊고 딸을 내 원칙의 옥에 가둘 때가 많았습니다(마 18:21~35). 그래서 하나님께 영광 돌리는 것이 목적이라고 하면서도, 20년 동안 재물과 라헬을 끼고돌다가 라반을 속인 야곱과 같이, 딸을 하나님 나라의 진리대로 양육하지 못했습니다. 감사하게도 방황하던 큰딸은 몇 년 전 교회 공동체에서 만난 형제와 믿음의 가정을 꾸렸습니다. 우리 가정을 회복시켜 주시고, 영원히 지켜야 할 원칙은 하나님 나라의 진리뿐임을 알게 하신 하나님, 사랑합니다.

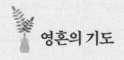

영혼의 기도

하나님 아버지, 우리는 선한 사람, 악한 사람이 따로 있다고 생각합니다. 그러나 주님은 아니라고 하십니다. 우리는 모두 죄인이라고 말씀하십니다. 오직 주 예수 그리스도를 믿는 것만이 구원을 얻는 길이라고 하십니다. 그러므로 시시비비를 가려 봤자 헛일이라는 걸 우리가 알게 하여 주옵소서. 내가 사랑하면 자연스레 약자가 되는데, 만 달란트 탕감받은 은혜를 모르기에 날마다 내게 백 데나리온 빚진 자를 목 조르고 옥졸에게 붙입니다.

야곱도 그렇습니다. 만 달란트를 탕감받는 은혜를 경험하고도 세상 사람과 똑같이 형편없고 악한 방법을 씁니다. 이런 야곱을 보면서 하나님 앞에 가는 그날까지 '나는 올바르다' 장담할 인생이 없음을 깨달았습니다.

주님, 아무리 나를 힘들게 하는 사람이라도 백 데나리온 빚진 자에 불과하다는 것을 우리가 알게 하옵소서. 다른 누가 아니라 내 옆의 남편, 아내, 부모, 자녀가 바로 일곱 번을 일흔 번까지라도 용서해야 할 백 데나리온 빚진 자입니다. 야곱이 끊임없이 죄를 보듯, 그들이 있어서 우리가 때마다 시마다 내 죄를 보고 내가 얼마나 죄인인가를 깨달으며 갑니다. 나아가 무능하고, 어린아이 같고, 말도 안 되는 주변 사람들을 품게 됩니다. 내 옆의 식구가 수고해 주지 않으면 도무지 다른 사람을 사랑할 수 없는 우리입니다.

하지만 주님, 우리는 여전히 연약합니다. 만 달란트 탕감받은 은혜를 잊고 우리 곁에 백 데나리온 빚진 자를 욕하고, 이혼과 가출을 결심하고, 회사를 때려치우고, 부모에게 이를 갑니다. 이런 우리를 불쌍히 여겨 주옵소서. 일곱 번을 일흔 번 용서해야 할 그들이 있어서 내가 사람이 되어 가는 걸 알게 해 주옵소서. 야곱에게 라반을 붙이신 것이 우연이 아닌 걸 알게 해 주옵소서. 주님, 이 구속사가 깨달아지게 도와주옵소서.

지질하고 형편없는 사람들이 성경의 주인공으로 올랐습니다. 그 성경의 가족사진 속에 내가 있게 도와주옵소서. 지질하지만 자신의 악함을 고백하며 나아가는 우리를 자랑스러워하시는 하나님의 마음을 우리가 깨닫게 도와주옵소서. 모든 것을 옳고 그름, 선악의 잣대로 따지지 않고 생명의 문제, 구원의 문제로 보게 하옵소서. 오직 구원 때문에 참고 사랑하게 하옵소서. 예수님 이름으로 기도하옵나이다. 아멘.

03

유종의 미

창세기 31장 43~55절

하나님 아버지, 인생에서 처하는 수많은 환경과
만남 속에서 유종의 미를 거두기를 원합니다.
최선의 화해는 아니더라도 하나님의 방법으로
유종의 미를 거둘 수 있도록 도와주옵소서.
말씀하여 주옵소서. 듣겠습니다.

헤어짐과 관련된 단어가 참 많습니다. 오랫동안 서로 갈리어 떨어지는 '이별', 인사를 나누고 헤어지는 '작별', 작별을 알리는 '고별', 기약 없는 이별인 '결별', 떠나는 사람을 이별하여 보내는 '송별', 윗사람과 헤어질 때는 '봉별', 떠나는 사람이 남아 있는 사람에게 작별하는 '유별', 이별의 한자를 앞뒤로 바꾸어 헤어짐에 대한 아쉬움이 더 진하게 느껴지는 '별리'……. 그중 가장 애틋한 이별은 '석별'로 한없이 쓸쓸하고 애절한 감정이 묻어나는 단어입니다.

이제 야곱이 라반과 헤어집니다. 이 두 사람의 이별에는 어떤 단어가 어울릴까요? 나를 못살게 군 시어머니가 돌아가실 때 석별이라고는 표현할 수 없겠지요. 마찬가지로 헤어짐에 관한 어떤 단어도 쓸 수 없는 경우가 야곱과 라반의 이별이 아닌가 생각합니다. 그러므로 어떤 경우보다도 '유종의 미'를 거두어야 할 이별입니다.

한 칼럼을 보니 인간은 결말의 기억이 가장 생생하다고 합니다. 그래서 고통스러운 경험이 얼마나 많았는가보다 마지막 기억이 어떠했는지가 중요하답니다. 이 경험과 기억에 관한 유명한 실험이 있습니다. 바로 심리학자이자 행동경제학자인 대니얼 카너먼(Daniel Kahneman)의 '찬물에 손 넣기' 실험입니다. 그는 참가자들을 대상으로 두 번의 실험을 했습니다. 먼저 14도의 찬물에 1분간 손을 담그게 합니다. 그리고 7분 후 같은 실험을 하죠. 단, 시간을 1분 30초로 늘리고 후반 30초는 물의 온도를 15도로, 1도 더 높였습니다. 그 후 참가자들에게 실험을 반복하겠다고 알리며, 지난 두 실험 중에 어떤 것에 참가하고 싶은지 물었습니다. 그러자 80%의 사람이 1분 30초의 실험을 택했답니다. 사실 14도의 물이나 15도의 물이나 체감온도는 비슷합니다. 그래도 마지막에 약간의 따듯함이 느껴진 쪽을 택한 것입니다. 이로써 어떠한 경험을 했는가보다, 유종의 미를 거두는 게 더 중요하다는 사실이 증명됐습니다.

칼럼에 의하면 마지막이 아름다운 추억들은 오랫동안 우리를 즐겁게 한답니다. 사랑도 그렇습니다. 좋게 결론 맺은 사랑은 언제나 아름답게 기억되지만, 씁쓸하게 끝난 사랑은 '상대를 조금도 사랑하지 않았다'고 기억되게 한답니다.

마지막을 잘 맺어야 합니다. 이것을 유종의 미라고 한다면, 예수 믿는 우리는 더 나아가 십자가로 결말나야 합니다. 예수님이 십자가 지고 돌아가심으로 우리가 천하보다 귀한 구원을 얻지 않았습니까. 그러므로 어떤 때도 십자가 지는 것이 축복입니다. 십자가 짊 없이 좋게만 거두려다가 되레 관계가 끝장나기도 합니다. 유종의 미가 모든 경우에 적용되는 건 아닙니다.

그런데 십자가 화해, 온전한 화해는 아니지만 야곱이 유종의 미는 거둡니다. 예수 그리스도 안에서만 온전한 화해가 가능한데 아직 야곱과 라반은 그런 수준이 아닙니다. 이들의 최선은 유종의 미를 거두는 것입니다.

화해하지 못하는 관계가 저마다 있습니다. 가정마다 용서가 안 되는 사람이 있습니다. 그와 유종의 미라도 거두어야 합니다. 우리는 예수를 믿는 사람이기 때문입니다. 야곱이 어떤 상황에서, 어떻게 유종의 미를 거두었는지 함께 살펴보겠습니다.

불치의 생색병에서 유종의 미를 거두었습니다

라반이 추격해 오자 야곱이 "하나님이 내 고난과 내 손의 수고를 보셨다"며 자신의 무죄를 호소했습니다(창 31:42). 라반으로서는 난처한 상황입니다. 드라빔을 빌미로 야곱을 책잡고자 했지만 끝내 찾아내지 못했습니다. 야곱을 붙잡을 명분도 더는 없습니다. 어찌할 수 없게 되자 하는 말이 본문 43절입니다.

> 라반이 야곱에게 대답하여 이르되 딸들은 내 딸이요 자식들은 내 자식이요 양 떼는 내 양 떼요 네가 보는 것은 다 내 것이라 내가 오늘 내 딸들과 그들이 낳은 자식들에게 무엇을 하겠느냐_창 31:43

"네가 가진 것은 내 딸, 내 자식, 내 양 떼다!" 갑자기 억지를 부리기 시작합니다. 그런데 정말 다 라반의 것입니까? 딸들은 야곱이 열심히 일하여 얻었고, 양 떼도 라반이 "품삯을 정하라" 해서 받은 겁니다. 이제는 야곱을 보낼 수밖에 없으니까 "모두 내 것이지만 너한테 준다!" 하면서 생색을 내는 것입니다. 생색이 병이 된 정도를 넘어 불치병 수준입니다.

학개서 2장 8절에서 "은도 내 것이요 금도 내 것이니라 만군의 여호와의 말이니라" 하셨습니다. 이 세상에 내 것이 어디 있습니까? 이 세상 모든 것은 하나님의 것입니다. 하늘도, 땅도, 비도, 구름도 다 하나님의 것입니다. 그런데 우리는 "내가 벌어서 내가 쓰는데 누가 뭐라 해", "내 돈, 내 자식 내 마음대로 하겠다는데 무슨 상관이야" 합니다. 특별히 자식에게 집착합니다. 자녀를 내 것처럼 여기면서 명품으로 휘감고 자랑거리 삼고 싶어 합니다. 자식은 곧 나 자신이기에 그렇습니다.

팔다리가 없는 지체장애인인 닉 부이치치(Nick Vujicic)는 일명 희망 전도사로 불리며 전 세계에 주님의 복음을 전하고 있습니다. 극심한 장애를 가진 그가 절망을 딛고 오늘에 이르기까지 최고의 버팀목이 되어 준 건 그의 부모님이었습니다. 그 부모가 "내 아들, 내 아들" 하면서 닉을 키워 내지는 않았을 겁니다. 나의 자녀가 아닌 하나님의 자녀로 여겼을 것입니다. 우리 자녀들도 그렇습니다. 내 자녀가 아니라 하나님의 자녀입니다.

'내 딸, 내 자식'이라 말하지만 지난 20년 동안 라반이 어땠습니까? 딸들을 팔아먹고, 이용하고, 속이고…… 그리고도 아까워서 도망 못 가게 쫓아왔습니다. 그러고는 하는 소리가 "내 딸들이지만 너 줄게"입니다. 생색이 하늘을 찌릅니다. 어쩌면 이럴 수 있습니까. 마지막까지 라반은 회개라고는 모릅니다.

우리 주변에도 그런 사람이 있습니다. 똑같이 성경을 봐도 구속 사로 읽으며 자기 죄를 잘 보는 사람이 있는가 하면 어떤 사람은 "나도 말씀 듣는다"고는 하지만 여전히 세상에 머물러 있습니다. 예배의 자리에 와도 말씀이 들리지 않아서 튕겨 나갑니다.

어찌 됐건 라반이 어쩔 수 없이 딸들의 고향행을 인정했습니다. 쉽게 말하면 "나는 예수 안 믿지만 너희는 교회 나가라" 허락한 겁니다. 그러니까 교회 가라 한 것만으로도 야곱이 너무 좋아서 모든 것을 양보할 마음이 생깁니다. 야곱이 라반의 시험을 패스하려는 순간입니다.

저는 시댁에서 5년을 살고 살림을 났습니다. 제 의지가 아니라 시부모님께서 내보내 주셨습니다. 돌아보면 당시 따로 살림을 내는 건 불가능했습니다. 어머님은 셈도 잘 못하실 만큼 연로하셨고 집에 안주인 역할을 할 사람이라고는 저밖에 없었습니다. 그래서 평생 시댁에서 살겠다고 기도했습니다. 그런데 시부모님께서 집까지 구해 주시면서 살림을 내주신 겁니다. 지금 와서 생각해 보면 하나님께서 "시댁 시험은 이쯤에서 됐다! 5년 동안 시부모 시험을 치렀으니 이제는 남편 시험을 치러라" 하신 것 같습니다.

과연 시부모님과 사는 것과 남편하고만 사는 것은 달랐습니다. 남편의 시험이 더 힘들었습니다. 또 남편이 가고 나서는 자녀 시험이 기다리고 있었습니다. 야곱도 라반의 시험이 끝나고 더 무서운 에서의 시험이 기다리고 있었습니다.

20년 만에 라반의 시험이 끝났습니다. 야곱이 온전해서 끝난 게 아닙니다. 여전히 그는 재물 모으기에 혈안이고, 속이고 도망가고, 우상단지를 훔친 라헬을 분별하지 못합니다. 이런 수많은 약점에도 불구하고, 하나님이 도우셔서 라반에게 고향행을 합법적으로 인정받은 것입니다.

저도 시부모님이 허락하셔서 합법적으로 살림을 냈습니다. 시부모님을 끝까지 모시겠다고 기도했더니 깜짝 놀랄 응답이 기다리고 있었습니다. 제가 원한 일이 결코 아닙니다. 물론 집을 구해 두셨다는 시부모님께 "무슨 말씀이세요, 제가 끝까지 모시고 살게요~" 하지는 않았지만요. 저 역시 약점 많고 자기중심적이지만, 하나님이 도우셔서 가만있었는데도 살림을 내주셨습니다. 한편으로는 시부모님도, 남편도 진심으로 사랑하지 못하는 저의 죄를 눈물로 회개한 결론이었다고 생각합니다.

부족해도 야곱은 하나님 중심인 사람입니다. 야곱이 브엘세바를 떠나 하란으로 가는 광야에서 주님을 깊이 만났습니다. 그 만남 덕분에 라반의 불치 수준인 생색병에 대해 야곱이 입을 다물 수 있었습니다. 저 역시 주님을 깊이 만난 뒤로 시부모님께 입을 다물게 됐습니다. 괜스레 타박하셔도 화내지 않고 "옳소이다" 할 수 있었습니다. 그래서 유종의 미를 거둘 수 있었습니다.

- 내 것이라 주장하면서 생색내고 있는 것은 무엇입니까? 돈을 물 쓰듯 펑펑 쓰고, 허송세월하면서 '내 돈, 내 시간 내 맘대로 쓰는데 뭔 상관이야!' 합니까? 자녀를 내 뜻대로 키우려 하지는 않습니까? 자녀를 하나님의 자

녀로 여기고 말씀으로 양육하고 있습니까?

- 하나님이 '이쯤에서 됐다' 하고 끝내어 주신 시험은 무엇입니까? 내가 잘해서가 아니라 연약해도 하나님의 자녀라서 통과하게 해 주신 걸 인정합니까?

목적지가 달랐습니다

야곱과 라반이 극적으로 화해합니다. 그런데 생각해 보세요. 사실 야곱으로서는 화해를 미룰 수도 있었습니다. 이제는 야곱이 강자가 되지 않았습니까? 야곱의 양들은 튼튼하고 라반의 양들은 약하다고 했습니다(창 30:42). 야곱에게 실력이 생겼습니다. 유리한 위치에서 계약할 수 있게 됐습니다. 그러나 야곱은 멋대로 하지 않습니다. 한 발짝 양보하면서도 자신에게 유리하게 유종의 미를 거둡니다.

예수 믿는 사람이 실력을 쌓아야 하는 이유가 여기에 있습니다. 내가 유종의 미를 거두려 해도 실력이 있어야 먹혀듭니다. 부유하고 지위가 높은 사람이 먼저 양보하면서 다가오면 넙죽 받아들이게 되지 않습니까? 그렇다고 열심히 재산 쌓고 지위 쌓으라는 말은 아닙니다. 뭐든지 구원을 위해서 하라는 것이죠.

한편 라반으로서는 막강해진 야곱이 두려워졌을 겁니다. 행여내게 쳐들어오지는 않을까 겁이 났겠지요. 따라서 야곱이 고향에 가기 위해 유종의 미를 거두었다면, 라반은 자기 재산을 지키기 위해 화해한 것입니다. 애초부터 서로 목적지가 다릅니다. 한 사람은 가나안이고, 한 사람은 애굽입니다.

세상이 목적인 사람과 하나님이 목적인 사람은 지향하는 바가 다를 수밖에 없습니다. 그러므로 서로 하나 되려야 될 수가 없습니다. 마치 물과 기름처럼 근본적으로 섞일 수가 없는 것입니다. 야곱과 라반도 그렇습니다. 하나님이 간섭하셔서 극적으로 화해는 했지만 온전히 화합된 건 아닙니다.

그런데 또 생각해 보자고요. 라반은 야곱을 볼 때마다 그의 배후에 계신 하나님을 떠올리지 않을 수 없었을 겁니다. 그가 7년을 속였는데도 야곱은 가만히 당했습니다. 품삯을 정할 때도 그랬습니다. 자신이 더 유리한 조건이었는데도 결국엔 야곱에게 막대한 품삯이 돌아갔습니다. 그러니 야곱의 하나님은 다르다고 생각했을 게 분명합니다.

그뿐만이 아닙니다. 지난 24절에서는 하나님이 라반의 꿈에 직접 나타나셔서 "야곱에게 선악간에 말하지 말라" 말씀하셨습니다. 야곱에게는 "떠나라" 하셨던(창 31:3) 하나님이 라반보고는 선악간에 말하지 말라 하신 것입니다.

그런데도 라반은 좀체 회개하지 못합니다. '야곱의 하나님은 다르구나' 하면서도 야곱과 함께 가지는 않습니다. 20년 동안 야곱 곁에서 하나님의 역사를 보고 듣고 맛보았는데도 야곱과 언약을 체결한 후 육의 고향으로 딱 돌아가 버립니다. 야곱과 함께 가면 구원이 기다리고 있는데 말이죠. 눈앞에서 천국행 열차를 놓쳐 버립니다.

우리도 그렇습니다. 자꾸 육의 길을 택하려고 합니다. 결혼의 목적은 거룩인데 행복하지 않아서 이혼하겠다고 합니다. 상대가 틀려서 이혼한다고 합니다. 그러나 결혼은 옳고 그름의 문제가 아닙니다. 결혼했으면 끝까지 가정을 지켜야 합니다. 내 마음대로 이혼하면 안 됩니다. 슬플 때나 아플 때나 가난할 때라도, 어떤 경우라도 살아야 합니다. 그것이 거룩입니다.

아직 갈 길이 먼 야곱입니다. 하나님을 만났지만 믿음이 온전하지 못합니다. 그러나 그의 시선이 가나안을 향한다는 점이 중요합니다.

이스라엘 백성도, 애굽 군대도 홍해를 건넜습니다. 홍해에 수장될 수도 있는 같은 위기에 놓였습니다. 그런데 이스라엘은 살고 애굽은 죽었습니다. 이 둘이 무엇이 달랐습니까? 이스라엘은 약속의 땅 가나안을 바라보았고, 애굽은 이스라엘 백성만을 쳐다보았습니다.

애굽 사람들이 훨씬 세련되고 교양 있습니다. 행위도 멋있고 공의롭기까지 합니다. 그러나 하나님은 그런 것들에 관심 두지 않으십니다. 오직 우리의 목적지가 어디인가에 관심을 두십니다. 형편없고 지질해도 가나안을 바라보는 내 새끼니까 구하시는 것입니다. 남의 새끼를 왜 구합니까? 사탄의 자식은 안 구하십니다.

저 역시 그렇습니다. 형편없어도 예수 믿고 회개하며 왔더니 갑자기 환경이 달라졌습니다. 제가 잘나서 살림을 나게 하셨을까요? 절대로 아닙니다. 저에게 다른 시험, 더 수준 높은 시험을 주시려고 시댁에서 끄집어내신 겁니다. 과연 시집살이 시험이 끝나니까 더 힘든 남편의 시험이 기다리고 있었습니다. 그러니까 여러분도 "이 남편과는 못 살겠다, 이 아내랑은 끝이다" 하지 마시길 바랍니다. 하나님이 여러분을 수준 높게 보시고 그 사람 곁에, 그 환경 가운데 두신 것입니다.

- 나의 목적지는 가나안입니까, 애굽입니까? 하나님을 바라보며 삽니까, 세상을 바라보며 삽니까?
- 자꾸 육의 길로 돌아가려는 일은 무엇입니까? "결혼의 목적은 거룩이에요", "가정은 지킬 만한 가치가 있습니다"라고 권면해 주는 천국 공동체의 말이 아니라 "뭣하러 그런 배우자를 참고 살아, 당장 이혼해" 하는 애굽 공동체의 말에 더 귀 기울이지는 않습니까?

퇴로를 열어 주었습니다

앞서도 이야기했지만 20년이 흘러 야곱이 이제 강자가 되었습니다. 그래서 라반에게 퇴로를 열어 줍니다. 매사에 강자가 퇴로를 열어 줄 수 있습니다. 강자가 키를 쥐고 있기 때문입니다. 야곱이 어떻게 퇴로를 열어 줍니까?

첫째로, 라반과 하지 않아도 되는 언약을 합니다.

이제 오라 나와 네가 언약을 맺고 그것으로 너와 나 사이에 증거를 삼을 것이니라_창 31:44

'너와 나 사이'에 언약을 맺자고 합니다. 드라빔을 찾지 못한 라반은 상속권 문제를 확실히 해 두고 싶습니다. 행여 야곱이 보복하지는 않을까 두려웠기 때문입니다. 언약을 세워 두면 야곱이 도망간 것이 아니라 라반이 그를 보내 주었다는 증표가 될 겁니다. 즉, 야곱이 쳐들어오지 못할 명분을 세우고자 하는 것입니다.

사실 야곱으로서는 하지 않아도 될 언약입니다. 야곱의 목적지는 가나안 본향이지 밧단아람이 아니잖아요. 라반의 영토에는 애초에 관심조차 없었습니다. 단지 라반이 원하니까 들어줍니다. 라반의 영토를 침해할 의도가 전혀 없지만 라반이 불안해하니까 원하는 대로 해 주는 겁니다.

우리도 돈에 관심을 끊어 보면 어떨까요? 이제는 천국이 목적이지 아버지의 돈, 형의 돈 얻는 게 목적이 아니잖아요. 돈에 관심이 없어져야 라반 시험을 통과합니다.

그동안 라반의 행각을 생각하면 야곱의 선택이 미련해 보이기도 합니다. 하지만 지나고 보면 야곱이 손해 본 게 하나도 없습니다. 하나님은 택하신 자를 결코 손해 보지 않게 하십니다. 야곱이 20년 동안 라반 아래서 악몽 같은 세월을 보냈는데 마지막에 옳고 그름을 따지지 않기로 하니까 유종의 미를 거두게 됐습니다. 우리도 선악간 따지지 않고 손해 보기로 작정하면, 상대의 마음까지 보듬으며 아름답게 떠나게 하실 날이 올 겁니다. 제가 바로 그 증인이잖아요. 시부모님께 순종 잘 했더니 생각지도 못하게 살림을 나게 됐습니다.

라반은 미성숙하고 열등감이 많은 사람입니다. 그래서 마지막까지 언약을 부르짖습니다. 야곱은 늘 당하기만 했는데도 라반이 먼저 약속을 청구하는 인생이 되었습니다. 본문 어디에도 "외삼촌도 나랑 약속해요!" 이런 말은 나오지 않습니다. 믿음이 성숙한 사람은 구태여 약속을 청할 필요가 없습니다. "영원한 친구가 되자" 이런 약속도 안 합니다. 도리어 언제든 서로 배반할 수 있다는 걸 염두에 둡니다. 사람의 본성을 간파하고 있기 때문입니다. 지금은 서로 사랑하고, 하나님의 마음으로 상대를 용서했대도 언제 변할지 모르는 게 인간관계입니다. 사람은 믿음의 대상이 아닙니다.

예수님을 만난 사람, 말씀을 통해 자기 죄를 보는 사람은 율법도, 약속도 저절로 지키게 됩니다. 그러니 괜한 맹세를 할 필요가 없습니다.

율법과 언약이 가장 필요 없는 곳이 가정입니다. 가정에서는 서로서로 허물을 감싸 줍니다. 그래서 성문법이든 불문법이든, 법이 따로 필요 없습니다. 잘못한 식구에게 "너, 몇 조 몇 항 봐봐" 이러지 않습니다. 그런데 요즘 가정에서도 자기들만의 법을 만들고 자꾸 추가에, 추가를 하니까 문제입니다. "술 먹고 들어오면 십만 원 낼 것." "외박하면 백만 원 낼 것." "또다시 외간 여자랑 채팅하면 집을 내 명의로 바꿀 것." 이런 법들을 집 안 여기저기에 붙여 놓습니다. 그리고 약속을 안 지키면 서로 미워하고 헐뜯고 난리입니다. 가정이 사탄의 공격 대상이 됐습니다.

라반도 하나님을 만나지 못해서 언약을 원합니다. '나와 너 사이에 증거를 삼자' 하지만, 라반이 언제 약속을 지키는 것 보았습니까?

정말 웃기죠. 20년을 속여 놓고는 여전히 '나와 너 사이에……' 타령입니다. 그런데도 야곱은 들어줍니다. 아마도 그런 라반에게서 자신의 옛 모습을 본 것 아닐까요.

둘째로, 자원해서 돌기둥을 세웁니다.

> 이에 야곱이 돌을 가져다가 기둥으로 세우고_창 31:45

벧엘에서 야곱은 돌기둥을 세우고 기름을 부었습니다(창 28:18~19). 그때는 하나님과 언약을 세웠습니다. 이번엔 라반과 언약하려고 돌기둥을 세웁니다. 야곱을 통해 하나님과 언약한 사람은 이웃과 한 약속도 잘 지켜야 한다는 걸 보여 주십니다.

야곱이 벧엘 광야에서 돌을 기둥 세워 기름을 부은 것은 '나의 돌 같은 환경에 기름을 붓겠습니다. 나의 전부를 주님께 드리겠습니다'라는 의미였습니다. 라반과의 언약에도 야곱의 의지가 담겨 있습니다. '어떤 일이 있더라도, 뜻밖의 환경과 사람이 훼방해도 나는 삼촌과의 약속을 지키겠다'는 다짐입니다. 약속은 라반이 하자고 했는데 실행은 야곱이 합니다.

> 또 그 형제들에게 돌을 모으라 하니 그들이 돌을 가져다가 무더기를 이루매 무리가 거기 무더기 곁에서 먹고_창 31:46

이번에는 돌을 가져다가 무더기를 만듭니다. 본문에만 '무더기'라는 단어가 7번 나옵니다. 돌기둥과 더불어 돌무더기가 언약의 증표로 쓰입니다. 당시 이스라엘 법으로는 언약을 세울 때 항상 두 명 이상의 증인과 두 개 이상의 증표가 필요했기 때문입니다.

야곱은 유종의 미를 거두기 위해 라반이 원하는 대로 해 주는 것은 물론이고 빈틈없이 행합니다. 그러지 않으면 라반에게서 헤어 나올 수 없기 때문입니다. 구원이 쉽게 이루어지는 것이 아닙니다.

> 라반은 그것을 여갈사하두다라 불렀고 야곱은 그것을 갈르엣이라 불렀으니_창 31:47

'여갈사하두다'는 아람어로 '증거의 돌무더기'라는 의미이고, '갈르엣'은 히브리어로 '증인의 돌무더기'라는 뜻입니다.

> 라반의 말에 오늘 이 무더기가 너와 나 사이에 증거가 된다 하였으므로 그 이름을 갈르엣이라 불렀으며_창 31:48

라반이 이름을 붙였는데도 야곱이 갈르엣이라는 히브리어 이름을 다시 붙인 것은 하나님 백성으로서의 주체성을 나타낸 것입니다. 우리가 보기에도 증거보다는 증인이 좋지 않습니까? 야곱이 붙인 이름이 더 낫습니다.

또 미스바라 하였으니 이는 그의 말에 우리가 서로 떠나 있을 때에
여호와께서 나와 너 사이를 살피시옵소서 함이라_창 31:49

이러나저러나 라반은 야곱을 믿을 수가 없습니다. 그래서 '미스
바'라는 이름을 또다시 붙입니다.

미스바는 히브리어로 '망루'라는 뜻으로, '우리가 떨어져 있어도
여호와께서 나와 너 사이를 살피시기를 원한다'라는 의미가 담겼습
니다. 쉽게 말하면 "야곱이 나를 쳐들어오지 못하게 하나님이 감시해
주세요" 하는 겁니다.

그동안 라반이 얼마나 약속을 어겼습니까. 누구보다 자기가 미
덥지 못한 인간이니까 남도 똑같게 보는 겁니다. 우리 주변에도 그런
사람이 꼭 있잖아요. "네가 나 돈 빌려준 거 장인 장모에게, 처형한테
도 절대 말하지 마! 맹세해, 도장 찍어!" 하며 지레 찔려서 약속시킵니
다. 알았다고 해도 "하나님 이름으로 맹세해!" 하면서 하나님까지 들
먹거립니다.

라반은 여호와 하나님을 잘 압니다. 입만 열면 여호와 타령입니
다. 그런데 언약의 대상인 사위에게도 딸들에게도 전혀 신뢰받지 못
합니다. 돌기둥에다 증거·증인의 돌무더기까지 세웠지만, 내 편 들어
줄 사람 많다고 생각하겠지만 사위의 품삯을 열 번이나 변경한 이의
말을 누가 믿겠습니까? 자기는 평생에 약속 한번 안 지켰으면서 "너
맹세해, 약속 지켜!" 날뛰니 이 얼마나 적반하장입니까. 그런데 이런
말이 안 되는 요구를 야곱이 들어주고 있는 겁니다.

- 나는 어떤 일에 약속이나 법을 따지고 있습니까? 우리 집 법은 무엇입니까? 갖은 법을 세워 두고 가족끼리 정죄하느라 가정이 무너질 위기는 아닙니까?
- 구원을 위해 퇴로를 열어 주어야 할 사람은 누구입니까? 구원을 위해 나는 어떤 손해를 보았습니까? 지금은 손해 같아도 하나님께서 결코 밑지지 않게 하실 걸 믿습니까? 구원을 위해 적용한다고 하지만 내키는 대로 설렁설렁하지는 않습니까?

약속을 진심으로 지키려 했고, 지켰습니다

> 만일 네가 내 딸을 박대하거나 내 딸들 외에 다른 아내들을 맞이하면 우리와 함께 할 사람은 없어도 보라 하나님이 나와 너 사이에 증인이 되시느니라 함이었더라_창 31:50

'내 딸들 외에 다른 아내들을 맞이하지 말라'는 라반의 말은 앞뒤가 맞지 않습니다. 원하지도 않은 여종을 둘이나 야곱에게 붙여 준 건 외삼촌 라반입니다. 야곱을 속여서 중혼시킨 사람도 외삼촌 라반입니다. 그런데 이제 와 딸들을 염려하는 척합니다. 달면 삼키고 쓰면 뱉는 격입니다. 결혼의 목적이 거룩이라고 가르쳐야 하는데 비굴한 노예근성으로 하는 소리뿐입니다.

한편으로는 자기가 야곱을 박대했으니까 딸들이 걱정되기도 하겠지요. 이렇게 자기 새끼 끼고도는 라반을 보면서 부모의 자식 사랑이 덧없다는 걸 실감합니다. 자녀를 위한다면서 정작 자녀를 망치는 부모가 얼마나 많은지 모릅니다.

딸들을 부탁하는 라반보고 어떤 사람들은 그가 변했다고 말할 것입니다. 이제는 야곱이 이런저런 말들에 연연하지 않게 됐습니다. 라반에게 아무런 감정도 남지 않았습니다. 그래서 얄미운 라반의 부탁이지만 다시금 약속해 주고 신실하게 지킵니다. 그토록 여자 좋아하는 야곱이 이후로 다른 아내를 취하지 않았습니다. 라헬이 죽은 후에도 그랬고, 특별히 레아가 죽은 후엔 가족 묘지인 막벨라 굴에 장사 지내 주었습니다. 그녀를 조강지처로 인정한 겁니다. 야곱처럼 포기하고 내려놓을 때 유종의 미를 거둘 수 있습니다.

야곱은 돌기둥의 약속을 신실히 지켰습니다. 하나님이 그 증인이십니다. 그러나 라반은 여전히 야곱이 못 미덥습니다.

> 51 라반이 또 야곱에게 이르되 내가 나와 너 사이에 둔 이 무더기를 보라 또 이 기둥을 보라 52 이 무더기가 증거가 되고 이 기둥이 증거가 되나니 내가 이 무더기를 넘어 네게로 가서 해하지 않을 것이요 네가 이 무더기, 이 기둥을 넘어 내게로 와서 해하지 아니할 것이라
> _창 31:51~52

정말 걱정이 태산입니다. 야곱도 자신과 같다고 생각합니다. 그래서 "이 기둥을 넘어 나를 해하지 말라" 당부합니다. "이 돌무더기를

기억하라" 합니다. 돌무더기, 돌기둥이 표지가 돼서 자신을 지켜 주리라고 착각합니다.

〈인간의 두 얼굴〉이라는 제목의 EBS 다큐멘터리에서 한 가지 실험을 했습니다.

사람들이 자주 다니는 길에 만 원짜리 스무 장이 든 지갑을 내려놓습니다. 그리고 하얀색 분필로 지갑 주위에 작은 원을 그린 후 사람들의 반응을 살펴보기로 합니다. 세 시간이 지난 뒤 그곳에 다시 돌아왔을 때 어떤 일이 벌어졌을까요? 아무도 그 지갑을 가져가지 않았습니다.

다큐멘터리 속 내레이터는 말합니다. "우리는 세상은 그래도 착하다고, 공정하고 신뢰할 만하다고 믿습니다. 어떤 사람들은 이 믿음을 순진한 착각이라고 말합니다. 그러나 이런 착각을 하는 사람 때문에 세상은 살 만한 것인지도 모릅니다. 세상은 실제로 아름다워서가 아니라 세상이 아름답다고 착각하는 사람들 때문에 아름다운 것입니다."

여러분, 세상이 아름답습니까? 대낮이고 사람이 자주 다니는 길이니까 누구도 지갑을 집어 가지 않은 것이겠지요. 그런데 그보다 중요한 건 동그라미의 위력입니다. 지갑 주위에 동그라미를 그려 놓으니까 아무도 안 가져갑니다. 동그라미가 울타리, 곧 경계가 된 겁니다.

라반도 이런 걸 노리고 돌무더기를 표지로 세운 것이라고 봅니다. 세상에는 경계가 필요합니다. 그래서 나라와 나라 사이에 경계가 있고, 집마다 울타리가 있습니다. 세상은 악하고 음란하기에, 저마다 자기 위주로 살기에 경계를 필요로 합니다. 세상의 대표라 할 수 있는 라반도 경계가 필요한 겁니다. 야곱도 그걸 인정하고 약속합니다.

> 아브라함의 하나님, 나홀의 하나님, 그들의 조상의 하나님은 우리
> 사이에 판단하옵소서 하매 야곱이 그의 아버지 이삭이 경외하는 이
> 를 가리켜 맹세하고_창 31:53

그런데 보세요. 결정적으로 라반은 아브라함의 하나님과 나홀의 하나님을 동일시합니다. 아브라함이 섬긴 여호와 하나님과 그의 조상이 섬긴 이방신을 구별하지 못합니다. 유일신이신 하나님을 믿은 것이 아니라 다신론을 믿은 것입니다.

이 말로 더 확실해졌습니다. 라반이 자꾸 돌기둥을 증거 삼자 하는 건 오로지 자기 자신을 위해서입니다. 내게 절대 쳐들어오지 않겠다는 증표로 경계를 세우자는 겁니다. "외삼촌도 내게 쳐들어오지 않겠다고 약속하세요." 야곱은 이런 말 일절 하지 않습니다. 라반의 수준이 여전히 저급합니다. 속이 빤히 들여다보입니다. 그래도 인정해 줘야 하는 겁니다. 야곱이 그만큼 강해졌습니다.

우리도 이제 강해졌습니다. 예수 믿으면 언제나 줄 것만 있는 인생으로 바뀝니다. 그러니까 자꾸 누구 들볶고, 비굴하게 굴지 마세요. 바람피운 남편에게 "다시는 안 그러겠다고 약속해!!" 강요한다고 남편이 돌아오는 게 아닙니다. 지혜가 있어야 합니다.

53절을 다시 봅시다. 라반이 "아브라함의 하나님, 나홀의 하나님이 우리 사이를 판단하옵소서" 하자, 야곱은 "그의 아버지 이삭이 경

외하는 이를 가리켜 맹세"했다고 합니다. 아버지 이삭이 경외하는 이가 곧 여호와 하나님이지만, 라반이 싫어할 줄 알고 직접적으로 말하지 않습니다. 우리에게도 이런 지혜가 필요합니다.

- 신실하게 지켜야 할 약속은 무엇입니까? 어떤 경계를 지켜 줘야 합니까? "왜 나만 약속해야 해? 당신도 약속해!" 하면서 상대방과 똑같은 수준에서 반응하지는 않습니까?
- 구원을 위해서 말과 행동을 조심하고 분별합니까?

예배 중심의 삶이 됩니다

> 야곱이 또 산에서 제사를 드리고 형제들을 불러 떡을 먹이니 그들이 떡을 먹고 산에서 밤을 지내고_창 31:54

라반과 언약을 맺은 후 야곱은 가장 먼저 산에서 제사를 드립니다. 평소 같았으면 먼저는 사랑하는 라헬에게, 그다음엔 형제들에게 뛰어가서 "드디어 라반과 끝났어!" 외쳤을 텐데 하나님께 제일 먼저 아룁니다. 야곱이 달라졌습니다. 그의 삶에 예배가 중심이 되었습니다.

달라진 점이 또 있습니다. 사람들에게 떡을 먹입니다. 형제들과 떡을 나눠 먹으며 함께 축하합니다. 우리도 그래요. 하나님과 예배가 삶의 중심인 사람은 공동체 식구들과 떡을 나누는 게 아깝지 않습니다. 내가 하나님 말씀으로 배불렀는데 떡 나누는 게 아깝겠습니까? 우리가 여기까지 와야 라반의 시험이 끝납니다.

라반 시험에 합격해야 더 단계 높은 시험을 치를 수 있습니다. 그런데 "나는 수준 높지 않기를 원해" 하면서 라반 시험에만 머물러 있으려는 사람이 있습니다. 그러면 평강을 얻어도 작은 평강만 얻는 겁니다. 맨날 라반 눈치를 보아야 하잖아요. 수준 높은 시험으로 점점 나아가는 것이 성도의 인생입니다. "나는 수준 낮고 싶어" 이런 말은 하지 마세요. 그건 고양이가 무서워서 머리 박고 있는 쥐랑 똑같은 것입니다.

> 라반이 아침에 일찍이 일어나 손자들과 딸들에게 입맞추며 그들에게 축복하고 떠나 고향으로 돌아갔더라 _창 31:55

야곱과 라반이 처음 만난 29장 13절을 보면 라반이 야곱을 "영접하여 안고 입 맞추며 자기 집으로 인도하여 들이니"라고 했습니다. 그런데 본문에서는 라반이 야곱과 입을 맞추지 않습니다. 관계가 회복되지 않은 것입니다.

야곱과 라반은 끝까지 하나 되지 못했습니다. 진정으로 화해하지 못했습니다. 그러나 어쩌겠습니까? 라반이 속 좁게 나와도 야곱은 끝까지 최선을 다했습니다. 야곱이 믿음의 후사와 아내들을 데리고 약속의 땅으로 돌아갈 수 있었던 것은 그가 그 모든 시험을 견뎌 냈기 때문입니다. 죽지 않고 살아서, 오직 인내로써 유종의 미를 거두었습니다. 진정한 화해는 하지 못했어도 유종의 미는 거두었습니다.

　우리 곁에도 그런 사람이 있습니다. 화해는 못 한대도 유종의 미라도 거두어야 할 사람, 너무 아픈 기억이 되지 않게 최선을 다해야 할 관계가 있습니다. 그중 가장 힘든 관계가 내 식구 아닙니까? 죽이지도 살리지도 못하는 그 사람과 유종의 미를 거두어야 합니다.

　한 자매가 보낸 메일입니다.

　제가 기억하는 순간보다 더 오래, 저는 밤마다 한 친척에게 성폭행을 당했습니다. 부모님은 이 사실을 전혀 알지 못하십니다. 어릴 때는 내게 무슨 일이 일어나고 있는지조차 몰라서 말씀드릴 수 없었습니다. 혼자 막아 보려 애쓰다가 시간만 흘러 버렸죠. 홀로 얼마나 고군분투했는지 모릅니다. 방문을 잠그고, 그가 손잡이를 고장 내면 끈으로 문을 묶기도 하고…… 갖은 애를 썼지만 그는 기회가 날 때마다 쳐들어왔습니다. 대학생이 되어서야 이런 일이 여자에게 얼마나 씻을 수 없는 상처인지 직면하게 됐습니다. 그러나 하나님만을 믿고 살아오신 부모님이 너무 상심하실까 봐 그때도 말할 수가 없었습니다.

　이후 몇 년 동안 스스로를 저주하면서 심한 우울증을 겪었습니다. 여러 교회를 전전하며 상처가 치유되길 기도했지만 삶이 해석되지 않았습니다. 그러다 우리들교회로 인도받았습니다. 첫 예배에서 얼마나 울었는지 모릅니다. 마음의 짐이 무거워서 청년부 예배에는 가지도 못하고 집사님들 틈에 끼어서 주일마다 울고 또 울었습니다. 그리고 이사야 설교를 들으며 말씀이 혼과 영을 찔러 쪼개어 삶이 해석되는 경험을 했습니다. 이후 영육이 빠르게 회복되었습니다.

그러나 명문대 출신에다 사회에서도 승승장구하는 라반 같은 그 친척이 아무렇지 않은 얼굴로 저를 대할 때면 분노가 치밀고 소름이 끼쳤습니다. 하지만 말씀을 들으면 다시 은혜에 잠겼습니다. 영이 회복되면 될수록 그와 화해는 못 해도 그를 이해해 보자는 생각이 들었습니다. 그리고 결혼하기 전날 밤 그의 죄를 대신 회개했습니다. 그러자 원통하고 분한 마음이 조금은 사라지는 걸 느꼈습니다.

요즘은 그 가정의 구원을 위해서 기도하고 있습니다. 과거 일을 전혀 모르는 그의 아내에게 복음을 전하며 목사님의 책을 선물하기도 했습니다. 제가 지금에 이를 수 있었던 것은 하나님과 우리들 공동체가 함께해 주었기 때문입니다. 우리들교회에서 받은 은혜와 사랑은 말로 다 할 수 없습니다.

집마다 이처럼 죽일 수도, 살릴 수도 없는 라반 같은 부류가 있습니다. 이 친척은 여전히 예수도 안 믿고 라반의 가치관을 따라서 살아갑니다. 회개하기는커녕 아무렇지 않게 자매 집을 드나든답니다. 그러니 일류면 뭣하겠습니까. 양심에 화인을 맞은 사람 아닙니까? 정말이지 용서할 수 없는 인간입니다. 제가 이 메일을 읽고 얼마나 눈물을 흘렸는지 모릅니다.

그런데도 자매가 그의 가정까지 전도하려고 마음먹었다니, 이야말로 유종의 미를 거두는 것 아니겠습니까. 십수 년간 부모님에게도, 누구에게도 말 못 하고 혼자 끙끙 앓았을 텐데 하나님이 이 자매를 너무 잘 키워 주셨습니다. 하나님이 축복해 주셨습니다.

누구도 치유할 수 없는 상황에서 야곱이 라반을 내려놓고 유종의 미를 거두고 떠났습니다. '떠났다'는 것은 물리적인 의미를 넘어 이제는 라반에게서 온전히 벗어났다는 뜻입니다. 이처럼 유종의 미를 거두게 하신 분은 하나님입니다. 야곱이 슬플 때도 힘들 때도, 그가 무엇을 하든지 어디에 있든지 하나님이 함께하셨습니다. 조카이자 사위인 야곱을 그저 노예 취급한 라반의 손아귀에서 벗어나게 하셨습니다. 여러분도 주님의 사랑에 힘입어 라반 삼촌에게서 벗어나십시오. 이제는 라반에게서 빠져나오기를 바랍니다.

우리가 유종의 미를 거두려면 상대가 불치의 생색병을 발해도 인내해야 합니다. 상대와 내가 목적지가 다르다는 걸 알아야 합니다. 세상은 악하고 음란하다는 걸 인정하고 퇴로를 열어 주어야 합니다. 상대의 수준으로 내려가서 돌기둥을 세우고 약속을 신실하게 지켜야 합니다.

그러나 유종의 미를 거두는 것도 내 힘으로 할 수 없습니다. 하나님이 함께하셔야 합니다. 라반의 시험을 끝낼 분은 하나님밖에 없습니다. 오직 하나님을 의지하여 나아가십시오.

끝내 같이 갈 수 없는 한 사람이 있습니까? 금수만도 못한 인간이 있습니까? 그와 화해하지는 못해도 끝까지 최선을 다해 유종의 미를 거두기를 바랍니다. 최고의 복수는 용서하는 것입니다. 그를 불쌍히 여기는 것입니다.

한편으로 라반이 밖에만 있지는 않습니다. 나 역시 라반이라는 걸 우리가 모릅니다. 안다고 해도 그런 자신이 미워서 아무것도 못 합니다. 내 속에도 퇴로를 열어서 라반을 내보내야 합니다. 물론 하루아침에 되는 않습니다. 야곱도 20년이 걸리지 않았습니까? 앞의 자매처럼 어떤 아픔도, 슬픔도 주 앞에서 나누며 갈 때 퇴로가 열릴 줄 믿습니다. 자매는 힘든 이야기를 꺼내면서도 감사하다고 고백했습니다. 저는 하나님이 이 자매를 크게 쓰시리라고 믿습니다. 앞으로 자매를 통해 하나님이 이루실 일을 기대합니다. 여러분도 나의 라반과 유종의 미를 거두기를 축원합니다.

- 나는 예배가 삶의 중심입니까? 지체들과 떡 나누기를 아까워하지는 않습니까? 목장예배를 위해 식사를 준비하는 일이 생색나지는 않습니까?
- '나는 여기까지야' 하면서 어디에 머물러 있으려 합니까?
- 어찌할 수 없는 라반과 같은 사람은 누구입니까? 화해하지는 못해도 유종의 미를 거두려 노력합니까?

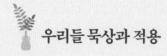
우리들 묵상과 적용

십여 년 전, 아내는 기관지가 나빠져 공기 좋은 산골로 요양을 하러 갔습니다. 그때 저는 주말마다 아내가 있는 산골에 가서 지냈습니다. 아내는 그곳에 있는 교회를 다니며 예전의 신앙을 회복했지만, 저는 육남매의 맏이로서 제사를 지내야 한다는 핑계로 주일예배를 드리지 않았습니다. 그러면서 염치없이 주일 점심에 교회에서 성도들과 식사만 함께했습니다. 하지만 늘 마음이 편치는 않았습니다. 그래서 집에 돌아와서는 "왜 교회를 다녀서 사람을 귀찮게 만드냐!"며 아내에게 핀잔을 주곤 했습니다. 직장에서는 세상 권세를 향한 탐심과 교만이 가득하여 상사와 동료들과 원활한 관계를 유지하지 못했습니다. 그러다 보니 늘 남 탓만 하며 외딴섬같이 지냈습니다. 그런데도 하나님은 제가 일하는 부서에 믿음 좋은 팀장을 보내 주셨습니다. 그는 저를 볼 때마다 "이제 예수 믿으셔야죠" 하며 수시로 복음을 전했지만, 그때도 저는 요지부동이었습니다.

그 후 저는 2년 반 동안의 주말부부 생활을 끝내고자 명예퇴직을 하고 아내가 있는 산골로 들어가 살았습니다. 아내가 출석하는 교회에서 주보 만드는 일을 도왔지만, 여전히 예배에는 참석하지 않았습니다. 그러자 주님은 크고 작은 사건으로 제게 찾아오셨습니다. 아내와 떨어져 살다가 24시간 함께 있다 보니 예상치 못한 부부 갈등을 겪게 된 것입니다. 게다가 큰아들 가정에 위기가 닥치고, 부모님 건강에도 문제가 생겼습니다. 그럼에도 '세상사가 다 그런 거지 뭐'라며 대수롭지 않게 여겼습니다.

그러다가 큰아들의 이혼과 손자 양육이라는 과제를 마주하고 나서야, 하나님을 향한 대적과 저항을 멈출 수 있었습니다. 이후 저는 산골 생활을 정리하고 상경한 아내를 따라 믿음의 공동체에 속하게 되었습니다. 각자 자기 소리만 내던 아내와 제가 같은 본문으로 말씀을 묵상하고 공동체의 권면에 순종했더니 부부 관계가 회복되었습니다. 그리고 일 년 후에 저는 드디어 세례를 받았습니다. 그때 사진으로 하나님과 언약을 맺은 증거를 남겼고(창 31:44), "더는 세상에 기웃거리지 말라"고 수많은 지체가 증인이 되어 제 삶의 경계를 정해 주었습니다(창 31:50~52).

저는 공동체에 와서도 오랜 시간 귓등으로 말씀을 흘려들었습니다. 그런데 비로소 말씀이 들리게 되니 툭하면 아내와 싸우고 몇 날 며칠 말도 안 하던 저야말로 큰아들 가정을 무너뜨린 원흉임이 깨달아져 회개가 나왔습니다. 주님을 믿지 않는 가족 모두 천국 백성이 되어, 함께 떡을 나눠 먹는 그날이 속히 오기를 간절히 기도합니다(창 31:54).

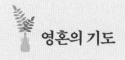 영혼의 기도

하나님 아버지, 용서할 수도 화해할 수도 없는 라반 같은 관계가 우리에게도 있습니다. 죽일 수도, 살릴 수도 없는 그런 사람이 우리에게도 있습니다. 주님, 오랫동안 고통 가운데 있던 자매의 간증을 들으면서 '얼마나 무서웠을까', '누구에게 말도 못 하고 십수 년을 어떻게 견뎠을까' 마음이 아팠습니다. 그러나 하나님이 돌보아 주셔서 자매가 어엿한 신부로 성장한 걸 보며 야곱과 라반의 만남이 우연이 아니라 주님이 허락하신 만남임을 다시금 깨달았습니다.

야곱이 라반에게 수없이 속았지만 이제는 라반을 패스했습니다. 라반을 졸업했습니다. 라반이 무슨 얘기를 해도 "옳소이다" 할 수 있게 됐습니다. 이제는 우리도 라반에게 퇴로를 열어 주기 원합니다. 내 속에서 그들을 내보내게 하옵소서. 최고의 복수는 용서라고 말씀하시니, 각자의 라반을 용서하고 그가 생각조차 나지 않도록 우리의 심령을 인도해 주옵소서.

라반은 끝까지 말도 안 되는 약속을 요구하지만 야곱은 유종의 미를 거뒀습니다. 우리 힘으로는 할 수 없지만 하나님의 사랑이 우리 가운데 강물같이 흘러들어 라반 같은 식구들을 용서하게 하옵소서.

그러기 위해 나 자신에게도 퇴로를 열어 주기를 원합니다.

자신이 어떻게 행하는지도 모르고 온 식구를 괴롭히는 라반 같은 사람이 가정마다 있습니다. 믿는 식구들이 먼저 그를 용서하고 그를 위해 끊임없이 기도하게 하옵소서. 설령 상대가 호의를 받아들이지 않는대도 유종의 미를 거두는 우리가 될 수 있도록 은혜 위에 은혜를 내려 주옵소서. 예수님 이름으로 기도하옵나이다. 아멘.

Part 2

하나님,
참
잘하셨습니다

04

나를 건져내시옵소서

창세기 32장 1~12절

하나님 아버지, 야곱이 안타깝게 절규합니다.
우리도 수많은 문제 속에서 날마다 절규합니다.
영적·육적·정신적인 고통에서
우리를 건져내 주옵소서.
말씀하여 주옵소서. 듣겠습니다.

하나님 뜻대로 살고자 노력해도 고난은 끊임없이 찾아옵니다. 아버지는 늘 부재중이고, 어머니는 나를 방임하는 데다 형제들마저 나를 괴롭히고, 취업은 어렵고, 겨우 취직해도 직장 생활이 만만치 않고, 해고를 당하기도 하고…… 인생이 왜 이리 고단한지, 한 문제가 지나가면 또 다른 문제가 고개를 듭니다.

라반과 유종의 미를 거둔 지 얼마 안 되었는데 야곱이 또다시 문제를 만납니다. 그의 인생에 최고난도 시험이 찾아옵니다. 바로 에서의 시험입니다. 여러분도 극한의 시험을 만났습니까? 그래서 살려 달라고 기도합니까? 도무지 해결할 방법이 없는 시험에서 우리가 어떻게 살아날 수 있을까요? 본문의 야곱은 어떻게 헤쳐 나가는지 함께 살펴보겠습니다.

하나님의 군대가 야곱과 동행합니다
다시 말하면, 공동체 예배로 준비되어야 합니다

야곱이 길을 가는데 하나님의 사자들이 그를 만난지라_창 32:1

야곱이 '길을 갔다'는 것은 자기의 길로 나아갔다는 뜻입니다. 라반은 육적 고향으로 돌아가고 야곱은 하나님의 길, 아버지의 품을 향해 발걸음을 옮깁니다. 그런데 마냥 즐거운 길이 아닙니다. 그 끝에는 라반의 시험보다 한 단계 더 업그레이드된 에서의 시험이 기다리고 있습니다.

벧엘에서 야곱은 하나님으로부터 엄청난 복을 보장받았습니다 (창 28:13~15). 하지만 그의 길은 복과는 거리가 먼, 십자가 짐 같게만 보입니다. 20년 객지 생활을 마치고 라반의 불같은 추격에서 겨우 벗어났는데 또다시 엄청난 문제가 기다리고 있는 겁니다.

역설적이게도 이것이 하나님께서 성도를 견인하시는 방법입니다. 전적인 은혜로 우리를 구원해 주셨지만, 천국에 이르는 그날까지 주님은 우리를 끊임없이 훈련해 가십니다.

여전히 나에게 하나님이 하나님 되지 못해서 가야 할 길이 있습니다. 가나안에서 밧단아람으로 갔는데 또다시 가나안으로 오는 그 길을 가야 하는 겁니다. 그리고 그 길에서 반드시 만나야 할 사람이 있습니다. 야곱은 하나님의 사자들을 만났습니다. 브엘세바에서 하란을 향해 가던 길에 본 하나님의 사자들을 또다시 만납니다 (창 28:12).

> 야곱이 그들을 볼 때에 이르기를 이는 하나님의 군대라 하고……
> _창 32:2a

'하나님의 군대'는 주의 백성을 보호하는 천사의 무리를 말합니

106

다. 야곱이 하란으로 떠날 때는 하나님의 사자들이 무슨 일을 하는지 정확히 알지 못했습니다. 그러나 이제는 그들이 하나님의 백성을 위해 대신 싸워 주는 하나님의 군대라는 걸 알아봅니다. 혹독한 20년의 훈련을 거치고 난 뒤 비로소 깨닫게 되었습니다. 즉, 야곱의 영안이 열렸습니다.

야곱이 거느리는 형제들은 군사훈련을 받아 본 적도 없고, 무장조차 하지 않은 자들입니다. 이들을 데리고 떠나려는데 오직 야곱에게만 하나님의 군대가 보입니다. 다른 이들은 못 봅니다. 왜, 우리에게도 그런 식구가 있지 않습니까. "교회에, 목장에 가자. 그것만이 살길이다!" 안타깝게 초청해도 꿈쩍도 안 하는 이들이 있습니다. 하나님의 군대를 볼 수 있는 영안이 없기에 그렇습니다. 이 눈먼 이들을 데리고 가는 그 한 사람 되라고 나에게 끊임없이 사건을 허락하시는 것입니다.

영안을 가진 한 사람이 중요합니다. 고난이 온다고 다 훈련을 받는 건 아닙니다. 오직 하나님의 사람만이 훈련받고, 하나님의 계획을 깨닫습니다. 그 한 사람이 있으면 온 집안이 살아납니다.

……그 땅 이름을 마하나임이라 하였더라_창 32:2b

야곱이 그 땅 이름을 '마하나임'이라 부릅니다. 이는 '두 무리', '두 진영'이라는 뜻으로, 한곳에 머무르는 진영이 아니라 움직이는 진영을 의미합니다. 야곱은 하나님의 군대가 함께 움직이면서 자신을 인도해 주리라고 확신했습니다. 즉, 주님의 공동체가 가장 큰 힘이라는 걸 깨닫게 됐습니다.

인생길이 힘들지만 하나님 군대의 능력을 체험한 사람은 언제나 개가를 부를 수 있습니다. 수많은 지체가 천사처럼 나를 보호해 주니까 무엇도 두렵지 않은 겁니다. 그렇잖아요. 살면서 내 편이 있다는 것이 얼마나 큰 힘이 됩니까.

이기적이던 야곱이 20여 년의 훈련 끝에 비로소 공동체의 중요성을 알게 됐습니다. 저 역시 어려서부터 교회를 다녔지만 공동체의 중요성을 알게 된 건 큐티를 한 뒤부터입니다. 그전까지는 혼자 잘나서 목장에 가 본 적이 없습니다. 예배 반주자로 섬기면서 반주만 딱 하고 집에 돌아왔습니다. 나는 봉사하는 사람인 겁니다. 그래서 제가 용광로 길을 갔습니다. 열심히 교회 다니고, 공부 잘하고, 일류 학교에 가면 뭣하겠습니까? 혹독한 고난을 겪고 나서야 비로소 공동체가 얼마나 소중한지 알았습니다.

교회에 다녀도 이기적인 사람이 많습니다. 저 역시 그랬습니다. 우리가 교회에 다니는 이유는 이타적인 사명을 감당하기 위해서인데 그저 나밖에 몰랐습니다. 그러니 주님이 혹독한 훈련을 허락하실 수밖에 없었습니다.

'나'라는 껍질은 스스로 깨지 못합니다. 험난한 고난을 통해서 타인에게 소외감을 느끼고, 역설적이게도 내 자아에게서도 소외감을 느껴야 비로소 껍질이 깨집니다. 야곱이 그랬습니다. 혹독한 훈련을 겪은 뒤에야 비로소 진실한 자아가 돼서 '우리'라는 공동체를 알아보게 됐습니다. 공동체를 끌어안는 것이 사랑 안에서 가장 성장하는 길입니다. 야곱이 여기까지 나아갔습니다.

　은혜받은 자의 특징은 나에게서 벗어나는 것입니다. 제가 교회를 다니면서도 나에게서 벗어나지 못했습니다. 나 혼자 성공하려 했습니다. 이런 저를 주님이 손보아 주셔서 공동체를 귀히 여기게 된 것이 얼마나 축복인지 모릅니다.

　천국에 가는 그날, 천사들이 하나님의 군대를 이루어 우리를 영접할 것입니다. 그런데 앞서 이 땅에서도 하나님의 군대를 경험할 수 있습니다. 예수를 만난 자가 천사입니다. 교회 공동체가 하나님의 군대입니다. 수많은 천사가 예배, 목장, 양육 등 두 진영으로 나뉘어서 힘든 이들을 돕습니다. 그러기에 나는 혼자가 아닙니다. 공동체 예배가 우리의 산성이요, 미리 들은 복음이 예방주사가 되어 우리를 살릴 것입니다.

　야곱이 훌륭해서 하나님의 군대가 에워싸는 게 아닙니다. 야곱이 하나님을 사랑한 것과는 비교할 수 없는 사랑으로 하나님이 야곱을 먼저 사랑하셨기 때문입니다. 사실 야곱에게 사랑받을 만한 게 뭐가 있습니까? 형편없고 부족하지만, 주님이 오직 은혜로 동행해 주십니다.

- 나는 교회 공동체를 하나님의 군대로 알아보고 소중하게 여깁니까? 예배만 드리고 조용히 사라지는 나 홀로 신앙은 아닙니까? '나만 잘 믿으면 됐지, 왜 지질한 사람들과 어울려야 해' 하며 공동체를 우습게 여기지는 않습니까?
- 믿음의 공동체가 하나님의 군대가 되어 나를 에워싼 경험이 있습니까?

그러나 야곱은 여전히 불안합니다

야곱은 자신이 천사들에게 보호받고 있다는 걸 깨달았습니다. 그러나 여전히 불안합니다. 고향으로 돌아가야겠는데 행여 에서가 나를 해하지는 않을까 두렵습니다. 이른바 '에서 증후군'에 시달립니다. 이것은 범죄한 자의 불안입니다. 야곱 속에 해결되지 않은 죄책감이 열등감을 불러온 겁니다.

생각해 보세요. 아무리 그래도 하나님의 군대가 함께하는데 어찌 불안할 수 있습니까? 20여 년 만에 형을 만나면 반가워야 하지 않습니까. 그런데 야곱은 왜 이토록 불안해하는 걸까요?

다 이유가 있습니다. 지난 27장에서 리브가가 야곱을 보내며 했던 말 기억하십니까?

"네 형의 노가 풀리기까지 몇 날 동안 그와 함께 거주하라 네 형의 분노가 풀려 네가 자기에게 행한 것을 잊어버리거든 내가 곧 사람을 보내어 너를 거기서 불러오리라 어찌 하루에 너희 둘을 잃으랴"(창 27:44~45).

그런데 20여 년이 지나도록 리브가에게서 기별 한번 없습니다. 이것은 에서가 여전히 야곱에게 적개심을 품고 있다는 뜻입니다.

우리도 그렇습니다. 하나님의 군대와 동행해도, 예수 잘 믿고 은혜롭게 예배드려도 여전히 풀리지 않는 가정의 문제, 질병의 문제가 있습니다. '아무리 하나님을 믿어도 내 암의 문제는 어찌할 수 없어' 합니다.

그런데 야곱이 머리가 좋잖아요. 에서의 호의를 사고자 묘책을 강구합니다. 바로 평화 사절단을 보내는 것입니다.

> 3 야곱이 세일 땅 에돔 들에 있는 형 에서에게로 자기보다 앞서 사자들을 보내며 4 그들에게 명령하여 이르되 너희는 내 주 에서에게 이같이 말하라 주의 종 야곱이 이같이 말하기를 내가 라반과 함께 거류하며 지금까지 머물러 있었사오며 _창 32:3~4

에서에게 사자로 보낼 말 잘하고 똑똑한 사람을 고른 뒤 할 말도 일러 줍니다. 라반의 집에 나그네로 거류한 것일 뿐, 내가 거기서 영원히 살려 한 건 아니라는 겁니다. 심지어 에서를 '주'라고 표현하고 있습니다.

> 내게 소와 나귀와 양 떼와 노비가 있으므로 사람을 보내어 내 주께 알리고 내 주께 은혜 받기를 원하나이다 하라 하였더니 _창 32:5

"내 주께 은혜 받기를 원하나이다"라는 말은 "나는 당신의 종입니다"라는 뜻입니다. 에서와의 싸움은 라반과의 싸움과는 본질이 다릅니다. 라반과는 세상에서의 싸움에 가깝다면, 에서를 마주하는 것은 믿음의 여정으로 나아가는 일입니다. 그래서 최선을 다해 해명합니다. "내게 소와 나귀와 양 떼와 노비가 있으므로"라는 말은 '아버지나 형의 재산에는 관심이 없다'는 뜻입니다. 영적·육적으로 어떤 손해도 끼치지 않겠노라고 강조하는 것이죠.

> 사자들이 야곱에게 돌아와 이르되 우리가 주인의 형 에서에게 이른
> 즉 그가 사백 명을 거느리고 주인을 만나려고 오더이다_창 32:6

사절단까지 보내서 최선을 다해 해명했건만 돌아온 건 에서가 사백 명을 거느리고 오고 있다는 소식입니다.

> 야곱이 심히 두렵고 답답하여······ _창 32:7a

'심히 두렵고 답답하다'는 것은 심리적 압박감이 극에 달했다는 말입니다. 더는 길이 없다고 생각하는 것입니다. 예수를 믿는데도 길이 없는 겁니다. 왜 야곱은 답답할까요?

야곱은 외삼촌 라반에게 속아 레아와 결혼한 뒤 라헬을 아내로 얻는 대가로 7년을 더 일했습니다. 당시 중동에서는 한 남자가 여러 아내를 얻는 걸 법으로 허용했습니다. 그러니 누구도 야곱에게 잘못됐다고 말하지 않았을 것입니다. 하지만 야곱은 믿음의 3대손 아닙니까? 믿음의 자손으로서 하나님의 명령에 위배되는 세상 가치관은 버려야 하는데 야곱이 도무지 못 버립니다. 세상 가치관은 화려해 보이고 하나님의 가치관은 초라해 보이니까, 계속 저울질하다가 끝내 세상을 택하는 겁니다. 하나님의 사람인데도 안되는 것이 많습니다.

게다가 야곱은 늘 변명하기에만 바쁩니다. 레아와 결혼했으면

끝인데 라헬을 또 얻고는 "라헬을 사랑하는 까닭에" 그랬답니다. '라헬을 사랑해서'가 야곱의 평생 변명거리였습니다. 라반 몰래 도망갔을 때도 "외삼촌이 늘 나를 속이니까 그럴 수밖에 없었다"고 변명했습니다.

또다시 야곱은 선택의 기로에 섰습니다. 라반과 헤어지자마자 다가온 이 위기를 어떻게 극복해 낼까요? 라반과 언약을 맺었기에 밧단아람으로는 다시 돌아갈 수 없습니다. 또한 떠날 때는 홀몸이었지만 지금은 네 명의 부인에 열한 명의 아들과 노비들까지 딸린 식구가 많습니다. 자칫하면 수많은 사람을 위기에 빠뜨릴 수 있습니다. 이때 어떤 선택을 해야 합니까?

가장 무서운 원수는 내 속의 원수입니다. 죄에서 비롯된 불안이 제일 무섭습니다. 그래서 내 안의 원수부터 다스려야 합니다. 제아무리 강력한 대적이 쳐들어온대도, 내 안의 죄 문제가 해결되면 평안할 수 있습니다.

시편 110편에서 주님은 "내가 네 원수들로 네 발판이 되게 하기까지 너는 내 오른쪽에 앉아 있으라"(시 110:1) 말씀하셨습니다. 또한 "난리와 난리 소문을 듣겠으나 너희는 삼가 두려워하지 말라 이런 일이 있어야 하되 아직 끝은 아니니라"(마 24:6) 말씀하셨습니다. 난리 소문을 들어도 요동하지 말라고 하십니다. 난리는 있어야 할 일이고 시작이며, 이로써 주의 복음이 전해져야 끝이지 난리가 끝이 아니라고 하십니다.

그런데 야곱은 20년이 지나도록 에서와의 갈등이 해석 안 돼서 죄책감에서 떠나지지가 않습니다. 그러니 에서가 온다는 소문만 들어도 덜덜 떨립니다. 우리가 그렇습니다. 해가 지기 전에 피차 분을 풀지 않으면 가해자나 피해자나 그 상처가 평생 남습니다. 영원히 마음속에 저장돼서 분노하든지 혹은 비굴해집니다. 그래서 상처가 무섭습니다.

> 7b ……자기와 함께 한 동행자와 양과 소와 낙타를 두 떼로 나누고
> 8 이르되 에서가 와서 한 떼를 치면 남은 한 떼는 피하리라 하고
> _창 32:7b~8

야곱이 또다시 꾀를 냅니다. 자기의 양과 소와 낙타를 두 떼로 나누어 한 떼를 앞서 보냅니다. '만약 에서가 한 떼를 치면 남은 한 떼 가지고 도망가야지' 하는 속셈입니다. 어쩌면 야곱은 이 순간에도 재산을 두 떼로 나눌 생각을 했을까요? 참 대단한 사람입니다. 호랑이에게 잡혀가도 살 사람입니다. 언제나 꾀가 떠오릅니다.

'내 소유물을 치면 어떻게 하지', '내 가족, 내 자식에게 해코지하면 어떻게 하지…….' 야곱은 늘 이런 것만 걱정입니다. 에서를 사랑하는 마음이라고는 좀체 찾아볼 수 없습니다. 예수 믿는 사람의 향기가 나지 않습니다.

우리도 그렇죠. '암에 걸려 죽으면 어떻게 하지……', '배우자가 바람을 피우면 어떻게 하지' 하나님의 공동체와 함께하는데도 이런 걱정을 하느라 날마다 괴롭습니다. 아마 야곱은 평생 이 에서 증후군에 시달렸을 겁니다. 그걸 부러 잊고자 라반 아래서 죽기 살기로 일한 것 아닐까요?

'최고의 약은 자신감과 통제감'이라는 제목의 한 칼럼을 읽었습니다. 불확실한 위험 앞에서 우리는 공포를 느낀답니다. 저명한 심리학자 앨버트 반두라(Albert Bandura)는 위험이 예상되는 사건에 제대로 대처하지 못할 것 같다고 인식하는 것 자체가 두려움을 유발한다고 했습니다. 공포란 위험한 사건이 가져오는 결과가 아니라 '자신이 통제할 수 없고 능력 없다는 생각 그 자체'라는 것입니다.

이와 관련한 흥미로운 연구가 있습니다. 데이비드 벌로 연구팀은 두 그룹의 공황장애를 겪는 환자들에게 5.5%의 이산화탄소를 투여하면서, 한 그룹에는 환자들 스스로 이산화탄소 수준을 조절할 수 있다고 거짓으로 알려 주고 다른 그룹에는 그런 말을 하지 않았습니다. 실제로는 두 그룹의 이산화탄소 수준에는 전혀 차이가 없고 두 그룹 모두 어떤 조절도 할 수 없었습니다. 그런데 실험 결과, 거짓 정보를 들은 그룹은 불안과 공황 증세를 명백히 적게 보였다는 것입니다. 이로써 비록 착각이라 할지라도 스스로 상황을 통제할 수 있다는 생각 그 자체만으로도 스트레스에서 벗어날 수 있다는 사실이 증명되었습니다.

우리들교회 성도들은 비교적 스트레스에서 잘 벗어나는 것 같습니다. 저는 그 이유가 "옳소이다"를 잘하기 때문이라고 생각합니다. 우리는 가난해서 두렵고, 병에 걸려서 두렵습니다. 그런데 우리들교회 성도들은 평소 말씀으로 자기를 비추어 보는 훈련이 잘된 덕분에 비교적 자신의 상황을 잘 인정합니다. 벗어날 수 없는 상황을 이기기만 바라기보다 인정하고 즐거워하며 누리는 것이 자신감과 통제감을 가지는 특급 비결 아니겠습니까?

성경에도 이와 같은 사례가 있습니다. 마태복음 15장에서 가나안 여인이 귀신 들린 딸을 고치고자 예수님께 나아옵니다. 그런데 예수님은 "자녀의 떡을 취하여 개들에게 던짐이 마땅하지 아니하니라" 하시며 여인을 일부러 무시하십니다. 여인의 믿음을 보고자 하신 것입니다. 이에 가나안 여인은 "주여, 옳소이다마는 개들도 제 주인의 상에서 떨어지는 부스러기를 먹나이다" 고백합니다. "너는 개만도 못하다"라는 말에 "옳소이다" 한 것입니다. 그러자 주님이 "네 믿음이 크도다" 하며 감탄하십니다(마 15:26~28).

우리가 두려움과 죄책감, 스트레스에서 벗어나는 최고의 비결은 "옳소이다" 하는 것입니다. "옳소이다"에 모든 문제 해결의 키가 들어 있습니다. 그런데 우리가 인정하는 게 정말 어렵습니다.

우리들교회 초등부 홈페이지 게시판에 올라온 글입니다.

안녕하세요. 저는 영아 엄마입니다. 영아가 학교에서 놀림을 당했답니다. 친구들이 머리가 없는 마빡이라고 놀려 댔다고 합니다.

지금은 나았지만 영아는 소아암을 앓았습니다. 그래서 머리카락이 많이 빠졌습니다.

그런데 영아가 맞다고, 나는 마빡이라고 예전에는 머리카락이 더 없어서 대마빡이었다고 했다는 겁니다. 심지어 친구들 앞에서 마빡이 춤까지 추었답니다. 그 이야기를 듣고 우리들교회의 저력을 느꼈습니다.

저 역시 어릴 때 놀림당한 경험이 있습니다. 그때 저는 어찌할 바를 몰라 울면서 집에 왔는데…… 영아가 너무 기특했습니다. 영아에게 "선생님께 이르지 않고 어떻게 그리 잘 대처할 수 있었어?" 물으니, 전에 목장 선생님이 자기 자신을 인정하라고 가르쳐 준 게 생각났다고 합니다. 목장 시간에 아무 생각 없이 앉아 있는 줄만 알았는데 영아에게 들을 귀가 있었습니다. 내 환경을 인정하는 걸 영아에게서 배웠습니다. 부모보다 나은 딸이지요?

부모도 하지 못하는 교육을 교회에서 해 주니 얼마나 감사한지 모르겠습니다. 영아가 자신을 인정하고 당당하게 살도록 도와주신 우리들교회 초등부 선생님, 감사하고 사랑합니다.

이것이 진짜 살아 있는 교육 아니겠습니까? 하나님의 공동체 안에서 날마다 자기의 연약함을 솔직히 나누고 가니까 "옳소이다"가 잘 되는 것입니다. 자신감이 절로 생겨납니다.

어릴 적 저는 자신감이 부족했습니다. 연달아 딸만 셋을 낳고 아들을 낳기 위해 갖은 정성을 다하셨던 어머니는 저마저 딸로 태어나자 인생을 다 산 것처럼 슬퍼하셨답니다. 그러나 아들을 낳지 못한 고난을 통해 하나님을 깊이 만나시고 이후로는 평생 직분 없이 교회를 섬기셨습니다. 오직 교회 일에 매진하시며 자녀들 교육이나 진로에는 도통 관심이 없었습니다. 우리 자매 누구도 어머니에게 "네가 최고다, 예쁘다"라는 들어 본 적이 없습니다. 그래서인지 저는 늘 자신이 없었습니다.

결혼 후에도 그랬습니다. 보수적이신 시어머니는 여자가 신문이나 책 읽는 것을 이해하지 못하셨습니다. 시어머니로부터 매사 "여자가~"라는 소리를 들으니까 또다시 주눅이 들었죠. 어쩌면 제가 못하는 것만 시키시는지, 시어머니는 "인물만 좋지 힘을 못 쓴다"고 늘 저를 타박하셨습니다.

"걸레질도, 총채질도 못하고, 너는 친정에서 뭘 배워 왔네? 고추장을 담글 줄 아나, 김치를 담글 줄 아나, 뭐 하나 제대로 할 줄 아는 게 하나도 없다야."

눈만 마주치면 제가 못하는 것들만 말씀하시니까 점점 더 자신이 없어졌습니다. 한편으로는 그렇습니다. 시어머니가 뭐라 하시면 "옳소이다", "맞습니다" 하면 되는데 혼자 잘나서 인정도 못 했습니다. 제가 '김교양'이었잖아요. 교양이 하늘을 찔러서 치사한 인생을 사는데도 누구에게 내 이야기를 할 수가 없었습니다. 터놓을 교회 공동체도 없고…… 무덤까지 가지고 갈 이야기라고만 생각했습니다. 시어머니나 남편이 힘들게 해서가 아니라, 입 벌려 이야기할 사람이 없어서 죽고 싶었습니다.

그런데 제가 예수 믿고 "옳소이다" 하게 된 다음부터 자신감이 회복됐습니다. 과거의 저만 생각하는 사람은 지금의 저보고 "쟤가 개 맞아?" 할 겁니다. 자신의 모든 것을 배설물로 여긴다는 사도 바울의 말을 전에는 전혀 이해하지 못했습니다. 그러나 이제는 너무너무 잘 압니다. 이혼을 막고 자살을 막을 수만 있다면 저의 어떤 이야기를 못 내놓겠습니까?

그런데 영아가 어려서부터 이런 가치관으로 산다는 게 얼마나 귀합니까! 억만금 재산보다 더 가치 있는 걸 물려준 겁니다.

하나님을 의지하는 만큼 사람들로부터 자유로워질 수 있습니다. 그것이 성숙 지수인데 야곱은 좀체 자유롭지 못합니다. 형에 대해, 사람에 대해 자유롭지 못합니다. 야곱이 믿음이 있지만 아직 거기까지는 도달하지 못했습니다. 우리가 참자유를 얻는 게 이렇게 어렵습니다.

인정받는 데 혈안 되었던 제가 지금 이렇게 산다는 게 얼마나 기적입니까! 지금은 제가 정말 자유롭고 평안합니다. 여러분도 "옳소이다" 해서 불안에서 해방되기를 바랍니다. 죄책감에서, 열등감에서 해방되기를 바랍니다.

- 나는 무엇 때문에 불안합니까? 야곱이 에서 증후군에 시달린 것처럼 부모님 증후군, 자녀 증후군, 배우자 증후군에 시달립니까?
- 나는 "옳소이다"를 잘 합니까? '나는 이렇게 살 사람이 아니야' 하고 내 환경을 부정합니까? 목장에서 나의 모든 것을 솔직히 나누고 있습니까?

그래서 기도할 수밖에 없습니다

야곱이 어렵고 외롭고 괴로울 때마다 하나님이 찾아와 주신 것은 '나를 전적으로 의지하라'는 신호입니다. "내가 너와 함께 있어 네가 어디로 가든지 너를 지키며 너를 이끌어 이 땅으로 돌아오게 할지라 내가 네게 허락한 것을 다 이루기까지 너를 떠나지 아니하리라"(창 28:15) 야곱에게 직접 약속해 주시기까지 했습니다.

그런데도 야곱은 겁을 먹고 두려워서 어쩔 줄 모릅니다. 에서에게 사자를 보내고, 가축을 두 떼로 나누고…… 하나님께는 묻지 않고 갖은 인간적인 방법을 씁니다. 그리고 나서야 하나님께 기도합니다. 순서가 바뀌었습니다.

> 야곱이 또 이르되 내 조부 아브라함의 하나님, 내 아버지 이삭의 하나님 여호와여 주께서 전에 내게 명하시기를 네 고향, 네 족속에게로 돌아가라 내가 네게 은혜를 베풀리라 하셨나이다_창 32:9

그래도 야곱이 말씀에 의지해서 기도합니다. 에서가 기다리는 그곳으로는 정말 돌아가기 싫지만 "네 고향, 네 족속에게로 돌아가라" 하신 하나님의 명령에 순종하여 결단했다고 합니다.

우리도 늘 성경 말씀에 기초해서 기도해야 합니다. 아무리 절박해도 들은 말씀이 있어야 진실한 기도를 할 수 있습니다. 약속의 말씀을 붙드는 기도가 올바른 기도입니다. 과녁 정중앙을 향해 날아가는 화살처럼 하나님 보좌에 정확히 올라가는 기도입니다.

'주님께 수없이 구했는데 왜 나를 도와주지 않으시는가' 하는 분들이 있지요. 그것은 내 마음대로 기도했기 때문입니다. 말씀 없이 기도하면 "하나님, 화목하게 해 주세요, 회개하게 해 주세요" 이런 기도밖에 할 수 없습니다. 말씀을 봐야 기도도 잘합니다. 기도 한 구절 하기 위해 말씀을 열 번은 봐야 합니다. 성경을 전혀 읽지 않는다면 어떤 약속의 말씀에 근거해서 기도할 겁니까?

자랑하려는 건 아니지만, 우리들교회 성도님들은 기도를 참 잘 합니다. 그래서 응답도 잘 받습니다. 우리들교회는 철야 기도회나 특별 기도회처럼 기도를 위해 마련된 예배가 따로 없습니다. 그런데도 기도 응답을 받은 성도가 넘치는 것은 우리가 과녁 기도, 화살 기도를 하기 때문입니다. 정확히 약속의 말씀에 의거해 기도하고, 자기 죄를 보며 안타깝게 기도하니까 하나님이 들어주실 수밖에 없는 겁니다.

기도학교에서 배우는 것도 좋지만 먼저 말씀을 보십시오. 변죽 울리지 말고 하나님의 약속을 붙들며 핵심을 찌르는 기도를 해야 합니다. 하나님의 보좌를 움직이는 기도를 해야 합니다. 그러기 위해 양육훈련도 받고, 지체들을 양육하며 중보기도도 해 주고, 목장에 가서 다른 사람의 나눔과 기도 제목을 들으면서 기도 방법도 익히고, 목장 식구끼리 돌아가며 기도도 해 보십시오. 그렇게 말씀대로 기도하는 법을 배우다 보면 언제 어디서든지 능력 있는 기도를 할 수 있습니다. 놀라운 리더십을 발휘하게 될 겁니다. 모두가 기도받고 싶어 하는 사람이 되는 겁니다.

나는 주께서 주의 종에게 베푸신 모든 은총과 모든 진실하심을 조금도 감당할 수 없사오나 내가 내 지팡이만 가지고 이 요단을 건넜더니 지금은 두 떼나 이루었나이다_창 32:10

"나는 너무 부족한 존재입니다. 내가 지금까지 온 것은 하나님이 한없는 은혜를 베풀어 주신 덕분입니다. 나의 나 된 것은 하나님의 은혜입니다." 또다시 말씀에 의거해서 기도합니다. 특별히 자기의 부족함을 고백합니다. 야곱이 점점 달라지고 있습니다.

> 내가 주께 간구하오니 내 형의 손에서, 에서의 손에서 나를 건져내시옵소서 내가 그를 두려워함은 그가 와서 나와 내 처자들을 칠까 겁이 나기 때문이니이다_창 32:11

그런데 실컷 말씀으로 기도해 놓고 뒤이어 자신의 현실적인 문제를 털어놓습니다. "에서 형이 나와는 비교할 수 없는 군사력을 가진 것 아시죠? 그러니 에서의 손에서 좀 건져내 주세요. 형이 나랑 내 처자들을 칠까 봐 너무 겁나요." 이것이 야곱의 진짜 기도 제목입니다.

우리가 다 연약한데 원색적으로 기도해야지 어떡합니까. 문제에서 건져내 달라고 부르짖고, 필요한 것도 구하십시오. 늘 기복적으로 기도하지 말라고 하지만 사실 저도 성도들을 위해 뼈아프게 기도합니다. "하나님, 우리 자녀들 공부 잘하게 해 주세요. 성도님들 병도 낫게 해 주세요." 창자가 끊어지듯 기도합니다.

저는 여러분이 부자로 살기를 원하고, 병이 낫기를 원하고, 자녀들이 공부 잘하고 속 안 썩이기를 원합니다. 그래서 날마다 눈물로 기도합니다. 저뿐만 아니라 많은 목회자가 성도들의 현실적 문제를 두고 기도할 것입니다. 그런데도 주님이 여러분에게 문제를 계속 허락하시는 것은, 여러분 자신에게 문제가 있기 때문입니다. 고침받아야 할 부분이 있는 것입니다. 하나님의 변함없는 목적을 성취하는 수단이 기도인데, 풀리지 않는 문제를 두고 기도로 하나님과 논쟁하면서 나의 욕망과 욕심이 무지가 아니라 이기심에서 비롯된다는 걸 깨달으라는 겁니다.

한 선교사님이 자신의 간증을 전해 주셨습니다. 이분은 어릴 때부터 선교사로 헌신하겠다고 마음먹고 열심히 주의 일을 했습니다. 예배 반주를 했는데 풍금이 흔들릴 정도로 열정 넘치게 섬겼답니다. 그러다 자신처럼 선교사 비전을 가진 남자를 만나 결혼했습니다. 이때부터 전쟁이 시작됐습니다. 남편은 혈기가 대단했습니다. 기저귀 가는데 칭얼댄다고 6개월 된 아이의 따귀를 때릴 정도였습니다. 참다 못해 선교사님은 하나님께 부르짖었습니다.

"하나님, 이게 말이 됩니까? 이런 남편과 어떻게 삽니까!"

그러자 하나님이 이렇게 대답해 주셨답니다.

"나는 실수하지 않는다."

이후로도 남편은 변함없었고, 선교사님은 십 년을 더 참다가 하나님께 다시 부르짖었습니다.

"주님, 이 남편과 도저히 못 살겠습니다."

이번엔 하나님이 설득을 하셨습니다.

"내 자녀를 네가 좀 사랑해 주면 안 되겠니?"

그러던 어느 날입니다. 여느 때처럼 남편 때문에 괴로워 기도하는 중에 하나님께서 환상을 보이셨습니다. 어린아이의 모습을 한 남편이 황량한 벌판에서 눈물조차 흘리지 못하고 홀로 서 있는 것입니다. 그때부터 선교사님의 기도가 바뀌었답니다.

"하나님, 우리 남편을 도와주시면 안 될까요?"

남편을 바꿔 달라고 기도하다가 자신이 바뀐 것입니다. 저는 이것이 기도의 결론이라고 생각합니다. 야곱도 응답을 받았습니다.

> 주께서 말씀하시기를 내가 반드시 네게 은혜를 베풀어 네 씨로 바다의 셀 수 없는 모래와 같이 많게 하리라 하셨나이다_창 32:12

야곱이 과거에 들은 말씀에서 응답을 찾았습니다. 뭐든지 하나님의 말씀에 응답이 있습니다. 매일의 큐티, 날마다 주시는 말씀에 응답이 있습니다.

하나님이 말씀하신 대로 야곱의 계보에서 예수 그리스도가 나셨습니다. 야곱이 "나를 건져내시옵소서" 부르짖지 않았어도 이루어질 약속이었습니다. 그래도 이처럼 우리가 약속의 말씀을 붙들며 기도할 때 주님이 응답하십니다. 우리에게 어떻게 기도해야 하는지 알려주시고자 야곱을 수고하게 하신 겁니다.

야곱의 인생이 그러했듯이, 나의 모든 사건도 예수를 전하는 데 쓰여야 합니다. 에서가 사백 명을 거느리고 온다는 소식은 결론적으로 야곱에게는 축복이 되었습니다. 그로 인해 무서우리만큼 간절하게 기도했기 때문입니다.

'내 인생은 왜 이리도 힘든가……' 야곱은 생각했을 것입니다. 성도의 인생이 그렇습니다. "내가 너와 함께 있어 네가 어디로 가든지 너를 지키며 너를 이끌어 이 땅으로 돌아오게 할지라 내가 네게 허락한 것을 다 이루기까지 너를 떠나지 아니하리라"(창 28:15)는 말씀의 참 의미를 깨닫기까지 험난한 길을 걸어가야 합니다.

우리들교회 한 외국인 집사님이 목장에서 나누신 이야기를 소개합니다.

첫 아내와 아픈 사별을 했다. 그녀는 알코올중독으로 죽었다. 그녀가 병원에서 나왔을 때 몸무게가 엄청나게 빠져 있었다. 퇴원 후에도 음식을 먹지 못했고 몸무게는 계속 줄었다. 마치 피골이 상접한 포로수용소 수감자 같았다. 요실금 때문에 기저귀를 차야 했고 혼자서는 일어서지도 못했다. 몸도 내가 씻겨 주어야 했다. 그녀를 침대에서 일으킬 때마다 시체 같다고 생각했다. 나는 단지 그녀의 생리적 욕구만을 돌보아 주었다. 그녀에게 성경을 읽어 주거나 목사님을 통해 성찬을 떼도록 배려하지 못했다. 정서적으로 그녀를 돌보지 못했다. 그녀와 마지막 시간을 같이 보내지도 않았다. 그녀를 사랑하기는커녕 다른 여자에게 빠져 있었다. 나의 아내를, 내 아이의 엄마를 유기한 것이다. 아내가 집에서 죽자 경찰은 그녀의 사인에 의구심을 가졌다. 나는 24시간 동안 살인 용의자 신분으로 조사를 받았다. 다행히 풀려났지만 나는 아내의 죽음을 방치함으로써 감정적으로 그녀를 살해했다. 정말 서글픈 이별이었다. 그 이별을 통해 내가 얼마나 무심하고 이기적이며, 죄로 가득 찬 사람인지 알게 되었다. 그때 나는 라반이었다.

아버지께서 암으로 돌아가시기 직전에 좋은 이별을 할 수 있었다. 일 때문에 캐나다에서 미국으로 돌아가기 전날 마지막으로 병원에 계신 아버지를 뵈었다. 방문객이 워낙 많아서 아버지를 뵙기 위해 대기표를 받아야 할 정도였다. 솔직히 아버지를 존경하여 찾아온 방문객들이 마음에 들지 않았다. 나는 한 번도 아버지를 존경해 본 적이 없기 때문이다. 생애 마지막으로 아버지를 뵌 그 자리에서 아무 말도 하지 못했다. 말로 먹고살던 내가 할 말이 없다니…….

아버지가 돌아가시기 몇 년 전 암을 처음 발견했을 때 나는 아버지께 그간 불효에 대해 사죄드렸다. 하지만 아버지의 마지막 순간은 빠르게 다가왔다. 탕진해 버린 시간을 되돌릴 방법이 없었다. 스스로도 구제할 길이 전혀 없다는 걸 알았다.

물론 아버지는 오래전에 나를 용서하셨다. 그저 당신의 아들을 사랑할 뿐이었다. 하나님의 사랑이 어떤 것인지 그때 처음으로, 어렴풋이나마 알 수 있었다. 떠나기 전, 나는 아버지의 입원실 문 앞에서 걸음을 멈추었다. 목이 메어 말을 할 수 없었다. 아버지께 간신히 작별 인사를 드렸다. 아버지께서는 손을 들어 나를 축복해 주시며 "네가 원하는 것을 할 수 있으리라고 믿는다"라고 말씀하셨다. 이후 다시는 아버지를 뵙지 못했다.

야곱이 여기에 또 있지요? 예수를 믿어도 아버지와의 갈등이 도무지 해석이 안 됩니다. 사랑이 뭔지도 몰라서 이 여자 좋아하다가 저 여자가 좋아지면 그걸 진짜 사랑이라고 착각합니다. 소위 나이스한 분들이 다 이럽니다. 그러다 이분이 야곱처럼 진퇴양난에 빠져 우리들 공동체에 오게 됐습니다. 초창기 우리들교회는 영어 통역이 없었습니다. 그런데도 이분이 수요예배, 주일예배에 다 참석하며 몇 시간씩 앉아 계셨습니다. 우리는 한국말 다 알아들어도 오래 못 앉아 있지 않습니까? 제가 "한국말도 모르는데 어떻게 앉아 계시냐?" 물었더니 "스피릿(Spirit, 영)으로 통한다"고 하시더군요.

영어 통역이 생긴 후로는 이분이 물 만난 고기처럼 말씀을 정말 잘 깨달으십니다. "죄가 더한 곳에 은혜가 더욱 넘쳤나니"(롬 5:20)라는 말씀처럼, 이분이 죄책감을 떨쳐 버리고 "나를 건져내시옵소서" 간절하게 기도하여 신(信) 재혼을 하는 은혜도 입었습니다. 나아가 얼마나 교회를 열심히 섬기시는지 모릅니다. 매주 멋진 옷을 차려입고 분리수거를 도맡아 하십니다. 외국인 목장의 목자로도 섬기고 계십니다. 그야말로 건져냄을 당한 인생 아니겠습니까?

또한 건져진 데서 끝나지 않고 자신의 죄와 고난을 약재료로 내놓으며 다른 분까지 건져내고 계십니다. 이분이 목장에서 전 부인에 대해 솔직히 나누자 다른 목원도 자기 죄를 고백하셨습니다.

저도 비슷한 고백을 하겠습니다. 작년, 아내가 암에 걸려 고통스러워할 때 제가 얼마나 사랑이 없는 사람인지 깨달았습니다. 사실 저는 돈 문제로 아내를 미워하고 있었습니다. 아내가 암까지 걸리자 '왜 저건 돈만 쓰나'라는 생각에 더욱 미워졌습니다. 그동안 나의 인간적인 교양에 속아 '나는 사랑을 베풀 줄 아는 사람'이라고 착각했습니다. 나의 거룩을 위해서 아내가 수고하는 것 같습니다.

유종의 미를 거두고 떠나도 또 다른 문제가 기다리고 있습니다. 나아가 모든 인생은 육적으로 영적으로 죽음이 기다리고 있습니다. 그러므로 우리는 다 건짐을 받아야 합니다. 우리가 건짐을 받으려면, 하나님의 군대가 앞서가야 합니다. 예배 공동체의 도움을 받아야 합니다. 하나님의 보좌를 흔드는 기도를 해야 합니다.

영안이 열려 하나님의 군대를 알아보고 다른 사람을 이끌게 된 야곱처럼, 우리가 영안을 가진 그 한 사람이 되기를 바랍니다. 예수를 믿어도 저마다 해결되지 않은 문제 때문에 불안하고 여서 증후군에 시달립니다. 나의 욕심과 이기심을 먼저 보고 "옳소이다" 인정하여 자신감이 회복되기를 원합니다. 오래도록 응답되지 않는 그 문제로 인해 오히려 하나님께서 나와 내 가정을 얼마나 사랑하시는지 깨닫게 되기를 원합니다. 약속의 말씀을 붙드는 화살 기도를 하기를 바랍니다. 그리하여 영적·정신적 수렁에서 건짐을 받는 여러분 되기를 축원합니다.

- 요즘 어떤 기도를 합니까? 약속의 말씀을 붙드는 화살 기도입니까? 말씀은 열심히 보지만 말씀과 상관없는 내 맘대로 기도만 하지는 않습니까?
- 하나님이 바꾸어 주신 기도 제목은 무엇입니까? 오래도록 기도했지만 응답되지 않은 문제는 무엇입니까? 그 문제를 통해 깨달은 욕심은 무엇입니까?

아무리 절박해도 들은 말씀이 있어야
진실한 기도를 할 수 있습니다.
약속의 말씀을 붙드는 기도가
올바른 기도입니다.
과녁 정중앙을 향해 날아가는 화살처럼
하나님 보좌에 정확히 올라가는 기도입니다.

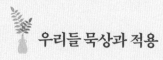

우리들 묵상과 적용

저는 건축 회사를 운영하며 여러 교회의 건축 공사를 담당했습니다. 그런데 공사 대금을 받는 과정에서 시험에 들어 '교회는 절대 다니지 말아야겠다'고 다짐했습니다. 그러다 저는 부도가 나서 수천만 원의 빚을 떠안게 되었습니다. 그리고 우울증을 앓던 전처가 스스로 목숨을 끊는 일이 있었습니다. 이후 저는 몇 번이나 죽을 생각을 했지만, 차마 실행에 옮기지는 못하고 가족과 연락을 끊은 채 술로 수많은 나날을 보냈습니다.

그러던 어느 날, '더는 이렇게 살 수는 없다. 나처럼 힘든 사람들을 도우며 살아야겠다'는 생각이 들었습니다. 그래서 한 사회복지시설에서 사람들의 재활을 도우며 지냈는데, 그곳에서 사회복지사인 지금의 아내를 만나게 되었습니다. 그리고 썩 내키지는 않았지만, 재혼 전에 아내와 한 약속 때문에 교회를 다니게 되었습니다. 하지만 일 년 가까이 교회에 등록하지 않고 버티다가, 아내의 권유에 못 이겨 등록하고, 부부목장에도 참석했습니다. 처음에는 보통 사람이라면 평생 드러내고 싶지 않은 치부를 목장에서 스스럼없이 나누는 모습에 큰 충격을 받고, 계속 다녀야 하나 망설였습니다. 그때 아내가 "너무

성급하게 결정하지 말고, 몇 번 더 참석해 보자"며 저를 설득했습니다. 그 말에 계속 참석하다 보니 저도 모르게 조금씩 마음이 열렸습니다. 목장에서 서로의 나눔을 듣고 함께 아파하고 위로하는 지체들을 보며 하나님의 사랑을 느낄 수 있었고, 저의 죄도 돌아보게 되었습니다. 야곱이 혹독한 고난을 겪으며 자아가 깨어지고 영안이 열려 하나님의 군대를 알아보게 된 것처럼, 저도 지난날 저의 고난과 죄악을 나누다 보니 점점 믿음의 공동체에 마음이 열리게 된 것입니다(창 32:2).

이렇게 하나님의 군대 같은 목장 지체들과 교제하며 본향을 향해 나아가고는 있지만, 아내가 갑상샘암에 걸리자 에서와의 만남을 앞두고 심히 두려워 떠는 야곱과 같이 저도 너무나 두렵고 답답했습니다(창 32:7). 그래도 교회에서 양육을 받으면서 조금씩 말씀이 들리기 시작하니 "내가 너와 함께 있어 네가 어디로 가든지 너를 지키며 너를 이끌어 이 땅으로 돌아오게 할지라 내가 네게 허락한 것을 다 이루기까지 너를 떠나지 아니하리라"는 말씀이 바로 저를 위한 약속임이 깨달아졌습니다(창 28:15). 그러자 두려움에서 저를 건져내 주시길 간구하게 되었습니다(창 32:11).

그럼에도 여전히 저는 불안해하며 떼를 나누는 야곱처럼, 죄의식과 열등감에서 벗어나지 못해 인간적인 방법을 의지할 때도 있습니다(창 32:7). 이제는 하나님과의 관계가 회복되어 변명하지 않고, '옳소이다' 인정하는 신앙을 갖게 되기를 기도합니다.

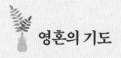

영혼의 기도

하나님 아버지, 야곱이 라반과 유종의 미를 거두고 잘 떠난 줄 알았는데 다가올 에서의 시험에 또다시 불안해합니다. 인생 최대의 문제가 야곱 앞에 버티고 있습니다. 우리도 그렇습니다. 오늘을 겨우 넘겼는데 눈만 뜨면 또 다른 문제가 닥쳐옵니다. 하나님의 공동체와 동행하는데도, 도저히 풀리지 않을 것 같은 문제 때문에 괴로워합니다. 주님, 우리가 어찌하면 좋겠습니까.

주님, 오늘 찾아오셔서 우리의 마음을 흔들어 깨워 주옵소서. 나의 죄책감, 불안과 두려움, 열등감에 주님이 손대어 주옵소서. 그래서 문제가 문제가 아니라, 나의 욕심과 이기심이 진짜 문제라는 걸 깨닫게 하옵소서. 어떤 상황에서도 "옳소이다" 할 수 있게 도와주옵소서. 어떤 문제도 내 삶의 결론인 걸 알고, 오직 말씀으로 믿고 살고 누리며 승리하게 하옵소서.

우리는 이타적으로 살아갈 수 없습니다. 그러나 오랫동안 응답되지 않는 문제를 두고 우리가 기도할 때마다 주님이 우리 속에 숨은 이기심을 보게 해 주십니다. 그렇게 주님 안에서 조금씩 바뀌어 가게 하시니 감사합니다. 하지만 여전히 온전히 사랑하기에는 우리가 부족합니다. 주님이 먼저 나를, 우리의 자녀들을, 배우자를, 부모를 사랑해 주옵소서. 우리의 상처를 어루만져 주옵소서. 우리가 내 죄를 보며 기도하고, "옳소이다" 인정할 때 하나님이 먼저 우리를 사랑해 주실 줄 믿습니다.

아버지 하나님, 특별히 불안에 떨고 있는 모든 성도를 찾아가셔서 건져내 주옵소서. 육적·정신적·영적인 수렁에서 우리를 건져내시옵소서. 예수님 이름으로 기도하옵나이다. 아멘.

05

자기 생각

창세기 32장 13~24절

하나님 아버지, 우리에게 자기 생각이 너무 많습니다.
우리의 자기 생각이 하나님의 생각으로 바뀌게 도와주옵소서.
우리 힘으로는 할 수 없으니
하나님의 힘으로 할 수 있게 해 주옵소서.
말씀하여 주옵소서. 듣겠습니다.

외국의 한 저널에 의하면 기원전 3600년부터 지금까지 약 5,600년 동안 평화의 시대는 단지 292년에 불과하다고 합니다. 약 14,531번의 전쟁이 있었고, 그로 인해 36억 4천만 명이 생명을 잃었답니다. 나라마다 전쟁에 대비하여 군사훈련을 하고 무기를 개발하기도 합니다. 때마다 각국의 원수가 모여서 평화를 유지할 방법을 강구하기도 합니다. 그러나 늘 전쟁은 일어나고 수많은 사람이 목숨을 잃습니다.

나라 간에 벌어지는 무력 충돌만이 전쟁이 아닙니다. 우리 인생도 가히 전쟁이라 부를 만합니다. 입시 전쟁, 입사 전쟁, 결혼 전쟁, 육아 전쟁…… 하루하루가 사투입니다.

영적 전쟁은 더 합니다. 갖은 죄의 유혹으로부터 승리하고자 우리가 말씀과 기도로 얼마나 대비하고 또 대비합니까. 그런데도 우리는 왜 자꾸 무너질까요? 그것은 '자기 생각'으로 살기 때문입니다. 자기 생각으로 공부하고, 진로를 결정하고, 결혼하기 때문입니다. 자기 생각으로 기도하고, 말씀을 보기 때문입니다.

야곱의 인생도 전쟁의 연속입니다. 20년의 훈련 끝에 라반의 시험을 막 통과했는데 또 다른 시험이 기다립니다. 에서라는 가장 큰 시험에 맞닥뜨립니다. 지난 말씀에서 보았지만, 에서가 사백 명을 거느리고 달려오고 있다는 소식에 야곱은 자신의 무리와 재산을 두 떼로 나눈 뒤 "나를 건져내 달라"고 하나님께 기도했습니다. 단순한 간구가 아니라 "네 씨로 바다의 셀 수 없는 모래와 같이 많게 하리라"는 약속의 말씀을 붙들고 기도했습니다. 그런데도 야곱은 여전히 불안합니다. 말씀을 의지하여 기도했는데도 두려운 겁니다. 그래서 자기 생각대로 나갑니다. 야곱이 어떻게 하는지 본문을 함께 보겠습니다.

여전히 인간적인 방법을 씁니다

13 야곱이 거기서 밤을 지내고 그 소유 중에서 형 에서를 위하여 예물을 택하니 14 암염소가 이백이요 숫염소가 이십이요 암양이 이백이요 숫양이 이십이요_창 32:13~14

앞서는 재산을 두 떼로 나눈 뒤에 에서가 한 떼를 치면 남은 한 떼를 가지고 도망갈 계획을 세웠습니다. 그런데 밤을 지낸 뒤 계획이 달라집니다. 전에는 재산을 잃지 않으려 애썼다면 이제는 에서에게 재산을 주자고 결심합니다.

아마도 야곱은 두려운 마음에 거의 뜬눈으로 밤을 지새웠을 겁니다. 그리고 날이 밝자마자 에서에게 보낼 예물을 급히 준비합니다. 그것을 예물이라고 해야 할지, 뇌물이라고 해야 할지 모르겠지만 조공의 의미가 담긴 것만은 분명합니다.

야곱을 보면서 역시 모든 일의 끝에는 돈이 있다는 걸 실감합니다. 결혼할 때도 그렇지 않습니까? 말로는 "아유, 무슨 예단을 해~" 하면서 정말 안 해 오면 섭섭해합니다. 그것이 빌미가 되어 이혼하는 집도 종종 보았습니다. 불신결혼을 하는 배후에도 돈이 있습니다. 불신자라도 돈이 많으면 따지지 않고 결혼하는 겁니다. 어려운 인간관계도 돈이면 기름칠이 됩니다.

심리학의 대가 로버트 치알디니(Robert B. Cialdini)가 쓴 『설득의 심리학』에서는 사람의 마음을 사로잡는 방법으로 '상호성의 법칙'을 제시합니다. 이것은 '빚지고는 못 산다'는 말과 관련이 있습니다. 인간은 타인이 베푼 호의는 그대로 갚아야 한다는 강박관념에 시달린답니다. 그래서 선물을 받으면 무의식적으로 선물한 사람에게 빚을 졌다고 생각하고 그의 부탁을 쉽사리 거절하지 못하게 된답니다. 도저히 불가능한 일도 선물을 준 사람의 부탁이라면 승낙한다는 것입니다.

미국의 17대 대통령 앤드류 존슨(Andrew Johnson)은 이 상호성의 법칙을 잘 이용한 사람입니다. 그는 대통령이 되기 전부터 동료 의원들에게 크고 작은 선물을 자주 했습니다. 그런데 이후 그가 대통령에 올라 여러 번 법을 제안했을 때 처음엔 거세게 반대하던 의원들이 막상 표 대결을 할 때는 전부 그를 지지했다는 겁니다. 존슨의 정치적 능력을 인정했다기보다 그의 선물에 대한 빚을 갚은 것이었습니다.

야곱도 예물을 가장한 뇌물로 형의 마음을 사로잡고자 합니다. 이런 것이 인간의 뿌리 깊은 자기 생각입니다. 정말 그렇잖아요. 어디나 뇌물의 문제가 끊이질 않습니다. 정치권은 물론이고 교육계·재계 등 사회 전반에서 뇌물 문제가 하루가 멀다고 터집니다.

이 세상에 공짜는 없습니다. 공짜 선물이라고 덥석 받으면 고스란히 빚이 됩니다. 상대가 원하는 걸 들어주어야 합니다. 해서는 안 될 일도 과거에 받은 선물 때문에 해 줘야 합니다. 그러니 선물도 함부로 받지 마세요. 서로 신중하게 주고받기를 바랍니다.

이 예물 같은 뇌물을 에서에게 보내는 방법도 아주 기가 막힙니다.

14 암염소가 이백이요 숫염소가 이십이요 암양이 이백이요 숫양이 이십이요 15 젖 나는 낙타 삼십과 그 새끼요 암소가 사십이요 황소가 열이요 암나귀가 이십이요 그 새끼 나귀가 열이라_창 32:14~15

기록된 가축 수만 계수하면 550마리이지만 '젖 나는 낙타 삼십과 그 새끼'를 어미 낙타 30마리와 그 새끼 30마리라고 본다면 실제로는 총 580마리입니다. 어찌 됐든 상당한 수인 것만은 분명합니다. 그것도 종류별로, 에서가 좋아할 것들로만 골라서 준비했습니다. 또한 암수로 분배하는데, 그래야 가축들이 새끼를 낳고 번성할 수 있기 때문입니다. 오랫동안 가축을 관리한 목자 야곱의 전문성이 돋보이는 부분입니다.

그것을 각각 떼로 나누어 종들의 손에 맡기고 그의 종에게 이르되 나보다 앞서 건너가서 각 떼로 거리를 두게 하라 하고_창 32:16

나아가 야곱은 가축을 각각 떼로 나누고 각 떼 사이에 거리를 두어 나아가게 합니다. 에서가 공격해 오면 피할 시간을 벌고자 하는 겁니다. 한편으로는 에서의 심리를 꿰뚫는 작전이기도 합니다. 값이 적게 나가는 것부터 비싼 순서대로 예물을 나눈 뒤, 행렬이 차례차례 도착하게 해서 에서를 거듭 감동시키려는 속셈이죠. 갈수록 좋은 예물을 안겨 주면 에서의 적대감도 누그러지지 않겠습니까. 에서가 얼마나 무서우면 이렇게까지 할까요.

그뿐만이 아닙니다.

그가 또 앞선 자에게 명령하여 이르되 내 형 에서가 너를 만나 묻기를 네가 누구의 사람이며 어디로 가느냐 네 앞의 것은 누구의 것이냐 하거든_창 32:17

예상 질문을 뽑아 보고 답까지 준비합니다. 야곱의 지혜가 얼마나 대단한지 모릅니다.

대답하기를 주의 종 야곱의 것이요 자기 주 에서에게로 보내는 예물이오며 야곱도 우리 뒤에 있나이다 하라 하고_창 32:18

'자기 주 에서에게로'라는 말을 직역하면 '나의 주 에서에게'입니다. 종들도 '나의 주 에서'라고 부르도록 연습을 시키고 있습니다.

북한 주민들은 어릴 때부터 김정은을 나의 주로 여기고 부르는 연습을 합니다. 어디든 김정은이 행차하면 온 주민이 나와서 경의를 표합니다. 심지어 차를 타고 가던 사람도 내려서 절합니다. 만일 모르고 그냥 지나가면 화를 당하기 때문입니다. 지금 야곱이 이런 걸 종들에게 시키는 겁니다. 선두에 가는 종에게만 그런 게 아닙니다.

그 둘째와 셋째와 각 떼를 따라가는 자에게 명령하여 이르되 너희도 에서를 만나거든 곧 이같이 그에게 말하고_창 32:19

둘째, 셋째…… 다섯째에 이르기까지, 각 떼를 따라가는 모든 종에게 일일이 할 말을 가르칩니다. "주의 종 야곱이 나의 주 에서에게 보내는 예물입니다." 똑같은 메시지를 준비시킵니다.

에서 입장에서 한번 생각해 보세요. 나를 위해 준비된 수많은 예물이 줄지어 오는 데다 갈수록 값비싼 것입니다. 또 만나는 자마다 "우리 주인님은 형을 '자기 주'라 부릅니다" 말합니다. 천하의 에서라도 마음이 녹지 않겠습니까?

밤사이 야곱이 이런 상상을 초월하는 아이디어를 떠올려 냈다는 게 놀랍습니다. 그야말로 경영학의 귀재입니다. 세상에서는 이런 사람이 돈을 법니다.

'팁을 많이 받는 웨이터를 잘 보라, 사람의 마음을 잡는 노하우가 있다'라는 제목의 기사를 읽었습니다. 미국의 소비자 행동을 연구하는 마이클 린(Michael Lynn) 교수가 뛰어난 웨이터의 특징을 조사한 뒤 '사람의 마음을 사로잡는 십계명'이라는 흥미로운 글을 내놓았습니다. 기사의 내용은 그것을 정리한 것이었습니다. 여러 가지로 응용할

게 많은 심리학 원리라, 여러분에게도 몇 가지 소개합니다. 잘 읽고 가정에서, 회사에서, 목장에서 적용해 보기 바랍니다.

첫째로, '옷을 다르게 입으라'고 말합니다. 웨이터가 단순히 옷의 액세서리 하나만 달리해도 팁이 평균 17%가 올랐답니다. 타인과 구별되는 작은 특징만으로도 사람들은 그를 존중하게 된다고 합니다.

저는 보는 사람이 없으니까 집에서는 주로 면 잠옷만 입고 있습니다. 그래서 어려운 사람이 주변에 꼭 있어야 하나 봅니다. 제가 밖에서도 헐렁한 잠옷 차림으로 다닌다고 생각해 보세요. 누가 저를 존중해 주겠습니까? 확실히 정장을 갖춰 입고 가면 대우가 달라지는 걸 느낍니다.

둘째로, '자기 이름을 소개하라'고 합니다. "저는 김양재입니다. 무엇을 시키시겠습니까?" 이렇게 자기 이름을 소개하면서 주문을 받았을 때 테이블당 팁이 평균 2달러가 올랐답니다. 실명을 밝히면 자신의 직업에 굉장한 자부심을 가진 사람이라는 인상을 심어 줍니다. 또한 상대로 하여금 인격과 인격의 만남이라고 인식하게 합니다. 아무리 비즈니스 관계로 만났어도, 회사라는 무감각한 시스템이 아니라 사람을 만나는 느낌을 주어야 상대의 마음이 열립니다. 간혹 저에게 실명을 밝히지 않고 상담을 요청하는 분이 있습니다. 그러면 인격 대 인격의 만남이 이루어지기가 어렵다고 생각합니다.

셋째로, '무조건 많이 팔라'고 합니다. 어떤 손님이든 자신이 먹은 총량을 계산해서 팁을 책정하게 마련입니다. 그래서 주문을 받으면 "오늘은 게살 요리가 좋아요", "주문하신 요리에는 이런 음료가 어울립니다" 하고 계속해서 제안해야 한다는 겁니다. 그랬을 때 실제로 팁이 25%나 올랐답니다. 이는 상호 작용의 양이 중요하다는 걸 보여 줍니다. 즉, 관계의 총량이 많아야 상대의 마음이 움직인다는 것입니다.

목장 식구들과의 관계도 그렇습니다. 내가 투자한 시간만큼 목장 식구의 마음이 움직입니다. 목장에 나오지 않는 목원이 있다면 편지 보내고 전화하고 찾아가면서 계속 초청해 보세요. 당장엔 소용없게 보여도 관계가 쌓이고 있는 겁니다. 언젠가 그 마음이 열릴 겁니다.

넷째로, '식탁 옆에서는 무릎을 꿇으라'고 합니다. 이것은 상대와 눈길을 맞추라는 의미입니다. 돈을 내는 손님이 웨이터를 올려다보면서 이야기하지는 않습니다. 또한 아무리 웨이터라도 사회적 지위의 차이를 깔고 시작하는 대화가 행복하지는 않을 겁니다. 서로 시선이 같아야 합니다. 인격과 인격으로 만나야 합니다.

다섯째로, '손님을 만지라'고 합니다. 조사 결과 손님의 어깨나 팔을 살짝 건드리는 행동만으로 팁이 16%나 올랐다고 합니다. 웨이터가 자신을 터치하는 걸 의식하지 못했어도 더 많은 팁을 내놓았답니다. 이처럼 '터치'가 의사소통의 가장 중요한 영역이랍니다.

그러니 부부간에 스킨십을 자주 하십시오. 자녀들도 하루에 한 번 이상 안아 주세요. 제가 결혼식 주례할 때 양가 부모님께 며느리와 사위를 안아 주라고 꼭 시키는데, 가만 보면 어색해서 우물쭈물하시는 분이 있습니다. 평소 그런 표현을 해 본 적이 없는 겁니다.

목장에 오는 목원들을 맞이할 때도 기쁘게 안아 주십시오. 우리 집에 손주들이 오면 멀리서부터 "할머니~!" 부르면서 달려와 뼈가 으스러지게 안깁니다. 그만큼 반갑다는 뜻이겠지요. 그렇게 목장 식구, 구역 식구들을 안아 주십시오. 물론 부부가 아닌 이성 간에는 절대 안으면 안 됩니다.

여섯째로, '손님의 주문 내용을 따라 말하라'고 합니다. 실제로 그랬을 때 팁이 두 배로 올랐답니다.

"립 스테이크로 주세요.""네, 립 스테이크 맞습니까?"

"소스는 프렌치드레싱으로 할게요.""네, 프렌치드레싱이요? 좋은 소스를 고르셨네요."

이렇게 주문한 내용을 다시 말해 주는 것만으로도 '이 사람이 내 이야기를 주의 깊게 듣고 있구나'라는 인상을 준다는 겁니다. 그래서 비언어적 표현이 중요합니다. 고개를 끄덕이고, 시선을 맞추고, 맞장구쳐 주는 것과 같은 비언어적 신호들이 때로는 더 많은 정보를 전달하기도 한답니다.

목장예배를 드릴 때도 그래요. 목장 식구가 "이러고저러고 해서 너무 좋아요" 하면 "정말 좋았겠어요" 하고 상대가 한 말을 한번 그대로 반복해 보세요. 목원들의 마음을 여는 데 효과 만점입니다. '내가 공감받고 있구나' 하면서 상대는 기뻐할 겁니다. 그런데 우리가 이 단순한 일도 못 합니다.

설교할 때도 보면 말씀을 못 알아듣는 분들은 전혀 반응이 없습니다. 심지어 조는 분도 계십니다. 반면에 말씀을 잘 알아듣는 분들은 리액션부터 다릅니다. 고개를 끄덕이고, 발을 구르고, 박수를 치고…… 이렇게 상대의 말을 잘 알아듣고 있다는 표시만 해 줘도 문제가 해결됩니다.

마지막으로, '손님에게 초콜릿을 선물하라'고 합니다. 손님에게 계산서를 줄 때 조그만 초콜릿 하나를 함께 내미는 것만으로도 팁이 21%나 올랐다고 합니다. 『설득의 심리학』에서도 이야기했듯 사람들은 아주 작은 것을 받아도 빚을 졌다고 생각한답니다. 받은 것은 어떤 방식으로든 돌려줘야 하는데, 웨이터에게 돌려줄 방법은 팁을 주는 것밖에 없는 겁니다.

예물을 넘어 뇌물을 주어서는 안 되겠지만, 사람의 마음을 움직이려면 자꾸 무언가를 선물해야 합니다. 선물이 꼭 비쌀 필요는 없습니다. 우리들교회 성도들은 목장예배를 드릴 때 꼭 함께 밥을 먹습니다. 서로 돌아가며 자기 집을 예배 처소로 내놓고 목장 식구들에게 식사를 대접합니다. 저는 이것이 구원의 통로가 될 줄 믿습니다. 믿음 하나 없이 목장에 몸만 왔다 갔다 하는 목원이 있지 않습니까? 그렇대도 내가 늘 목장에서 대접받고 빚졌으니 언젠가는 갚아야 하잖아요. 누군가가 나를 위해 아무런 조건 없이 밥을 먹여 준 걸 기억하고 언젠가는 예수를 믿게 되지 않을까요? 그러니 여러분, 기쁘게 목장을 섬기십시오. 목장에서 밥하는 게 생색나면 그때부터 상이 하나도 없는 겁니다.

저의 어머니는 매일 떡 해 놓고 예배드리고, 길거리에서 전도하며 무시받는 게 일상이었습니다. 이런 어머니의 섬김 때문에 지금의 제가 있다고 해도 과언이 아닙니다. 목장에서 밥해 주는 건 영과 육으로 대접하는 겁니다. 아깝고 생색난다면 영혼 구원에 조금도 관심이 없는 것입니다. 내가 예수 때문에 대접하면 하나님이 천만 배로 갚아 주십니다. 야곱에게 이걸 알려 주시려고 끊임없이 사건이 오고 가게 하십니다.

잘 보세요. 앞서 기사에서 소개한 모든 내용은 사실 우리가 예수를 믿으면 자발적으로 나오는 행동입니다. 세상에서 경영학 귀재라 하는 사람들은 그저 그 테크닉만 연구해서 적용하는 것만으로도 성공합니다. 그런데 예수를 믿는다고 하면서 테크닉도 없는 분이 많습니다. 상대의 마음을 사로잡기는커녕 작은 섬김에도 생색을 냅니다. 저는 이런 분들께 정말 예수를 믿는지 묻고 싶습니다.

- 하나님께 문제를 온전히 맡기지 못해서 내가 여전히 매달리고 있는 인간적인 방법은 무엇입니까?
- 전도 대상자, 목장 식구들의 마음을 움직이기 위해 어떤 노력을 합니까? 목장예배를 위해 기쁘게 집을 내놓고 즐겁게 밥을 짓습니까? 교회와 목장을 섬기면서 가장 생색나는 일은 무엇입니까? 왜 생색이 납니까?

여전히 비겁합니다

앞서 말했지만 야곱은 경영학의 귀재입니다. 인간 승리의 표본이라 할 만합니다. 수없이 역경을 겪었지만 그때마다 여러 계책으로 사람을 설득해 내서 돈을 벌었습니다. 이번에도 그렇습니다. 에서의 마음을 사로잡을 묘안을 생각해 냅니다. 예물을 준비해서 다섯 떼로 나누고, 종들에게 할 말까지 가르칩니다. 하지만 모든 게 자기 생각에 불과합니다. 드디어 야곱의 자기 생각이 통하지 않는 때가 왔으니, 지금이 그 시점입니다.

> 또 너희는 말하기를 주의 종 야곱이 우리 뒤에 있다 하라 하니 이는 야곱이 말하기를 내가 내 앞에 보내는 예물로 형의 감정을 푼 후에 대면하면 형이 혹시 나를 받아 주리라 함이었더라_창 32:20

'내가 예물로 형의 감정을 푼 후에 대면하면 형이 혹시 나를 받아 주리라.' 여전히 야곱은 하나님의 생각이 아니라 자기 생각에 빠져 있습니다. 하나님이 명하지 않으신 일을 자기 생각대로 행합니다.

> 21 그 예물은 그에 앞서 보내고 그는 무리 가운데서 밤을 지내다가 22 밤에 일어나 두 아내와 두 여종과 열한 아들을 인도하여 얍복 나루를 건널새 23 그들을 인도하여 시내를 건너가게 하며 그의 소유도 건너가게 하고 24 야곱은 홀로 남았더니 어떤 사람이 날이 새도록 야곱과 씨름하다가_창 32:21~24

다 보냈습니다. 야곱이 무리 가운데 뜬눈으로 밤을 지샌 뒤 한 일이 뭡니까? 처자식, 재물 인도하여 얍복 나루를 건너게 한 뒤 자기만 혼자서 돌아온 것입니다. 여차하면 혼자 도망갈 생각을 하는 것입니다. 뭐 이딴 인간이 있습니까? 죽어도 같이 죽고 살아도 같이 살아야지요. 막다른 길 앞에 선 인간이 얼마나 이기적인지 야곱을 통해 새삼 깨닫습니다. 정말 사람은 믿음의 대상이 아닙니다.

부인과 자녀를 진정으로 사랑한다면 이러면 안 되는 것 아닙니까? 아브라함은 부인을 팔아먹었는데 야곱은 '걸음아 날 살려라' 하고 혼자 도망갑니다. 처자식도 나 몰라라, 자기 혼자 살아남겠다는 것입니다. 끝까지 비겁합니다.

너무 두려워서 비겁해지는 야곱을 보면서 인생이 참 슬프다는 생각이 듭니다. 여러분도 무엇이 그토록 두려운지 한번 나누어 보세요. 자녀 이야기만 나와도 가슴이 두근두근하고, 돈 이야기만 나오면 살 수가 없습니까? 무엇이 두려워서 야곱처럼 줄행랑칩니까?

부패한 정치가로 살다 회심한 뒤 평생 수감자들에게 복음을 전한 찰스 콜슨(Charles Wendell Colson)은 "그리스도인의 삶에서 승리를 말할 때 우리는 대부분 개인의 승리를 염두에 두고 말한다"고 했습니다. 그러니까 우리가 '나를 위해' 하나님이 어떻게 죄를 정복하게 하실 것인가에만 집중한다는 것입니다. 이것도 하나님 편이 아닌 내 편, 자기중심적으로 생각하는 것이죠.

"과식하는 습관을 고치고 5kg을 뺐어." "불같은 성질을 없앴어." 어떤 죄나 악습에서 벗어났을 때 우리는 이렇게 말합니다. 그러나 죄를 이런 수준으로만 생각해서는 안 됩니다. 우리가 이웃을 속이고 몸을 더럽혔을 때 단순히 나 자신에게만 악을 행한 게 아닙니다. 모든 죄는 하나님에 대한 뿌리 깊은 반역입니다. 따라서 '하나님이 우리를 위해 무엇을 하실 수 있나'가 아니라 '내가 하나님을 기쁘게 해 드리기 위해 무엇을 할 수 있는가' 고민하고 찾아야 합니다. 그것이 성도의 목표입니다. 그럴 때 개인의 승리를 얻을 수 있지만 그것은 결과이지 목적이 아니라는 말입니다. 성숙은 하나님 중심적으로 되는 것이지 나중심적이 되는 것이 아닙니다.

제리 브리지스(Jerry Bridges)도 죄에 대해 이렇게 표현했습니다. "우리는 이런저런 죄에 '패했다'고 너무 쉽게 말한다. 우리는 죄와의 싸움에서 패한 것이 아니라 하나님께 불순종한 것이다. 거룩함을 향한 진보에는 승리와 패배라는 용어는 어울리지 않는다. 하나님께 택함을 받은 자로서 언제나 '순종했는가, 불순종했는가'만 있다."

하나님을 사랑한다고 말하면서 술을, 음란을 못 끊습니까? 그것은 패배가 아니라 불순종입니다. 지금 야곱의 행동도 하나님을 기쁘시게 하는 순종의 태도가 아닙니다.

불순종은 패배보다도 더 나쁩니다. 어떻게 사랑하는 이에게 늘 불순종할 수 있습니까? 하지만 패배보다는 가능성이 있습니다. 불순종은 인격적인 관계에서만 가능한 것이기 때문입니다. 하나님이 인격적으로 대접해 주시는데도 우리는 늘 말 안 듣고 불순종합니다. 그래서 늘 하나님께 죄송합니다. 그럼에도 불순종이 패배보다 나은 것은 패배는 곧 끝을 가리키기 때문입니다. 인격적인 관계에서 이루어지는 일이 아닙니다. 그러므로 사탄의 단어라고도 할 수 있습니다.

하나님을 만났어도 야곱은 여전히 자기중심적입니다. 그래서 문제를 만날 때마다 하나님 생각은 묻지 않고 자기 생각이 앞섭니다. 한편으로는 '야곱이 얼마나 불안하면 이럴까' 생각도 듭니다. 누군가와 화해하는 게 그만큼 어렵습니다. 만 달란트 탕감받고도 내게 백 데나리온 빚진 자를 옥에 가두는 게 인간의 본성이니까, 야곱이 모든 걸 보내 놓고도 잠을 못 이룹니다. 예물을 보내면 그다음엔 하나님이 하시도록 맡겨야 하지 않겠습니까? 죽든지 살든지 야곱은 가족과 함께 갔어야 합니다.

야곱이 예수를 믿고자 하지만 여전히 하나님보다 세상 재물을, 하나님이 주시는 떡고물을 더 좋아합니다. 그래서 아내들과 자녀들을 앞세워 에서의 환심을 사고자 합니다. '제수니까, 조카니까 용서해 주겠지……' 하면서 자기는 쏙 빠지고 가족을 방패막이 삼기로 결단합니다. 홀로 남아 나도 살고 재물도 놓치지 않을 최고의 지략을 떠올린 겁니다. 에서가 두렵기도 하면서 '이러면 재산도 지킬 수 있지 않을까' 생각했겠죠. 결정적인 순간에 혼자만 살아남으려 합니다. 과연 인간은 본성부터 이기적입니다.

그런데 우리가 생각해 볼 문제가 또 있습니다. 지금 야곱이 진심으로 용서를 구하는 게 아닙니다. 어떻게든 에서에게 환심을 사서 그저 이 난관이 지나가기만 바랍니다. 도무지 진정성이 안 보입니다. 20년이 지났는데도 형과의 관계에 진정성이 없는 겁니다. 야곱은 뭐든지 물질로 해결될 줄 압니다. 그래서 악착같이 돈을 번 것 아니겠습니까?

사회 심리학자이자 정신과 의사인 아론 라자르(Aaron Lazare)는 그의 저서『사과 솔루션』에서 이같이 말합니다.

"갈등과 위기를 해소하고 인간관계를 회복할 수 있는 가장 강력한 도구가 바로 사과이다. 사과는 약자의 언어가 아니라 담대한 힘을 요구하는 리더의 언어다."

약한 사람이 사과하는 게 아니랍니다. 진정으로 용기 있고, 진정으로 자신감이 있고, 진정으로 자신을 존중하는 사람만이 진실한 사과를 할 수 있다고 합니다. 정말 그렇습니다. 용기도, 자신감도 없고 자기를 존중하지 않는 사람이 누구에게 사과할 수 있겠습니까. 자기를 직면하기 싫으니까 그저 핑계만 댑니다.

라자르는 "사과의 성공은 가해자가 자신의 잘못을 정확히 인지하고 공개적으로 인정하는 데서 출발한다"고 말합니다. 하지만 실상은 진정성이 담기지 않은, 안 하느니만 못한 사과가 비일비재하다는 겁니다. 그는 사과가 실패하는 유형으로 다음과 같은 말들을 제시합니다. 만일 이런 말들로 사과한다면 그것은 가짜 사과라고 합니다.

첫 번째로 "내가 어떤 잘못을 했건 사과드립니다"라는 말입니다. 이것은 자기 잘못을 모호하게 말하면서 사실은 잘못은 인정하지 않는 것이랍니다. "본의 아니게 잘못이 있을 수 있다"라는 말도 잘못한 사람은 없고 잘못 그 자체만 있는 수동적인 사과입니다. "만약 제 실수가 있었다면……"이라는 말은 잘못을 인정하기 싫어하는 조건부 사과랍니다. 또한 "저로 인해 피해를 입었다고 하시니까……" 하는 것은 피해 사실 자체를 의심하고 인정하지 않는 것이랍니다. "크게 사과할 일은 아니지만……" 하는 건 자기 잘못을 스스로 축소하는 것입니다. "피해를 줬다니 유감입니다." 이것은 아주 거만하고 교만한 사과입니다.

우리가 목장에서 내 이야기를 구체적으로 나누지 못하는 것도 자신을 직면하기 싫어서입니다. 이런 사람은 매사 뭉뚱그려서 이야기합니다. 뭉뚱그리는 사과는 안 하느니만 못한 사과라고 했습니다. "알았어, 내가 다 잘못했다니까!" "하여튼 잘못했고 앞으로 잘할게." 이런 건 더 염장 지르는 사과입니다. 용기가 없고 나에 대해 자신이 없으니까 진실한 사과를 하지 못하는 것입니다. 그러니 사과는 약자의 언어가 아니라 리더의 언어라는 말이 정말 맞습니다. 어디서고 진실한 사과를 할 줄 아는 사람이 리더입니다.

내가 가해자라도 사과만 잘하면 상대의 보복을 두려워하지 않게 됩니다. 그림자처럼 늘 따라다니는 죄책감과 수치심도 벗어 버릴 수 있습니다. 그런데 야곱이 아직 거기까지 가지 못했습니다. 재물 보내고 난리를 쳐도 진실한 사과가 아니니까 야곱의 마음이 편하지 않습니다. 하나님 말씀도 못 믿겠고, 제대로 사과하지도 못합니다. 하나님 앞에서 자신의 더러움을 보지 못하니까 그럴 수밖에 없는 겁니다. 내 주변에도 이런 사람이 있습니까? 너무 손가락질하지 마세요. 못해서 안 하는 겁니다. 자기를 보기 싫은 겁니다.

- 나는 어떤 문제에서 혼자 줄행랑치듯 합니까? 나 혼자 살겠다고 나 몰라라 하는 일은 무엇입니까?
- '하나님이 나의 죄의 문제를 어떻게 정복하게 하실까'에 집중합니까, '어떻게 하나님을 기쁘게 해 드릴 수 있을까' 고민합니까?
- 나는 어떤 말로 사과합니까? "내가 어떤 잘못을 했건 사과할게" 하면서 모호한 사과를 하지는 않습니까? "만약 내 실수가 있었다면……" 하면서

잘못을 인정하지 않는 반쪽짜리 사과를 하진 않습니까? "네게 피해를 줬다니 유감이네" 하며 교만한 태도로 사과하지는 않습니까? 누군가에게 용기 있게, 진실로 잘못을 구하는 사과를 해 본 경험이 있습니까?

그래도 야곱은 택한 자녀입니다

하나님은 택한 자녀의 생각이 하나님의 생각으로 바뀌도록 한 걸음씩 인도하십니다.

우리는 이토록 비겁하고 간사하고 못된 야곱을 왜 믿음의 조상이라 하는지 이해되지 않습니다. 그러나 예물로 에서의 마음을 달래겠다는 인간적인 방법을 썼어도 야곱은 하나님 자녀의 길로 한 걸음씩 나아가고 있습니다. 자기 생명을 지키기 위해 야곱이 재물을 내려놓지 않습니까. 삼촌 라반한테는 뺏기기 아까워했던 재물을 형과 화해하기 위해 딱 내놓습니다. 이것이 세상 자녀와 다른 점입니다. 재물보다 생명이 귀하다는 걸 비로소 깨닫게 된 것입니다. 그것만으로도 엄청난 발전입니다. 20년 동안 피땀 흘려 모은 재물이지만 결국 사라져 버릴 것이라는 걸 알게 됐습니다.

마크 트웨인(Mark Twain)은 "습관은 그야말로 습관인 까닭에 창밖으로 휙 내던져 버릴 수는 없다. 그보다 한 번에 한 계단씩 내려보내야 한다"고 말했습니다. 이처럼 자기 습관을 한 계단씩 내려보내라고 야곱에게 사건이 오고 갑니다. 여전히 자기 생각이 남아 있지만 야곱이 여러 사건을 겪으면서 조금씩 하나님 편으로 나아가고 있습니다. 49:51, 70:30, 80:20…… 내 생각이 하나님의 생각으로 자꾸자꾸 바뀌어 갑니다.

야곱이 형 에서에게 보낸 예물의 원어는 제물로 번역되기도 합니다. 즉, 속죄하고자 하나님께 예물을 드렸다는 의미입니다. 그래서 염소와 양과 낙타와 소와 나귀를 다섯 떼로 나누어 보냈습니다. 생각해 보세요. 20년간 피땀 흘려 모은 재물을 가지고 내 생명을 해할지도 모르는 형에게 왜 찾아가겠습니까? 다른 데 가서 잘 먹고 잘살면 되지 않습니까? 그래도 가나안 본향, 천국에 가는 것이 인생의 목적이니까 찾아갑니다. 이것이 야곱이 달라진 점입니다. 하나님의 약속을 믿게 됐습니다. 내 비록 형편없지만 주님의 약속을 믿게 됐습니다.

야곱이 재물을 내려놓은 것은, 그로서는 믿음을 향해 큰 발걸음을 뗀 사건입니다. 비록 립 서비스라 할지라도 야곱은 형에게 "나는 당신의 종"이라고 이야기했습니다. 이처럼 상대를 예수 믿게 하기 위해 "나는 당신의 종"이라고 고백할 수도 있어야 합니다. 그런데 우리는 배우자의 구원을 위해서 "여보, 사랑해요" 이 한마디도 못 합니다. 마치 지퍼를 채운 듯이 입을 꾹 닫고서 "그런 걸 꼭 말로 해야 하나" 합니다.

야곱처럼 "나는 당신의 종"이라고 계속 말하다 보면 그 고백을 따라서 내 믿음의 수준도 높아질 줄 믿습니다. 내가 말로 시인하고 격려해서 상대방을 예수 믿게 할 수만 있다면 무슨 말인들 못 하겠습니까. 재물도 그렇죠. 야곱의 재물로 에서가 예수 믿게 된다면 선한 재물이 되는 겁니다.

그러면 야곱이 어떻게 재물을 내려놓을 수 있었을까요? 야곱이 하란에서 막대한 재물을 얻었지만 20년 동안 참평안이 없었습니다. 아무리 노력해도 라반은 끊임없이 속이고 그의 안색이 전과 같지 않은 걸 보면서(창 31:5) 야곱은 나그네 인생인 걸 깨닫게 됐습니다. 그토록 돈 좋아하던 야곱이 억지로라도 돈을 내려놓은 뒤 얍복 나루에서 이스라엘로 거듭나는 유명한 역사가 일어난 겁니다.

우리의 자기 생각이 어떻게 하나님의 생각으로 바뀝니까? 야곱을 보니 끊임없이 사건이 왔습니다. 즉, 환난이 주제가 되고, 성경이 교과서가 되고, 성령이 스승 되어야 우리가 하나님의 생각을 가지게 되는 것입니다.

한 집사님이 부인이 자꾸 "자기 죄를 보라"고 하니까 "차라리 죄를 보도록 돕는 프로그램이 있었으면 좋겠다"고 목장에 답답한 마음을 토로하셨습니다. 그러자 목장의 권찰님이 이렇게 권면해 주셨답니다.

"내 죄를 보게 하는 매뉴얼 북이 있다면 좋겠지만 그런 건 없잖아요. 다만 저는 하나님의 시간에 순종하라고 말씀드리고 싶어요. 그러니까 주일예배, 수요예배, 목장예배, 매일의 큐티에 모두 참여해 보시라는 거예요. 그렇게 주일에 무너지고, 수요일에 무너지고, 목장에서 무너지면서 하나님께 순종하는 성화의 과정을 거치면 결국 내 생각이 하나님의 생각으로 바뀌게 될 것이에요. 그러니 공동체의 구조 속으로 더 깊이 들어오시면 어떨까요?"

이어서 목자님도 권면하셨습니다.

"우리들교회에도 소위 코어(Core, 핵심)가 있어요. 공예배와 더불어 목장예배와 목자모임, 양육훈련 등이 바로 그것이에요. 몇 년 동안이 모든 일에 순종했더니 제게 적어도 100명 이상의 지체가 생긴 것 같아요. 나이도, 직업도, 살아온 방식도 각기 다르지만 제가 어려운 일이 있을 때마다 기도를 부탁할 수 있는 지체들이랍니다. 이것이 제가 교회 와서 누리는 최고 메리트(Merit, 가치)라고 생각합니다."

그렇습니다. 이것이 바로 내 생각이 하나님의 생각으로 바뀌는 비결입니다. 우리가 참 안 바뀝니다. 결코 단번에 바뀌지 않습니다. 그래서 주일예배, 수요예배, 목장예배, 양육훈련, 생활예배로 날마다 내 생각이 깨져야 합니다. 나아가 나를 일으켜 줄 공동체가 있어야 합니다.

마태복음을 큐티할 때 한 초등학생이 교회 홈페이지 큐티 나눔란에 이런 글을 올렸습니다.

○월 ○○일 큐티를 하면서 제가 깨달은 것을 말씀드리겠습니다. 거친 바람이 일으킨 큰 파도 때문에 제자들이 어려움을 겪고 있을 때 예수님께서 물 위로 걸어오십니다. 그런데 그 광경을 본 제자들은 예수님인 줄도 모르고 겁에 질려서 "유령이다"라고 소리 지릅니다(마 14:22~33).

우리 집에도 광풍과 거친 파도가 덮쳤습니다. 바로 아빠가 자꾸 집을 나가는 것입니다. 그런데 저는 아빠의 문제보다 아빠 때문에 엄마의 몸과 마음이 병드는 게 더 힘이 듭니다.

'우리 가정은 왜 교회 안 다니는 친구들 가정보다 더 불행한 걸까? 교회에 오고 나서 나는 더 불행해진 것 같다'라고 생각했습니다. "하나님, 아빠 때문에 엄마가 힘들지 않게 도와주세요" 하고 기도하면 오히려 아빠는 엄마를 더 힘들게 하고 집을 나가 버리셨습니다. 그때마다 저는 정말 예수님이 유령 같아 보여서 기도도 할 수 없었습니다. 심지어 엄마한테 예수님은 너무 무서운 분이라고, 벌만 주시는 분이라고 이야기한 적도 있습니다.

그러나 본문을 계속 읽으면서 생각이 달라졌습니다. 제가 "예수님, 무서워요. 우리 아빠 집 안 나가게 해 주시고, 우리 엄마 안 아프게 해 주세요" 기도하니까 예수님이 "은주야, 두려워하지 말라" 말씀해 주십니다. 엄마랑 통화할 때 엄마가 밝은 목소리로 "은주야, 나야" 불러 주면 마음이 편안해집니다. 마찬가지로 내가 "무서워요" 소리 지르면 예수님이 "나다, 예수님이다, 은주야!" 대답해 주겠다고 하시니 마음이 편안해집니다.

그동안 살아 계신 예수님을 못 믿고 예수님은 아무 힘이 없다고 생각한 제 죄를 회개합니다. 아빠, 엄마 때문에 마음이 힘들어지면 이제는 예수님께 기도할 겁니다. 내 손을 잡고 "나다, 예수님이다" 안심시켜 주실 주님을 따라가겠습니다. 예수님, 사랑합니다.

여러분은 이렇게 할 수 있습니까? 어릴 때부터 교회 공동체 안에서 내 생각을 하나님의 생각으로 바꾸어 가는 훈련을 하니까 이렇게 스스로 큐티 나눔도 올립니다. 그런데 여러분은 자녀들 교회 안 보내고, 큐티 안 시키고 뭐 가르칩니까? 저는 이런 아이들이 커서 이 나라를 지고 갈 리더가 되리라고 굳게 믿습니다.

우리가 자기 생각이 참 많습니다. 믿음이 있는 것 같지만 여전히 인간적인 방법으로 순간을 모면하려 합니다. 여전히 비겁하고, 식구들도 나 몰라라, 나만 살면 된다는 이기심만 가득합니다.

그래도 택한 자는 하나님의 생각으로 바뀌도록 한 걸음씩 인도해 주십니다. 49:51, 51:49…… 조금씩 조금씩 내 생각이 하나님의 생각으로 바뀌게 하십니다. 환난을 허락하셔서 우리 생각을 변하게 하시는 겁니다.

그런데 더 중요한 건 내가 말씀을 보고 기도하는 구조 속으로 들어가는 것입니다. 하나님의 말씀을 모르고 어떻게 그분의 생각을 알겠습니까? 환난을 통해 자기 생각이 아니라 제대로, 하나님 생각대로 말씀을 읽으라는 겁니다.

이런저런 방식으로 알려 주시는 하나님께 순종하며 나아가십시오. 예수를 전해야 할 사람이 있다면 "나는 당신의 종"이라는 섬김으로 다가가 보십시오. 이 모든 길이 힘들지만 우리는 주님이 택하신 자녀이기에 한 걸음, 한 걸음 나아갈 때 주인의 즐거움에 참여하는 기쁨을 주실 줄 믿습니다. 마침내 최후 승리를 얻게 하실 줄 믿습니다.

• 내 생각이 하나님의 생각으로 바뀌기 위해 주일예배, 수요예배, 생활예배를 빠짐없이 드립니까? 말씀 보고 기도하는 구조 속으로 들어갑니까? 주

일예배만 딱 드리고 일주일 동안 말씀은 잊은 채 내 생각대로 살지는 않습니까?

- 구원을 위해서 종을 자처하며 섬겨야 할 사람은 누구입니까? "고맙습니다", "미안합니다", "사랑합니다"라는 구원의 언어를 잘 씁니까?

택한 자는 하나님의 생각으로 바뀌도록
한 걸음씩 인도해 주십니다.
49:51, 51:49…… 조금씩 조금씩 내 생각이
하나님의 생각으로 바뀌게 하십니다.

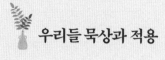

우리들 묵상과 적용

시골에서 자란 저는 어릴 때부터 교회에 다녔습니다. 이후 장로님의 소개로 아내를 만나 결혼하여 두 딸을 낳았습니다. 자녀들은 제 삶의 활력소이자, 우상이었기에 퇴근길은 항상 설레고 기뻤습니다.

저는 전문의 취득 후 병원을 개업할 때 처가의 도움을 많이 받았습니다. 그러니 모든 수입을 아내에게 주고, 용돈을 타서 쓰는 것을 당연하게 여겼습니다. 처음에는 병원이 생각처럼 잘되지 않았습니다. 그때 저는 새벽예배에 나가 "나중에 일이 잘 풀려도 지금과 같이 겸손한 마음으로 살겠다"고 하나님 앞에 다짐했습니다. 그러나 병원이 잘되기 시작하니 이런 마음은 온데간데없어졌습니다. 더욱이 아내가 어학연수로 자녀들을 데리고 외국에 나가자, 저는 점점 더 음란과 세상 쾌락 속으로 빠져들었습니다.

그러던 어느 날, 저는 주식을 하고 있던 아내에게 얼마를 더 넣어보라고 부추겼습니다. 병원이 잘돼서 처가에 빚도 다 갚고, 돈도 충분히 벌었는데도 말입니다. 그런데 아내의 반대를 무릅쓰고 산 주식이 폭락하면서 부부 싸움이 시작되었습니다. 결국 아내는 큰 다툼 끝에 두 딸을 데리고 친정으로 가 버렸습니다. 그리고 얼마 후 아내는 부동산을 자신의 명의로 바꿔 달라고 요청했습니다. 저는 야곱이 자기 생각으로 돈을 주어 형의 화를 풀려고 했듯이, 아내의 화를 풀어 주고자 명의를 이전해 주었습니다(창 32:20). 하지만 제 예상과 달리 아내는 곧바로 이혼을 요구했습니다. 게다가 아내는 조정위원들 앞에서 저에게 폭행을 당했다며 황당한 진술까지 했습니다. 저는 너무도 억울하고 분했지만, 자녀들에 대한 그리움이 컸기에 끝까지 가정을 지키고자 했습니다. 그러다 명도 소송을 당해 '병원을 비우라'는 판결을 받고, 병원에서 쫓겨나는 수치를 당했습니다.

그런데 이렇게 제 생각이 전혀 통하지 않는 사건을 겪게 되면서 저는 한 교회의 부부목장에 참석하게 되었습니다. 목장 지체들은 저를 보면 멀리서부터 달려와 끌어안아 주었고, 마치 귀빈을 맞듯이 저를 대접해 주었습니다. 이후 저는 5번의 조정을 거친 이혼 소송을 통과하면서 말씀으로 저 자신을 직면하게 되었습니다. 야곱처럼 재물을 사랑하여 하나님이 원하시는 순종을 하지 못한 것이 깨달아진 것입니다. 또한 예전에 바람피운 것을 진심으로 회개하지 않고, '이혼하지 말라'는 말씀을 율법적으로 외치며 그저 수치를 피하려고만 한 것을 알게 되었습니다.

저는 불쌍한 사람의 이야기를 들으면 나와는 상관없다고 여긴 이기적이고 완악한 죄인입니다. 강자 앞에서는 약하고 약자 앞에서는 권위를 내세우며 야곱보다 간사하게 살아온 것을 이제라도 회개합니다. 여전히 비겁하고 내 생각도 강하지만, 예배와 양육을 통해 내 생각이 하나님의 생각으로 점점 바뀌어 갈 줄 믿습니다.

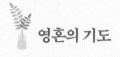

영혼의 기도

하나님 아버지, 야곱처럼 우리도 자기 생각으로 가득 차 있습니다. 야곱이 에서의 시험을 앞두고 벌벌 떨 듯, 우리도 인생의 난관 앞에서 두려움과 죄책감을 이기지 못합니다. 그 순간을 모면할 수만 있다면 예물이 아니라 뇌물이라도 쓰고 싶습니다. 용기가 나지 않습니다. 내 모습을 직면하고 싶지 않습니다. 주님, 이런 우리를 불쌍히 여겨 주옵소서.

야곱이 진정으로 사과하지 못해서 인간관계가 좀체 회복되지 않습니다. 늘 두려움과 죄책감에 시달리는, 고달픈 인생을 삽니다. 우리 속에도 "옳소이다" 하지 못하고 불순종하는 면이 있습니다. 그러나 주께서 택하신 자를 한 걸음, 한 걸음 인도하셔서 마침내 그의 심령에 하나님의 생각을 세우겠다고 약속하십니다. 우리가 잘나서가 아니라 하나님의 자녀이기 때문에 인도해 가겠다고 하십니다. 우리가 그 하나님을 붙들 때, 우리의 자기 생각이 하나님의 생각으로 바뀔 줄 믿습니다.

주님, 특별히 두려움과 죄책감 속에 신음하는 우리 형제자매들을 주님께 인도하기를 원합니다. 그들을 긍휼히 여길 수 있는 마음을 허락해 주옵소서. 대단한 간증을 전하지 못해도 좋습니다. 그저 나 자신이 얼마나 안되는 사람인가를 전하며, 그럼에도 하나님의 사랑으로 지금껏 살고 있다고 진솔하게 위로하게 하옵소서. 나를 위해 죽으시고 부활하신 주님을 전하며 모든 사람을 주께 인도하는 우리가 되기를 원합니다. 그러기 위해 우리 속에 지혜와 총명과 사랑과 긍휼을 허락해 주옵소서. 예수님 이름으로 기도하옵나이다. 아멘.

06

축복

창세기 32장 22~26절

하나님 아버지, 우리가 야곱이 받은
축복을 받기 원합니다.
축복의 말씀이 들리게 해 주옵소서.
말씀하여 주옵소서. 듣겠습니다.

목장 보고서에서 한 나눔을 읽었습니다. 서울대 경영학과와 경영대학원을 나오신 수재 집사님의 이야기입니다.

지금까지 인생에서 내가 본 기적 하나를 나누고 싶다. 아쉽지만 내게 일어난 기적은 아니다. 바로 김양재 목사님이시다. 평범한 부인으로 사시다가 교회를 양적·질적으로 성장시킨 목사님이 되시다니! 이것이 내게는 기적이다. 목사님의 인생이야말로 자기 생각에서 하나님의 생각으로 바뀌는 과정 그 자체인 것 같다. "환난이 주제요, 성경이 교과서요, 성령이 스승이다." 이 말이 아득하게 느껴지다가도 목사님을 보면 아주 구체적으로 와닿는다.

나는 하나님을 믿으면서 하나님의 자녀라는 명예가 없다는 사실이 가장 두렵다. 나의 일은 개인이 기업을 상대하는 모양새다. 그런데 큰 금융회사들과 협상할 때 세상 명예가 없어서 스스로 풀이 죽을 때가 많다. 대기업과 같이 세상이 인정하고 쉽게 무시할 수 없는 조직에 속했다면 괜찮았을까? 세상 명예에 베일 때마다 '언제까지 이런 일이 계속될까' 두려워진다. 그러다 생각한다. 세상과의 맞짱에서 하나님 자녀라는 명예는 어디로 가 버렸는지…… 이렇듯 두려워하는 모습이 불순종하는 자녀라는 걸 그대로 드러내는 것 같다. 세상 명예 없는 걸

탓하다가 하나님이 주신 명예가 생각나고, 그 은혜에 송구스러워하는 나를 보면서 여전히 이런저런 내 생각에 묶여 있다.

기적이 곧 축복 아니겠습니까? 저를 가리켜 기적처럼 느껴진다는 건 "목사님은 축복을 받았다"라는 의미겠지요. 그렇다면 이분은 축복의 개념을 알고 있는데 왜 누리지 못할까요? 여러분도 이분과 같은 마음입니까? 목사님 삶은 기적인데 내 삶은 아닌가요? 우리가 어떻게 축복을 누릴 수 있을까요?

하나님과 홀로 대면해야 합니다

성도들에게 야곱의 생애에서 가장 인상적인 순간을 꼽으라면 아마도 얍복 나루에서 천사와 씨름하는 장면일 겁니다. 야곱의 지난 인생을 반추해 봅시다. 아버지와 형을 속여 장자권을 빼앗고 "죽이리라" 하는 형에서의 분노를 피해 외삼촌 라반이 사는 밧단아람으로 도망쳤습니다. 20년 동안 라반 아래서 열심히 일해서 부자가 되었지만 여전히 속임수를 버리지 못했고, 라반이 자신의 재물을 빼앗으려는 기운을 느끼고는 그가 양털을 깎으러 간 사이 모든 재산을 가지고 야반도주했습니다. 그러나 라반이 만사 제치고 쫓아와서 잡히고 말았죠. 그 후 하나님의 은혜로 상호 불가침 조약을 맺으며 유종의 미를 거뒀습니다. 라반의 시험을 마친 겁니다.

이제 고향 가는 길에 가장 무서운, 형 에서의 시험이 기다리고 있습니다. 야곱은 에서의 마음을 풀고자 갖은 인간적인 방법을 다 씁니다. 물질로 해결해 보려 합니다. 그런데 이 계획에 브레이크가 걸립니다.

> 22 밤에 일어나 두 아내와 두 여종과 열한 아들을 인도하여 얍복 나루를 건널새 23 그들을 인도하여 시내를 건너가게 하며 그의 소유도 건너가게 하고 24 야곱은 홀로 남았더니 어떤 사람이 날이 새도록 야곱과 씨름하다가_창 32:22~24

야곱이 홀로 남았습니다. 그동안 모은 재산과 식구들을 모두 보내고, 자존심까지 내려놓은 채 홀로 남았습니다. 그런데 자기만 살겠다고 처자식 다 보낸 비겁한 야곱에게 하나님이 한 걸음씩 찾아오십니다.

그동안엔 야곱이 어려운 일을 당할 때마다 엄마 리브가가 나서서 도와주었습니다. 라반에게서 도망칠 때는 아내들이 도왔습니다. 그러나 이제는 홀로 문제를 해결해야 합니다.

야곱을 변화시키고자 하나님께서 하신 일은 이처럼 홀로 있게 하신 것입니다. 천국은 홀로 가는 곳입니다. 엄마, 아내 치맛도리 잡고 못 갑니다. 우리도 홀로 있는 걸 미리미리 연습한다면 유익이 될 겁니다.

안네마리 키더(Annemarie Kidder) 목사님의 『홀로 있음』이라는 책에서 읽은 내용입니다. 결혼 50주년을 맞은 부부에게 어떻게 그동안 행복을 유지할 수 있었는지 물었습니다. 그러자 부부가 입을 맞추기라도 한 듯이 똑같이 대답했답니다. 바로 자신만의 공간을 갖는 데 서로 동의했다는 것입니다. 관계가 친밀하다고 혼자만의 공간이 필요없는 것은 아닙니다. 결혼했든지 안 했든지, 삶의 어느 단계에 있든지 안네마리 목사님은 "모든 영혼은 고독을 향해 나아가는 내적 여정에 나서야 한다"고 말합니다.

한 자매에게 기가 막힌 메일을 받았습니다. 유부남을 만나는 자매는 제게 외로움을 호소했습니다.

그는 늘 용의주도합니다. 나를 몰래 만나면서 어떤 흔적 하나 남기지 않습니다. 전화도 항상 먼저 걸어 번호만 남기고 끊은 뒤 제가 다시 연락하게 유도합니다. 기록이 남지 않도록 잔머리를 굴리는 겁니다. 만남 장소도 어쩜 들키지 않을 곳으로만 정하는지 기가 막힐 정도입니다. 저를 마음 놓고 만나려고 일부러 아내와 싸울 때도 있답니다. 골프 치러 가는 사람처럼 위장하고 저를 만나러 오기도 하고, 아내와 쇼핑하는 중이라면서 화장실에서 전화하기도 합니다. 퇴근하고 집에 가는 중이라며 아내를 안심시킨 뒤 잠깐 저를 만나러 오기도 합니다. 저와는 절대 오래 있지 않습니다. 아내가 의심할지 모른다면서 일찍 들어가야 한답니다. 그러면서 다 저를 보호하기 위해서라고 말합니다. 그렇게 헤어지고 들어가서는 꼬리 잡히지 않으려고 집 안에서 이상한 냄새가 난다는 둥, 집이 지저분하다는 둥 일부러 아내를 트집 잡는답니다. 또 언제나 아내와 함께하며 아내에게 "내 옆에서 1m 이상 떨어지지 말라" 한답니다. 한번은 "남편은 바람피우려야 피울 수 없는 사람"이라고 아내가 자랑하는 걸 들었다고 말해 준 적도 있습니다.

제게도 얼마나 잘하는지 모릅니다. 저를 끔찍이 아끼고 사랑하는 척 말합니다. 정말 나쁜 인간이라는 생각을 저도 수없이 했습니다. 제가 옆에 버젓이 있는데도 아내가 아프다고 전화하면 "약은 먹었느냐, 일은 하지 말라, 힘든 일은 내가 집에 가서 할 테니 쉬어라" 뻔뻔스럽게 대화합니다. 그의 완벽한 이중생활을 지켜보며 너무 구역질이 나서 이제는 싫다고 반항했더니 너를 보호하기 위해서라며 또다시 저를 구슬립니다.

안네마리 목사님은 말합니다. "예수님과 함께 모든 여정을 떠나려면 교만과 힘과 성취 같은 연줄에 기초한 우리 자아의 누더기를 벗어야 한다. 홀로 있는 연습은 우리 영혼이 하나님과 연결되도록 돕는 훈련이다. 홀로 있음을 통해서 새로운 자신을 만나려면 분노와 원망과 염려와 하나님이 아닌 다른 것에 매달리는 반복적 시도와 맞서 싸워야 한다."

자매가 불륜남의 비겁함이 용서되지 않으면서도 그를 끊지 못하는 것은 그의 재력과 힘을 좋아하기 때문입니다. 불륜은 진짜 사랑이 아니라는 걸 우리가 다 압니다. 모순적이지만 자매가 이 관계 속에서 외로움과 홀로 있음을 느끼는 것이 하나님의 보호하심이라는 생각이 듭니다. 벗어나고 싶어서 안간힘을 다해 씨름하는 것 아니겠습니까? 진실한 사랑이 아니니까 외로움을 느끼는 것이죠. 진실의 반대에 있으니까 불안하고 괴로운 것입니다.

시편 32편에서 다윗은 "내가 입을 열지 아니할 때에 종일 신음하므로 내 뼈가 쇠하였도다 주의 손이 주야로 나를 누르시오니 내 진액이 빠져서 여름 가뭄에 마름 같이 되었나이다 내가 이르기를 내 허물을 여호와께 자복하리라 하고 주께 내 죄를 아뢰고 내 죄악을 숨기지 아니하였더니 곧 주께서 내 죄악을 사하셨나이다"고백합니다(시 32:3~5).

자매도 누구에게라도 입을 열어 자복하고 싶어서 저에게 메일을 보냈으리라고 생각합니다. 자매는 어릴 때 교회를 열심히 다녔답니다. 그러니 그 마음속에 하나님의 형상이 남아 있어서 외로운 것입니다. '내가 얼마나 열심히 기도하고 예배했는가? 성도들과 교제를 나눈 적은 있는가? 누구를 도왔는가? 한때는 신앙이 뜨거웠는데 지금은 왜 무너졌는가? 이렇게 살아서는 안 되는데 인생이 허무하구나.' 비로소 깨닫게 된 겁니다.

야곱이 홀로 남아 있는 '얍복'은 '흐르다'라는 뜻 외에 '털어놓는다'라는 의미가 있습니다. 홀로 남아 하나님과 대면할 때 사람은 진실해집니다. 외롭지만 인생이 얼마나 허무한지 깨닫는 순간이기도 합니다.

지금까지 야곱은 혼자일 때가 별로 없었습니다. 밤낮으로 일하고, 나머지 시간엔 네 명의 아내에게서 열한 명의 자녀를 낳으면서 정욕에 빠져 살았습니다. 매사 자기 생각이 앞서고 거짓말하면서도 자신이 어떤 사람인지 돌아볼 겨를조차 없이 살았습니다.

그런데 그토록 위하던 부인과 자녀를, 평생 번 재물을 모조리 잃기 직전입니다. 아니, 이미 잃었다고도 볼 수 있습니다. 야곱이 얼마나 공포에 떨었을까요. 두렵고 불안합니다. 얍복 나루에 홀로 남아 외로움이라는 단어조차 사치스러운, 극한의 고독에 빠졌습니다. 가족도, 재물도 그 무엇도 그를 도와주지 못합니다.

문제에서 벗어나 자신을 직시하라고, 주님은 우리를 외롭게 하십니다. 야곱이 밤이 새도록 씨름하는 건 결국 형을 속였기 때문입니다. 부모와 형을 떠나 외삼촌 집에 왔지만 그 이야기는 하고 싶지 않습니다. "형님이 나를 죽이려 해서 왔다"라고만 말하고 싶지 "내가 형님을 속이고 도망쳤다"라는 이야기는 쏙 빼놓고 싶습니다. 그런데 무덤 속까지 가져갈 그 일이 나를 홀로 있게 합니다. 나를 외롭게 합니다. 형을 속인 게 문제의 본질이기 때문에, 그 부분을 직면하지 않고는 어떤 방법으로도 문제가 해결되지 않는 겁니다.

이때 하나님께 두 손 두 발 들고 나오면 얼마나 좋습니까? 그런데 홀로 남아 외로워도 야곱은 여전히 자기를 못 봅니다. 열심히 씨름하지만 아직은 하나님 앞에 손들지 못합니다. 앞에 자매도 외롭다고 하면서도 불륜관계를 끊지 못합니다. 상대의 재물과 능력이 좋아서 그저 씨름만 하고 있습니다. 우리가 다 그렇습니다. "내가 형을 속였습니다!" 내 죄를 직면하고 자복하면 되는데 그저 홀로 있기만 합니다. 그러니 문제가 좀체 해결되지 않습니다.

우리들교회 목장 보고서에서 재밌는 나눔을 읽었습니다. 목장에 새로 온 목원이 목자님을 보고 대뜸 말하더랍니다.

"어디선가 목자님을 본 것 같아요."

"저를 어디서 보셨겠어요? 교회 앞 횡단보도에서 보셨겠지요." 너스레 떨며 넘겼지만 목자님은 순간 두려워졌답니다. 과거에 지은 죄가 워낙 많다 보니 뜨끔했던 겁니다.

사실 우리들교회 교인들은 이 목자님이 화려하게(?) 살아오신 걸 잘 알고 있습니다. 목자님이 그동안 자기 죄를 솔직히 오픈하셨기 때문입니다. 그런데 새로 온 목원이 본 듯한 얼굴이라고 하니까 '도대체 나를 어디서 보았는가' 이것이 궁금해졌습니다. 미리미리 죄를 오픈 했기에 망정이지 이상한 데서 나를 봤다고 하는데 목자가 시치미 떼고 있으면 체면이 얼마나 구겨졌을까 아찔했답니다. 여러분도 자수해서 광명 찾기를 바랍니다. 주님 앞에 나아가 나를 직면하고 죄를 자복하는 것이 문제 해결의 첫걸음입니다. 천부여 의지 없어서 손들고 나아오기를 주님이 기다리십니다.

● 나는 어떤 문제로 외로워합니까? 무엇 때문에 밤새도록 씨름하고 있습니까? 외로워서 주님을 만났습니까? 나를 보라고 홀로 두셨는데도 여전히 직면하기 싫은 문제는 무엇입니까?

환도뼈가 부러져야 합니다
즉, 자아가 무너져야 합니다

자기가 야곱을 이기지 못함을 보고 그가 야곱의 허벅지 관절을 치

> 매 야곱의 허벅지 관절이 그 사람과 씨름할 때에 어긋났더라
> _창 32:25

야곱과 씨름하던 자가 야곱을 꺾을 수가 없자 야곱의 허벅지 관절을 칩니다. 개역한글 성경에서는 이를 '환도뼈'라고 번역했습니다. 환도뼈는 하체와 상체를 연결하는 매우 중요한 뼈입니다. 환도뼈가 어긋나면 인간은 아무것도 할 수 없습니다. 그래서 고대 근동에서 환도뼈는 생명과 생식, 능력을 상징하기도 했습니다.

그런데 상대의 결정적 한 방에 야곱의 환도뼈가 어긋나 버립니다. 야곱이 아무것도 할 수 없게 됐습니다. 이것은 비로소 야곱의 자아가 깨진 것을 의미합니다. 이때까지 야곱의 자아가 깨지지 않았다가 이제야 깨졌다는 것입니다.

야곱이 밤새 겨룬 씨름은 영적 씨름이었습니다. 즉, 야곱이 하나님께 매달린 싸움이 아니라 하나님이 걸어오신 싸움입니다. 칠흑같이 어두운 밤에 야곱을 홀로 있게 하시다가 발로 뻥 차 버리셨습니다. 이로써 야곱이 축복을 받게 됐습니다.

자아가 깨지지 않는 사람은 하나님의 은혜가 통하지 않습니다. 하나님의 축복이 흐르지 않습니다. 하나님의 구속사를 보지도, 찾지도, 경험하지도 못하는 겁니다. 정말 그렇습니다. 교회를 오래 다녀도 좀체 말씀이 안 들리는 분들이 있습니다. 매주 예배는 오는데 졸기 바쁩니다. 아직 환도뼈가 어긋나지 않아서 그럽니다. 구원이 무엇인지 모르는 것이죠.

인간이 자기 열심대로 살면 하나님을 경쟁자로 여깁니다. 그래서 야곱 힘의 근원을 치심으로써 더는 하나님을 경쟁자로 여기지 못하도록 만드십니다.

"'이것이 밑바닥이다'라고 말할 수 있는 동안은 결코 밑바닥이 아니다." 셰익스피어가 한 말입니다. 야곱도 '밑바닥'이라고 말할 수도 없는 극한의 불행에 처했습니다. 그러나 이것이 결코 끝이 아닙니다.

오유선 씨의 『내 마음에 말 걸기』라는 책을 보면 "우리가 갑자기 닥친 불행에 맥없이 추락하는 건 그것을 처음 겪어 보기 때문"이라고 합니다. 처음이라서 더 아프다는 것입니다. 그런데 처음 겪어 본 불행에서 교훈을 찾지 않으면 그다음에도 그 일은 불행이 된답니다. 반면에 처음 겪는 불행이라도 잘 해석하고 교훈을 찾으면 또다시 비슷한 일을 겪더라도 더는 불행이 아니랍니다.

다시 말해 환도뼈가 부러져도 인생의 밑바닥으로 내려가는 훈련을 자꾸 하다 보면, 그다음에 소위 불행이라는 것이 올 때 놀라거나 추락하지 않게 됩니다. 저도 밑바닥을 일찍부터, 오래 경험했더니 배우자와 사별하는 불행에서 놀라지 않게 됐습니다. 내 힘이 아니라 하나님이 훈련해 주신 덕분입니다.

야곱은 환도뼈가 너무 튼튼한 게 문제입니다. 튼튼한 환도뼈 덕에 인간 승리의 드라마를 쓰며 자기중심적인 삶을 살았습니다. 만일 환도뼈가 약했다면 형을 피해 밧단아람까지 도망가는 먼 여행을 할 수 없었을 겁니다. 아버지를 속이고 축복을 가로챈 것도, 라반의 집에서 재물을 많이 모은 것도, 네 명의 아내를 들이고 열한 명의 아들을 쑥쑥 낳은 것도, 재산과 처자식 데리고 라반에게서 줄행랑칠 수 있었던 것도 다 환도뼈가 튼튼했기 때문입니다. 이놈의 환도뼈 때문에 야곱은 안되는 일이 없습니다. 에서가 처자식과 재산을 다 가로챈대도 튼튼한 환도뼈로 지구 끝까지 도망갈 수 있는 인간이 야곱입니다. 그래서 하나님이 그의 환도뼈를 치셨습니다.

'진작 환도뼈를 치시지 왜 모든 것을 주신 뒤 한꺼번에 빼앗으실까?' 의아한 분도 있을 것입니다. 우리 생각과 하나님의 생각이 다릅니다. 할 수 있는 데까지 인간적인 열심을 다하게 하신 뒤에 내놓으라 하시는 게 하나님의 방법입니다. 하나님 없이 인간적인 열심으로 쌓은 재물, 관계, 학벌, 명성을 다 내놓으라 하십니다. 이외에는 우리의 단단한 자아가 깨질 길이 없는 것입니다.

신년, 노년 계획 등 홀로 계획을 잔뜩 세워 두고 하나님이 간섭하지 않으셔도 내 머리와 지위, 재물, 학벌로 성취할 수 있다고 생각합니까? 그렇다면 나 역시 튼튼한 환도뼈를 의지하고 있는 것입니다. 그런 사람은 절대 축복받지 못합니다.

환도뼈가 어긋난 불구의 몸이 됐으니 더 이상 야곱은 도망갈 수 없습니다. 내 힘으로 에서를 피할 길이 막혔습니다. 이제는 하나님밖에 의지할 이름이 없습니다. 이것이 축복입니다. 하나님께 축복받기를 진정으로 원한다면 먼저 나의 환도뼈가 부서져야 합니다. 내가 하나님 외에 의지하는 모든 것이 부서져야 합니다.

미국의 목회자이자 복음주의 잡지 〈크리스채너티 투데이〉의 편집장을 지낸 마크 갤리(Mark Galli)는 그의 저서 『거친 하나님』에서 이

같이 말합니다.

"하나님은 우리의 조소와, 비비 꼬인 신앙과, 뒤죽박죽인 참회와, 은혜에 대한 모독을 보면서 결국 포기하신다. 우리가 그분을 전혀 이해 못 하기 때문이다. 우리는 절대 알지 못한다. 도저히 방법이 없다. 그래서 주님은 그저 두 팔을 뻗어 우리를 은혜로 품으신다. 그런데도 우리는 하나님 품에 안기기에는 너무 컸다고 생각하며 벗어나기 위해 몸부림친다. '은혜의 진정한 의미'를 조금이라도 이해한다면 그런 헛된 몸부림을 반복하지 않을 것이다."

야곱도 그렇습니다. 하나님을 만났지만 아직 은혜의 진정한 의미를 깨닫지 못했습니다. 하나님은 그런 야곱을 포기하십니다. 그리고 그저 두 팔로 껴안아 주십니다.

여러분의 부서져야 하는 환도뼈는 무엇입니까? 주님과 함께 죽어야 하는데, 하나님의 사자와 겨루고도 불구가 되지 않는다면 얼마나 교만한 자입니까? 주의 진실한 자녀가 되라고 나의 환도뼈를 치시는 것입니다. 나의 구원을 위해 하나님이 준비하신 가장 위대한 세팅입니다.

환도뼈가 부러져 도움조차 받을 수 없는 절박한 문제를 만났을 때 우리는 비로소 자신을 직면하게 됩니다. 내 힘으로 극복할 수 없는 난제를 통해 나의 근본적 문제가 해결되는 것입니다. 그러니 문제가 꼭 문제는 아닙니다.

우리들교회에는 '남편의 바람'이라는 스스로 해결할 수 없는 환난을 통해 자신의 근본적인 문제를 깨닫고 하나님께 돌아오는 아내들이 많습니다. 바람은 남편이 피웠는데 아내가 깨닫습니다.

야곱의 근본적 문제는 에서를 속인 것입니다. 그런데 오로지 에서가 나를 죽이려는 것만 문제라고 생각하니까 도무지 해결이 안 되는 겁니다.

24절에서 야곱이 '어떤 사람'과 씨름했다고 했습니다. 씨름했다는 건 먼지가 일어날 정도로 격렬하게 싸웠다는 의미입니다. 이 격렬한 싸움은 어떤 사람, 곧 전혀 모르는 사람으로 인해 시작됐습니다. 형의 문제로 씨름했지만 사실은 하나님의 사자가 걸어온 씨름이었습니다. 왜냐하면 형이 원인이 아니라 야곱 자신의 문제이기 때문입니다. 에서가 죽이려 하는 게 문제가 아니라 야곱의 자아가 여전히 죽지 않아서 온 문제라는 것입니다.

우리의 씨름도 그렇습니다. 배우자, 자녀, 부모, 상사와 씨름할지라도 사실 그것은 전혀 모르는 사람이 걸어온 씨름입니다. 우리도 그 격렬한 씨름 속에서 나의 자아가 전혀 죽지 않은 걸 보아야 합니다. 나의 문제를 보아야 합니다.

"우리의 씨름은 혈과 육을 상대하는 것이 아니요 통치자들과 권세들과 이 어둠의 세상 주관자들과 하늘에 있는 악의 영들을 상대함이라"(엡 6:12)고 했습니다. 야곱의 지난 행태들을 떠올려 보세요. 어머니와 각본 짜서 아버지와 형을 속이고 장자권을 빼앗았습니다. 레아에 만족하지 못하고 라헬 얻겠다고 기어코 7년을 더 일했습니다. 모든 재물도 라반을 속이고 얻은 것입니다. 그런데도 자기 악은 모르고 그저 형만 무서워합니다.

그동안 야곱이 죄를 시인하는 것 보았습니까? 회개하는 것 보았습니까? '내가 이렇게 잘하는데 설마 형이 나를 죽이겠어…….' 오로지 이런 궁리뿐입니다. 그러다 정말 죽을 위기에 처했습니다. 환도뼈가 어긋나 아무것도 할 수 없게 됐습니다. 중심 뼈가 부러져 걸을 수조차 없는데 무엇을 할 수 있겠습니까.

하지만 이때야말로 야곱이 뼈가 저리도록 깨달은 순간입니다. 이후로도 험악한 인생을 살았지만 비로소 자신을 직면하는 순간이 왔습니다. 드디어 야곱이 두 손 두 발 다 듭니다.

- 내가 의지하는 환도뼈는 무엇입니까? 재력, 학벌, 외모, 권세의 환도뼈가 너무 튼튼해서 뭐든지 스스로 해낼 수 있다고 자부합니까? 하나님이 환도뼈를 치셨는데도 여전히 내 힘으로 살아 보겠다고 발버둥 치는 철벽 자아는 아닙니까?
- 나는 누구 때문에, 어떤 문제로 밤새 씨름하고 있습니까? 그것이 하나님이 걸어오신 싸움이라는 걸 인정하고 나의 근본을 들여다보고 있습니까? 배우자, 부모, 자녀, 상사 등 눈에 보이는 씨름 대상만 두려워하지는 않습니까?

드디어 하나님께 매달리게 됩니다

그가 이르되 날이 새려하니 나로 가게 하라 야곱이 이르되 당신이

내게 축복하지 아니하면 가게 하지 아니하겠나이다_창 32:26

야곱이 밤새도록 씨름했다는 것은 목숨을 걸고 기도했다는 의미이기도 합니다. 그 응답으로 환도뼈가 어긋났습니다. 그러자 야곱은 자신과 씨름한 하나님의 사자에게 간절히 매달립니다. "내게 축복하지 않으면 보내지 않겠다"고 합니다. 이 말은 이제 내 힘으로는 살 수 없다는 뜻입니다. '더는 내 능력을 의지할 수 없게 되었으니 하나님이 축복하지 않으시면 나는 살 수 없다'는 것이죠.

만약 환도뼈가 어긋나지 않았다면 야곱은 또다시 에서의 낯을 피해 도망쳤을 것입니다. 돈 가진 사람은 돈을 의지해서 망할 때까지 달려갑니다. 그래서 길이 없는 것이 축복입니다. 학연·지연·인연이 없는 게 축복입니다. 길이 많으면 우리는 하나님을 찾지 않습니다.

그러면 야곱이 구하는 축복의 실체는 무엇일까요? 여러분은 어떤 축복을 구합니까? 기껏해야 "재물·명예, 사랑·행복을 달라" 하지 않습니까? 자녀가 일류로 성장하고, 일등 신랑감, 신붓감 얻기를 바랍니까? 야곱은 그 모든 걸 가져 보았지만 그 무엇으로도 채워지지 않는 것을 알았습니다. 모든 걸 가졌는데 인생이 허무합니다.

이제 야곱은 세상을 넘어서는 믿음을 달라고 구합니다. 고난을 해석하는 믿음보다 더 큰 축복은 없다는 걸 야곱이 바로 알게 됐습니다. 그래서 하나님께 간절히 매달립니다.

"하나님, 나를 축복해 주세요. 이제야 알았습니다. 나는 불구입니다. 나는 도둑놈이에요. 거짓말쟁이에다 사기꾼입니다. 비겁하기 짝이 없는 쓰레기 같은 인간입니다. 나는 안 돼요. 고향이 바로 앞에 있지만 이대로 가면 형에게 맞아 죽습니다. 내 힘으로는 아무것도 할 수 없으니 하나님, 나를 도와주세요!"

환도뼈가 어긋나야 이런 기도가 나옵니다. 형이 너무 무서우니까 야곱이 드디어 자기를 보게 됐습니다.

야곱이 죽음의 위기를 만났듯 저도 남편이 죽는 고난을 겪었습니다. 30대 한창때에 그야말로 청상과부가 되었습니다. 이것이 얼마나 무서운 일인지 안 당해 본 사람은 모릅니다. 성경에서도 가난한 자, 병든 자가 아니라 고아와 과부를 가장 불쌍히 여깁니다. 어려서는 부모의 돌봄을 받지 못해 고아 아닌 고아같이 살았고 실제로 과부가 됐으니, 고아와 과부의 삶을 제가 다 거쳤다고도 할 수 있습니다.

제 나이 서른, 결혼한 지 5년 되던 해에 저는 예수님을 깊이 만났습니다. 모태신앙인으로 어려서부터 교회를 다녔지만 야곱처럼 저도 내 능력을 의지해 살았습니다. 그러다 하나님께서 혹독한 시집살이라는 무서운 고난으로 저의 환도뼈를 딱 치셨습니다. 그때부터 제가 주님을 신실히 믿게 됐습니다. 열심히 큐티하고, 만나는 사람마다 전도하고, 남편의 구원을 위해 목숨을 걸고 기도했습니다. 그런데 하루 아침에 남편이 간 것입니다. 잘나가는 의사로 오늘까지도 멀쩡히 환자를 돌보던 남편을 내일은 못 보게 됐습니다.

세상 사람이 보기엔 이런 저주가 어디 있겠습니까. 유교 사상이 뿌리 깊던 당시 가치관으로는 저는 손가락질당할 만한 저주의 여인인 겁니다. '그렇게 기도하더니 남편이 죽었네……' 수군거리는 이들도 많았습니다. 제게 얼마나 수치스러운 일로 다가왔을지 상상이 되세요?

목사가 되어 강단에서 말씀을 담대히 선포하니까 '목사님은 예전부터 어떤 일도 잘 극복하셨겠지' 생각하는 분도 계십니다. 그렇지 않습니다. 예수를 열심히 믿는데 해석하기 어려운 일이 자꾸 찾아오니까, 그때마다 너무 무서우니까 저 자신을 자꾸자꾸 직면하게 됐습니다. 그렇게 하루 이틀 통과하면서 오늘에 이른 것이죠.

언제나 저는 고난 속에서 만난 하나님을 전합니다. 저에게 왜 이런 사명을 주셨는지 이유는 잘 모릅니다. 저도 "예수 믿으면 뭐든지 잘된다!", "예수 믿어서 공부 잘하고, 시집 잘 가고, 사업이 잘되었다" 이런 이야기만 하면 좋겠습니다. 그런데 예수 믿고 잘되는 걸 제가 경험해 보지 않았습니까? 누구보다 교회 열심히 다니면서 공부도 잘했습니다. 성품도 착했습니다. 자녀가 교회에서 성가대, 피아노 반주 봉사하는 게 여러분 로망이지요? 그것도 제가 다 했습니다. 남이 보면 축복이라고 할 만큼 착하고 성실하게 살았는데, 왜 결혼하고 나서부터 인생이 힘들어진 겁니까? 어떻게 해석해야 하는 겁니까?

제가 참을성이 없나요? 인내라면 저를 따라올 자가 없었습니다. 제가 출산할 때 17시간 산고를 겪으면서 비명 한번 안 질렀습니다. 그걸 보고 남편이 저를 약간 존경하게 되었다고 하더군요. 이런 끝내주는 참을성으로 그동안 못 이룬 일이 없었는데, 결혼생활이 너무 힘드니까 그저 죽고 싶고 이혼하고만 싶었습니다. 열심히 교회 다니며 착하게만 살아온 제게 이해 안 되는 일이 생겼습니다. 남들이 부러워할 만한 행위를 다 갖추고도 눈앞의 고난을 조금도 해석하지 못했습니다.

한국교회의 세대가 이제 5~6대에 이르렀으니 저와 같은 사람이 많으리라고 생각합니다. 착하게 살았어도 행위만으로는 구원받을 수 없다는 걸 누군가는 보여 주어야 하는 겁니다. 주님은 제게 참 이상한(?) 사명을 주셨습니다.

예수님을 깊이 만난 후로도 그래요. 열심히 큐티하고 전도하는 데도 눈만 뜨면 무서운 일이 생깁니다. 문밖출입도 못 하고 남편의 구원을 위해 목숨을 내놓고 기도했는데, 남편이 살아서 구원받고 함께 믿음의 길을 걸어가게 해 주셨다면 얼마나 좋습니까? 그러나 주님의 계획은 달랐습니다. 오래 투병한 것도 아니고 하루아침에 남편이 떠났는데 제가 얼마나 무서웠겠습니까? 하지만 그래서 "내게 축복하지 아니하면 가게 하지 아니하겠나이다" 하는 기도가 절로 나왔습니다. 돌아보니 남편이 주님을 영접하고 떠난 일은 과연 저에게도, 남편에게도 축복이었습니다.

마태복음 28장에 보면 막달라 마리아가 파수꾼이 굳게 지키는 예수님의 무덤을 찾아가 부활의 주님을 만납니다. 부활을 목격한 첫 사람이 막달라 마리아, 곧 로마 군병의 창기요, 일곱 귀신 들렸던 비천한 여인이라는 말입니다. 예수님의 십자가 곁에도 비천한 여인들뿐이었습니다.

우리가 하나님을 사랑하면 내가 얼마나 추한 죄인인지를 보게 됩니다. 예전에 저는 '나는 막달라 마리아와 상관없는 사람'이라고 생각했습니다. 그래서 돈을 좇아 결혼하고는 그것이 죄인 줄도 몰랐습니다. 환도뼈가 어긋난 뒤에야 내가 일곱 귀신 들린 막달라 마리아라는 걸 깨닫고 예수님의 십자가를 바라보게 됐습니다. 비로소 성경의 이야기가 제 이야기로 들리기 시작했습니다.

어려서는 아들이 아닌 딸로 태어나 엄마를 슬프게 했다는 생각에 외로웠고, 결혼해서도 남존여비 사상이 짙은 시댁 아래 꽁꽁 묶여서 외로웠습니다. 평생 열심히 교회 다니며 모범생으로 살았는데 하루하루가 너무 외로웠습니다. 그러나 이렇듯 저를 홀로 두신 것이 축복이었습니다.

마태복음 28장 4절에 보면, 예수님의 부활을 알리는 천사를 보고 "(무덤을) 지키던 자들이 그를 무서워하여 떨며 죽은 사람과 같이 되었더라"고 합니다. 예수님의 부활을 보고 기뻐하는 자가 있고, 무서워하는 자가 있다고 하십니다.

남편의 죽음도 그렇습니다. 하루아침에 세상을 떠났으니 누가 보아도 죽은 자같이 될 일 아니겠습니까. 그러나 육신은 죽어도 구원을 받았기에 이 일은 죽음의 사건이 아니라 부활의 사건이라고 확신했습니다. 연약하지만 주님이 함께하시므로 부활을 기뻐하는 자가 된 겁니다. 나아가 집에서 걸레질만 하던 제가 지금 이렇게 하나님이 쓰시는 사람이 됐습니다. 그야말로 기적 아닙니까?

예수님의 무덤을 지키는 자들이 하는 일은 말 그대로 외부의 적으로부터 무덤을 '안전하게 지키는' 것입니다. 남편도 건강을 안전하게 지키고자 얼마나 애썼는지 모릅니다. 대민 봉사를 하던 남편은 우리나라에 간염 보균자가 많다면서 한 달에 한 번 꼬박꼬박 간염 검사를 했습니다. 그런데 하루아침에 더구나 급성 간암으로 세상을 떠났습니다. 우리 집안에는 간이 아픈 사람이 없습니다. 참 기가 막힐 일이지만 제게는 주님이 불러 주신 구원의 사건, 나를 눈같이 희게 해 주신 사건이 되었습니다.

우리가 늘 정확한 복음을 들어야 갑작스럽게 닥쳐오는 고난도 해석할 수 있습니다. 갑자기 남편이 세상을 떠났지만, 제가 날마다 말씀을 묵상하며 왔기에 살아날 수 있었습니다. 그날, 주님은 "그가 스스로 헤아리고 그 행한 모든 죄악에서 돌이켜 떠났으니 반드시 살고 죽지 아니하리라"(겔 18:28)는 에스겔 말씀으로 남편의 구원을 확증해 주셨습니다.

마태복음 28장을 다시 보면 천사가 부활을 목격한 여인들보고 '빨리 가서 주님이 부활하신 소식을 전하라'고 합니다. 그러자 "여자들이 무서움과 큰 기쁨으로 빨리 무덤을 떠나 제자들에게 알리려고 달음질"했다고 합니다(마 28:7~8).

제 남편의 사건도 얼마나 무서운 일입니까. 입 가진 자라면 모두 저보고 저주받았다고 했을 겁니다. 하지만 무서움보다도 더 큰 기쁨이 제게 있었기에 저 역시 무덤을, 사망의 장소를 떠날 수 있었습니다. 그리고 이 부활의 소식을 제자들에게 알리려고 지금까지 달음질해 왔습니다. 또 다른 제자들을 키워 내라고 저로 하여금 달음질하게 하신 줄 믿습니다.

내 힘으로는 도저히 어찌할 수 없는 문제 때문에 오늘 주 앞에 죽을 것 같은 심정으로 나아온 분이 있습니까? 주님이 반드시 만나 주실 줄 믿습니다. 저를 사랑하셨듯, 주님은 여러분을 사랑하십니다. 저보고, 막달라 마리아보고 세상은 저주받은 인생이라 말하겠지만 막달라 마리아는 부활을 목격한 첫 사람으로 성경에 이름을 올렸습니다. 우리 인생이 짧은데 하나님께 기억되는 자, 하나님께 영광 돌리는 자가 되어야 하지 않겠습니까? 사명대로 와서 사명대로 살다 사명대로 가는 인생보다 더 기쁜 인생은 없습니다. 그보다 축복은 없습니다.

이 시간, 하나님 앞에 홀로 서는 여러분 되기를 바랍니다. 하나님 앞에 홀로 서서 나의 자아가 무너지기를 기도하십시오. 내가 의지하는 튼튼한 환도뼈가 무엇인지 묵상해 보고 그것이 부서지게 해 달라고 기도하십시오. 내 힘으로는 아무것도 할 수 없습니다. 나와 내 가정을 축복하지 않으시면 하나님을 가시게 하지 않겠다고, 나를 축복해 달라고, 나를 포기하지 말아 달라고 하나님께 전적으로 매달리는 여러분 되기를 축원합니다.

- 내 힘으로는 도저히 어찌할 수 없는 문제를 만났습니까? 그래서 주님께 매달리고 있습니까? "내게 축복하지 아니하면 주님을 가시게 하지 않겠다!" 끈질기게 매달립니까?
- 죽음의 자리에서 말씀이 깨달아져 사명의 자리로 나아간 경험이 있습니까? 여전히 죽음의 자리에만 머무르며 '나는 저주받았다'고 스스로를 저주하지는 않습니까?

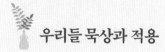

우리들 묵상과 적용

믿지 않는 가정에서 맏이로 태어난 저는 중학생 때부터 의대 교수가 되겠다는 장래 희망을 수첩에 적어 부적처럼 가슴에 품고 다녔습니다. 이후 인간적인 열심으로 의대 교수가 되고, 믿는 아내를 만나 결혼했습니다. 가정의 평화를 위한답시고 아내를 따라 교회는 나갔지만, 정작 가정에 소홀했고, 접대 문화에 취해 음란하게 살았습니다.

그러던 어느 날, 저는 스팸메일을 보낸 여자와 조건 만남을 가졌습니다. 한 번 만나고 느낌이 이상해서 그녀의 연락을 계속 피했는데, 한 달 후에 저는 폭행 혐의로 체포되어 48시간 동안 경찰 조사를 받게 되었습니다. 사채까지 끌어다 쓰며 돈이 급했던 그녀가 저에게 누명을 씌운 것입니다. 알고 보니 그녀는 꽃뱀이었습니다. 그런데 조사를 받고 있을 때, 경찰서 출입 기자가 저를 알아보고, 매스컴에 이 사실을 보도했습니다. 저는 무혐의로 풀려났지만, 결국 대학에서 해임되었습니다.

억울한 마음이 가득했던 저는 서울로 올라와 처형이 다니는 교회에 다니게 되었습니다. 그리고 대학에 복직할 기회를 엿보며 병원을 차리고 매일 12시간씩 열심히 일했습니다. 하지만 병원이 잘되자 또

다시 여자를 만나고 다니다가 3개월 만에 아내에게 들키고 말았습니다. 그제야 저는 제가 심각한 음란 중독자이며 제 의지로는 이 중독을 끊을 수 없음을 인정하게 되었습니다. 그리고 야곱이 '내게 축복하지 아니하면 가게 하지 아니하겠나이다'라고 하며 하나님께 매달린 것처럼, 저도 음란 중독을 끊어 달라고 하나님께 매달렸습니다(창 32:26).

이후 진료 시간도 줄이고, 모든 예배에 참석하고 양육을 받으니, 말씀이 조금씩 들리기 시작했습니다. 그동안 야곱은 자신이 형을 속인 것은 까맣게 잊고 형이 자신을 죽이려는 상황만을 묵상하며 씨름했습니다(창 32:24). 마찬가지로 저도 제 죄는 보지 못하고, 해임당한 일만 묵상했다는 것을 알았습니다. 죄를 자복하면 그 죄가 힘을 잃는다는 말씀을 따라, 목장에서 바람 사건을 솔직하게 나누었더니, 제 질긴 환도뼈가 드디어 무너져 내리기 시작했습니다(창 32:25). 그리고 환도뼈가 어긋난 야곱이 홀로 얍복 나루에서 자신의 비겁함과 연약함을 깨닫고 통회하였듯이, 저도 저의 죄를 자복하는 기도를 드렸습니다. 그러자 아내와의 관계도 회복되고, 잦은 부부 싸움으로 상처받은 자녀들과의 관계도 좋아졌습니다. 꽃뱀 사건과 해임 사건은 저에게 꼭 있어야 할 구원의 사건임을 깨닫게 하시고, 영혼 구원이라는 사명을 향해 달음질하게 해 주신 하나님께 감사드립니다.

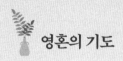

영혼의 기도

하나님 아버지, 영육 간에 인생이 참 외로웠습니다. 야곱처럼 겉보기엔 잘 풀리는 인생 같았지만 한편으로 외롭고 쓸쓸했습니다. 하나님을 대면하기는 싫고…… 그저 두렵고 답답했습니다. 내 자아가 질기고 강해서 그런 것인 줄 오래도록 몰랐습니다. 그러나 야곱처럼 홀로 남겨지는 환난을 지나며 주님이 왜 제 환도뼈를 어긋나게 하실 수밖에 없었는지 이제는 알게 됐습니다. 저는 환도뼈가 어긋나야, 아무것도 할 수 없게 되어야 비로소 주님을 찾는 죄인 중의 죄인이었습니다.

그런데 주님, 모든 환도뼈가 어긋나 오롯이 하나님께 매달려 온 인생이라 생각했는데 아직 무너지지 않은 부분이 있는 걸 봅니다. 주여, 저에게 남아 있는 환도뼈를 모조리 부수어 주옵소서. 야곱의 고백처럼, 내게 축복하지 아니하면 주님을 가시게 할 수 없습니다. 이제는 그런 인생이 됐습니다. 주여, 저를 축복하여 주옵소서. 나의 자아가 죽게 하여 주옵소서. 제 남편을 하룻밤에 구원해 주신 하나님, 상하고 힘든 심령으로 예배의 자리에 나아오는 모든 영혼을 구원해 주옵소서. 축복해 주옵소서. 예수님 이름으로 기도하옵나이다. 아멘.

환도뼈가 어긋난 불구의 몸이 됐으니
더 이상 야곱은 도망갈 수 없습니다.
내 힘으로 에서를 피할 길이 막혔습니다.
이제는 하나님밖에 의지할 이름이 없습니다.
이것이 축복입니다.

07

축복한지라

창세기 32장 26~32절

하나님 아버지, '내게 축복하지 아니하면
가게 하지 아니하겠나이다'라는
간절한 기도를 주께서 들으시고 야곱을 축복해 주십니다.
우리 모두 이 축복을 받기 원합니다.
말씀하여 주옵소서. 듣겠습니다.

최근 10년간 약 151만 명이 개명을 신청했다고 합니다. 그 사례도 각양각색입니다. 한남자, 정필통, 방구년, 오징어, 최왈왈, 도화지, 나거지, 유령, 고양이, 강아지, 지애미, 권태기, 백김치, 김치국, 변기통, 설사국, 지자랑, 박비듬, 강간자, 강남제비, 김목석, 여드름, 수고해, 개구리, 오늘도, 김골골, 신난다, 복돼지, 임신중, 피해자, 어머나, 한주먹, 여기다, 나라라, 마술이, 섭섭한나⋯⋯. 그야말로 웃지 못할 이름을 가진 이들이 새 이름으로 새 삶을 살기를 갈망했습니다.

과거에는 일부러 이상한(?) 이름을 지어 주기도 했습니다. 천한 이름이라야 오래 산다는 속설 때문에, 귀하게 얻은 자녀일수록 '개똥이, 쇠똥이, 섭섭이, 간난이'와 같은 비천한 이름을 붙여 주었답니다.

시대에 따라 선호하는 이름도 달라졌습니다. 출생 신고된 이름을 기준으로, 1948년 가장 인기 있는 이름은 남자는 '영수', 여자는 '순자'랍니다. 2000년도에는 남자는 '지원', 여자는 '현서'랍니다. 갈수록 성별 구분이 어려운 이름을 선호한다고 합니다. 또한 과거에는 촌스럽거나 어감이 나쁘다는 이유로 이름을 바꾸었는데 최근에는 성명학적 이유나 경제적 어려움을 극복하려는 방안으로 개명을 신청하는 경우도 많답니다.

우리들교회를 출석하시는 이름이 예쁜 한 성도님도 개명을 했다고 하셨습니다. 성명학을 공부한 지인에게 이전 이름을 계속 쓰면 조실부모하고 단명할 것이라는 이야기를 들었는데, 실제로 군에 있을 때 아버지가 돌아가시고 6개월 뒤 어머니마저 돌아가셨다는 겁니다. '이제는 내 차례인가' 무서워서 개명하지 않을 수 없었답니다.

많은 사람이 장수와 축복을 기원하며 이름을 바꿉니다. 본문에서 야곱도 새 이름을 받습니다. 앞서 환도뼈가 어긋난 야곱은 하나님의 사자에게 매달려 '나를 축복해 달라'고 간절히 기도했습니다. 그러자 하나님께서 그의 이름을 축복이 담긴 새 이름으로 바꾸어 주십니다. 야곱이 간절히 기도한 뒤 받은 축복의 내용이 무엇인지 구체적으로 보겠습니다.

새로운 이름을 주십니다

그 사람이 그에게 이르되 네 이름이 무엇이냐 그가 이르되 야곱이니이다 _창 32:27

야곱이 축복해 달라며 매달리자 천사가 "네 이름이 무엇이냐?" 묻습니다. 정말 야곱의 이름을 몰라서 물은 게 아닙니다. 이는 곧 "너는 누구냐?"라는 의미입니다.

그러자 야곱이 "야곱이니이다"라고 이름도 모르는 이에게 자기 이름을 밝힙니다. '야곱'은 '발꿈치를 잡는 자', '속이는 자'라는 뜻입니다. 그러므로 야곱이 자기 이름을 말한 것은 곧 자기 죄를 고백한 것이나 다름없습니다. 자신의 과거를, 형을 속인 죄를 처음으로, 스스로 인정했습니다. 대단한 발전입니다.

지난 27장에서 에서가 "야곱이 자신을 속인 게 두 번째"라고 항변했습니다.

"에서가 이르되 그의 이름을 야곱이라 함이 합당하지 아니하니이까 그가 나를 속임이 이것이 두 번째니이다 전에는 나의 장자의 명분을 빼앗고 이제는 내 복을 빼앗았나이다 또 이르되 아버지께서 나를 위하여 빌 복을 남기지 아니하셨나이까"(창 27:36).

에서가 허기진 때를 틈타서 야곱이 팥죽으로 장자권을 사고, 염소 털로 위장해서 에서가 받을 축복을 가로챘던 것 기억하시죠? 에서가 억울할 법도 합니다. 그런데 형이 "두 번이나 나를 속였다!"며 분통을 터뜨리는데도 야곱은 가만있었습니다.

그러나 이제는 스스로 고백합니다.

"저는 야곱이에요. 속이는 자입니다. 여자 좋아하는 간사한 자입니다. 거짓말쟁이입니다."

지금까지 야곱은 그 이름대로 남의 발꿈치를 잡는 삶을 살아왔습니다. 늘 경쟁하며 이기려 들고 남을 끌어 내리려고 애썼습니다. 그런데 하나님께서 그를 축복하시고자 "네 이름이 무엇이냐?", "너는 누구냐?" 물어보시자 "저는 남을 끌어 내리는 자입니다. 늘 이겨 먹으려는 자입니다" 하고 이제는 인정할 수밖에 없는 자신의 과거를 고백합니다. 더 정확히 말하면, 야곱이 스스로 마음 깊은 고백을 하도록 하나님께서 이끄신 것이죠.

야곱은 환도뼈가 어긋났을 때 자기 죄를 회개했을 겁니다. 그러나 "사람이 마음으로 믿어 의에 이르고 입으로 시인하여 구원에 이르느니라"(롬 10:10)고 했습니다. 주님은 야곱이 입으로 죄를 시인하기를 원하셨습니다. 그래서 '네 이름이 뭐야? 이제 공개적으로 네 죄를 고백해 봐' 야곱을 권고하십니다. 이에 야곱이 마음으로만 회개한 죄를 비로소 입 밖으로 털어놓게 됐습니다.

우리에게도 입으로 시인하는 믿음이 필요합니다. 우리들교회에서 날마다 울려 퍼지는 공동체 고백처럼 입술의 고백이 필요합니다.

우리들교회의 한 자매가 제게 메일을 보냈습니다. 자매는 말씀으로 찔림받지 않았다면 무덤까지 가지고 갔을 혼전 낙태의 죄를 고백했습니다. 그런데 저와 목장 식구들에게는 말할 수 있지만 정작 교회를 같이 다니는 엄마에게는 오픈하지 못하겠다면서 기도를 부탁했습니다.

그리고 기도의 때가 찬 뒤, 자매가 다시 메일을 보내왔습니다. 엄마에게 무릎을 꿇고 비로소 자신의 죄를 오픈했답니다. 모든 이야기를 들은 어머니는 울면서 자매를 안아 주었답니다. "우리들교회에 와서도 엄마에게 오픈하지 못하고 그동안 얼마나 힘들었니? 참아 내느라 고생했다" 자매를 위로하고, 그날 큐티 말씀으로 "예수님의 계보를 잇는 것이 가장 큰 영광이니까 공동체에 꼭 붙어 가자"고 격려도 해 주었답니다. 마지막엔 "더 겸손해지라" 당부하셨답니다.

물론 무조건 죄를 오픈하라는 말은 아닙니다. 믿음의 분량이 이르지 않았는데 마구 오픈했다가는 오히려 시험에 들 수 있습니다. 그러므로 '때를 따라서' 하기 바랍니다. 남자들은 짐승과 구조가 같아서 금세 말씀을 깨닫지 못합니다. 반드시 양육을 받아야 하고, 양육을 받은 후에도 어떤 고백을 해도 창피하지 않을 때 오픈해야 합니다.

고백에는 놀라운 능력이 있습니다. 죄가 힘을 잃습니다. 비로소 야곱이 스스로 죄를 고백하자 하나님이 어떤 상을 주십니까?

> 그가 이르되 네 이름을 다시는 야곱이라 부를 것이 아니요 이스라엘이라 부를 것이니……_창 32:28a

당시 히브리인에게 누군가의 이름을 직접 부르는 것은 특별한 의미였습니다. 이름을 부르는 자가 부름을 받는 자에게 권위를 행사할 수 있었죠. 따라서 하나님께서 이제부터 야곱을 '이스라엘'이라 부르시겠다는 것은, 하나님이 야곱의 주인 되셔서 그를 이끌고 가시겠다는 의미입니다. 하나님을 따르도록 야곱을 인도하시겠다는 뜻입니다. 나아가 야곱을 끝까지 보호하시겠다는 뜻이기도 합니다. '아무도 너를 건드릴 수 없다'라는 약속입니다.

> ……이는 네가 하나님과 및 사람들과 겨루어 이겼음이니라
> _창 32:28b

야곱은 늘 사람을 의식하며 살아왔습니다. 그래서 늘 사람과 겨

루고 하나님과도 씨름하다가 환도뼈가 어긋났습니다. 그러나 "나는 야곱"이라고, "나는 속이는 자"라고 스스로 밝히자 하나님이 이를 귀하게 여기시고 너를 이스라엘이라 부르겠다고, "네가 하나님과 및 사람과 겨루어 이겼다"고 해 주십니다. 드디어 야곱이 이겼습니다. 하나님을 이겼다기보다 야곱이 자기 자신과의 싸움에서 이겼다는 의미입니다.

여러분도 수많은 사연 속에서 얼마나 사람을 의식하며 삽니까? 하나님과도 씨름하고 있지 않습니까? 그 끊임없는 씨름 가운데서 내 죄를 고백하게 되는 것이 결국 이기는 길입니다. 불치병에 걸리고 부도가 나도…… 어떤 일을 만나도 내 삶의 결론이라며 자기 자신을 보는 자를 하나님은 지키시고 책임져 주십니다. 내 죄를 보는 것이야말로 하나님의 속성이요, 하나님의 일이기 때문입니다.

그러나 많은 사람이 무덤까지 가지고 갈 이야기로 여기면서 어떤 죄도, 수치도 고백하지 못합니다. 그저 세상을 원망하며 '그럴 수밖에 없었다' 하고, 운명으로 치부하기도 합니다. 그래서 죄를 보는 것도 내 힘으로는 할 수 없습니다. 하나님의 일이기에, 하나님이 함께하지 않으시면 누구도 자기 죄를 못 봅니다.

이스라엘은 하나님과 싸워서 이겼다는 뜻입니다. 하지만 우리가 어떻게 하나님과 싸워 이길 수 있겠습니까. 이것은 하나님께서 우리의 자아를 깨뜨리시고 가치관을 새롭게 하신다는 의미입니다. 가치관이 새로워지면 모든 게 달라집니다. 지금까지 부끄럽게 느껴진 것이 전혀 부끄럽지 않게 되고, 반대로 부끄럽지 않던 것이 부끄러워집니다.

주님은 자기 죄를 고백하며 나아오는 자에게 '왕 같은 제사장, 거룩한 나라, 그의 소유가 된 백성'이라는 새 이름을 주시고 그 인생을 후대해 주십니다. 야곱에게도 이스라엘이라 이름하시면서 이렇게 말씀하고 계십니다.

"네 비록 형에게 쫓겨나 남의 나라, 남의 집에서 더부살이하고 환도뼈마저 어긋났지만 더 이상 너는 도망자 신세가 아니다. 이제 당당하게 살아라! 어깨 펴고 살아라!"

정말 그렇습니다. 내 죄를 보게 된 우리들교회 성도들을 주님이 얼마나 후대해 주셨는지 모릅니다. 육적으로, 정신적으로, 경제적으로 정말 후하게 대접해 주셨습니다.

모든 문제가 똑같습니다. 내 죄를 고백하는 것이 문제 해결의 시작점입니다. 그동안 나 혼자 싸웠다면 이제부터는 하나님이 함께 싸워 주십니다. 그런데 우리가 자꾸 내 잣대로 옳고 그름을 따지니까 힘든 것입니다. 어떤 죄도 내놓기만 하면 하나님이 대신 싸워 주시는데, '나는 썩어질 죄인이야. 이 죄는 누구에게도 말 못 해. 무덤까지 가지고 가야 해……' 하고 폐쇄적인 태도에서 벗어나지 못하니까 싸움에서 자꾸 지는 겁니다.

야곱이 발버둥질해서 싸움에서 이겼습니까? 앞에서도 이야기했지만 하나님이 먼저 야곱에게 싸움을 걸어오셨습니다. 하다 하다 안 되니까 야곱의 환도뼈, 야곱의 능력을 부서뜨리셨습니다. 그렇게 하나님께 항복하고 매달리게 됨으로써 야곱이 이긴 겁니다. 이것이 하나님의 방법입니다. 우리의 믿음을 위해 시험을 주시지만 늘 피할 길도 주십니다. 우리를 공격하시지만 늘 품으십니다.

배는 지상에서 만듭니다. 하지만 배가 잘 뜨려면 짠 바닷물에서 시험해 봐야 합니다. 이론대로 완벽하게 지었다고 해도 반드시 바다에 띄워 봐야 합니다. 실전이 필요합니다. 실전을 거쳐야 망망대해를 거침없이 항해할 수 있습니다. 우리도 마찬가지입니다. 무궁히 항해하는 배가 되라고 주님은 우리를 짠 바닷물로 보내십니다. 그런데 우리가 이걸 못 참습니다.

세상은 건강을 최고로 여기는데, 급성 간암 진단을 받고 죽음의 문 앞에 서게 된 것이 제 남편에게는 환도뼈가 어긋난 사건이었습니다. 그러나 그 일로 남편은 죄인에서 성도로, 그리스도인으로 이름이 바뀌고 마침내 천국에 입성했습니다.

저 역시 그렇습니다. 이러니저러니 해도 성실하고 돈 잘 버는 남편이 저의 능력이었잖아요. 그런 남편이 하루아침에 세상을 떠났으니 그야말로 환도뼈가 어긋난 고난 아니겠습니까? 하지만 야곱처럼 저도 하나님께 축복받기를 간절히 원했습니다. 그런 제게 주님은 새 이름을 주시며 축복하셨습니다.

물론 저는 이미 이전에 새 이름을 얻고 천국 백성이 됐습니다. 하지만 남편과 달리 이 땅에 남아 사명을 감당해야 했기에 또다시 새 이름을, 새 가치관을 제게 주신 것입니다. 전보다 더 천국 등급으로 업그레이드되었다고 할까요? 이처럼 인생의 시기마다 주님은 제게 새 이름을 주셨습니다. 나 자신과의 싸움에서 이기게 하셨습니다.

야곱이 하나님의 사자와 씨름했듯, 우리의 힘든 문제도 하나님이 걸어오신 씨름이라고 할 수 있습니다. 하나님이 변장하고 사건으로 찾아오신 겁니다. 거기서 우리가 어떻게 이길 수 있겠습니까? 제가 때마다 시마다 이길 수 있었던 것은, 하나님께서 새 이름, 새 가치관을 주셨기 때문입니다. 십자가의 축복을 허락하셨기 때문입니다. 그래서 하루아침에 남편이 세상을 떠나는 저주 같은 사건에서 저도, 남편도 이스라엘이 될 수 있었습니다. 남편은 천국으로 데려가셨고, 저는 이 땅에 남겨져 조금씩 천국을 알아 가게 하십니다.

• "네 이름이 무엇이냐?" 물으시는 하나님 앞에 "야곱이니이다" 하고 내 죄를 고백합니까? 무덤까지 가지고 갈 얘기로 여기면서 아무에게도 말하지 못한 죄가 있습니까?
• 주님이 주신 새 이름, 새 가치관으로 살아갑니까? 부끄럽던 것이 부끄럽지 않게 되고, 부끄럽지 않다가 부끄러워진 일은 무엇입니까?

생명이 보존되는 축복을 주십니다

야곱이 청하여 이르되 당신의 이름을 알려주소서 그 사람이 이르되 어찌하여 내 이름을 묻느냐 하고 거기서 야곱에게 축복한지라
_창 32:29

우리는 하나님의 경륜을 쉬이 깨닫지 못합니다. 하나님의 존재

와 속성은 물어본다고 알게 되는 것이 아닙니다. 내가 경험하면서 조금씩, 조금씩 알게 되는 것이죠. 혹여 하나님에 대해 단번에 알려 주신대도 우리는 감당하지 못할 것입니다. 그분의 거룩함과 위대함에 비할 수 없는 나 자신에게 절망하여 더는 살아갈 수 없을 것입니다.

그런데 하나님께서 '네 이름을 이스라엘이라 부르겠다' 하시자, 야곱이 기세당당하게 하나님의 이름을 물어봅니다.

우리가 그래요. 처음 하나님을 만나면 내가 하나님에 대해 다 안다고 착각합니다. 베드로도 "내가 주와 함께 죽을지언정 주를 부인하지 않겠나이다"(마 26:35) 하고 장담하지 않았습니까. 하지만 그는 닭 울기 전에 세 번 예수님을 부인했습니다.

처음부터 다 아는 것 같지만 그렇지 않습니다. 아기가 엄마 배 속이 전부인 줄 알다가 나와 보니까 더 넓은 방이 있습니다. 더 자라서 나가 보니 거실이, 마당이 있고 동네가 있습니다. 서울, 대한민국, 미국, 태평양, 지구, 우주…… 자랄수록 더 큰 세상이 있다는 걸 알게 됩니다. 그러니 맨 처음 알았던 지식이 얼마나 우습습니까? 또 처음부터 모든 걸 안대도 우리는 감당하지 못할 것입니다.

나사의 과학자들은 평생에 별만 연구하는데도, 연구하면 할수록 헤아릴 수 없는 별이 있는 걸 알고 놀란답니다. 그 헤아릴 수 없는 세계에 감탄하며 그리스도인이 되지 않으려야 않을 수 없다는 겁니다. 저 역시 날마다 하나님을 알기에 힘쓰는데도 여전히 하나님에 대해 다 알지 못합니다.

그런데 지금 야곱이 '내가 하나님의 이름을 알아내리라' 하는 겁니다. 야곱은 정말 되었다 함이 없습니다. 이스라엘이라는 새 이름을 받았지만 아직 멀었습니다.

> 그러므로 야곱이 그 곳 이름을 브니엘이라 하였으니 그가 이르기를 내가 하나님과 대면하여 보았으나 내 생명이 보전되었다 함이더라_창 32:30

야곱이 상대가 누군지도 모르고 씨름을 했다가 이제야 그분이 하나님이신 줄 깨닫고 자기 생명이 보전되었다는 사실에 감격합니다. 당시 히브리인들은 하나님을 대면하는 자는 반드시 죽는다고 믿었습니다(출 33:20). 그런데 자신은 죽지 않고 살았으니 '이것이 웬 은혜인가' 전율하는 겁니다.

왜, 내 생명 보전마저 위태로울 만큼 힘든 사람이 있지 않습니까? 지위가 높거나, 돈이 많거나 심지어 너무 예쁜 사람과 살아도 숨이 막히는 게 좀 있잖아요. 너무 거룩한 사람과 살아도 그렇습니다. 큐티도 기도도 잘하고 술, 담배는 쳐다보지도 않는 사람이 내 옆에 있다고 생각해 보세요. 덩달아 나도 옷깃을 여며야 하니까 숨이 잘 안 쉬어집니다.

그래서 저는 우리 아들딸이 하나님의 은혜로 시집, 장가간 것 같아서 얼마나 감사한지 모릅니다. '목사님 댁 며느리, 사위 되면 날마다 큐티하라, 죄 고백하라, 기도해 보라 하시는 것 아니야?' 하고 다들 으레 겁나나 봅니다. 우리 아들딸에게는 중매가 정말 안 들어왔습니다.

말로는 "목사님 좋아요" 하면서 사윗감, 며느릿감 소개해 주겠다고 나서는 이가 한 명도 없었습니다. 가까이하기엔 먼 당신입니다. 이제는 다 시집 장가갔으니까 하는 말인데 정말 그러시는 게 아니에요.

또 저를 보면 숨이 안 쉬어진다는 분도 계십니다. 어디를 가도 큐티하라고 할까 봐……. 이렇게 우리가 다 악하고 음란해서 나와 다르게 구별되고 거룩해 보이는 사람은 딱 싫어합니다.

생각해 보세요. 야곱이 얼마나 놀랐겠습니까? 누군지도 모르고 별짓 다 쓰며 씨름했는데 아침에 일어나 보니 하나님의 사자와 싸운 겁니다. 레프트 훅, 라이트 훅 들입다 치고받았는데 알고 보니 상대가 대통령입니다. 당장에 엎드려 '나를 죽여 줍쇼' 해야 할 상황 아닙니까? 그런데 야곱을 죽이지 않으시고 생명을 보전시켜 주신 겁니다.

우리 기독교 역사에도 비슷한 이야기가 있습니다. 일제강점기, 고종의 시의(侍醫)인 에비슨 선교사가 장티푸스에 걸려 사경을 헤매던 백정 박성춘을 치료해 살려 냅니다. 당시로는 이 일은 경천동지할 사건이었습니다. 그 시절 백정은 노비보다도 못한 존재로 짐승 취급을 당했습니다. 그러니 임금의 몸을 만지던 손으로 백정을 만졌다는 사실만으로도 사형감입니다. 오직 하나님의 은혜로 에비슨 선교사가 막강한 권위를 얻어 인권 운동을 펼치고 백정 박성춘의 생명을 살릴 수 있었습니다.

이 일로 박성춘은 육이 살아났을 뿐만 아니라 영적 생명도 보전됐습니다. 세상 무엇보다 귀한 구원을 얻었기 때문입니다. 이후로 그는 삶의 목적이 달라졌습니다. 자신과 같은 백정들을 전도하며 그들의 권리 신장에 힘쓰는 인권 운동가로 탈바꿈했습니다. 무엇보다 주의 일에 온몸을 바쳐 우리나라 최초 장로로 자리매김됐습니다.

하나님을 대면하기까지 야곱이 어땠습니까? 야곱은 그야말로 이해타산적·성공 지향적 인간의 전형이라 할 만합니다. 보통의 삶을 견디지 못하고 늘 이기고자 합니다. 일인자가 아니면 만족하지 못합니다. 형의 장자권을 빼앗고 혼자 축복받으려고 하지 않았습니까. 남의 발꿈치를 잡고서라도 경쟁사회에서 살아남으려 애쓰던 사람이 바로 야곱입니다.

달라스 윌라드(Dallas Willard)의 『하나님의 모략』이란 책에 나오는 이야기입니다.

예수님은 대수롭지 않은 나라에서 사회적으로 하찮은 사람들의 무리에 끼어 30년을 사셨다. 나사렛이라는 중동 한 작은 마을의 목수 집에서 자라나셨고, 아버지 요셉이 죽은 후에는 가장이 되어서 어머니를 도와 남은 가족을 부양하셨다. 즉, 보통 일꾼, '블루칼라(blue-collar)' 노동자셨다.

만일 오늘날 예수님이 오셨다면 어떤 직업을 통해 사명을 감당하셨을까? 전자제품 대리점 점원이나 경리, 컴퓨터 수리공, 은행원, 출판사 편집인, 의사, 웨이터, 교사, 농장 일꾼, 실험 연구원, 건설 노동자, 청소부, 자동차 수리공 등등…… 무엇이든 되실 수 있다. 즉, 우리가 하는 보통의 일들을 얼마든지 하실 수 있다는 말이다.

'보통의' 것에 고이 간직돼 온 비밀은, 그것이 하나님을 담는 그릇, 곧 하나님의 생명이 흘러나오는 처소가 된다는 것이다. 창조주와 분리시켜 생각할 때 '보통의' 것은 너무 일반적이고 평범해서 중요성이나 가치가 없다. '보통'이라는 말은 곧 '똑같은 것이 많이 있다'는 뜻에 지나지 않는다. 인간이란 이런 보통의 상태를 존재의 밑바닥에서부터 항거한다. 단순히 '저 많은 것 가운데 하나'가 되는 것은 우리에게 죽음과 같은 고통이다. 실제로 그것을 못 견뎌서 죽는 사람도 있다. 그것이 하나님이 의도하신 바가 아닌데도 말이다. 그래서 어린아이에서부터 노인에 이르기까지 어떻게든 특별한 존재가 되기를 바란다. 독특한 흔적을 남기거나 그마저 안될 때는 한동안이라도 타인의 생각 속에 남고 싶어 한다.

그런데 여기서 짚고 넘어가야 할 점이 있다. 갓난아이 때부터 절실하게 필요로 하기 시작해서 점차 엄청난 관심 욕구로 커지는 이런 중요성(Significance)에의 갈망은 자기중심적(egoism)인 것이 아니라는 사실이다. 자기중심성이란 '내가 정말 중요한 존재인가' 하는 불안에서 비롯되는 병적인 자기 집착을 말한다. 이런 사람은 늘 자기 시선으로 보고 자신이 중심인물이어야 한다. 일종의 심한 자의식으로, 사실 이것은 자신이 무엇과도 바꿀 수 없는 더없이 소중한 존재여야 한다는 필요가 좌절된 데서 오는 절박한 반응이라 할 수 있다.

그러나 중요성에의 갈망은 우리를 존재하게 하신 하나님의 창조 섭리의 단순한 연장선이다. 이것은 자기중심적 자의식과 상관이 없다. 물이 위에서 아래로 흐르도록 지음받았듯, 우리는 거룩한 존재가 되도록 지음받았다. 가난하든지 부요하든지, 잘났든지 못났든지 다 중요한 존재다. 다만, 자기만의 방식으로 중요한 존재가 되도록 하나님께서 우리 각자를 특별한 환경에 처하게 하신 것이다.

중요성에의 갈망은, '내가 누구이며 왜 여기에 있는가'에 대한 하나의 신호이자, 예수께 대한 인류의 영속적인 반응의 기초이기도 하다.

요즘 자기중심병(病)이 인류를 휩쓸고 있다고 해도 과언이 아닙니다. 모두가 보통에 속하는 걸 견디지 못합니다.

그러나 성도는 자기중심적으로 사는 자가 아니라 '내가 얼마나 중요한 존재인가'를 늘 인식하며 사는 사람입니다. 나는 중요한 존재이기에 함부로 살아서는 안 됩니다. 행여 돌이킬 수 없는 죄를 지었더라도 죽지 말고 돌이켜 살아야 합니다.

그런데 자꾸 나의 옳고 그름으로 판단하니까 이 땅에 자살과 이혼이 판칩니다. 이야말로 에고이즘, 자기중심주의의 극치 아니겠습니까? 하나님 앞에 모두가 중요한 존재라는 걸 잊지 마십시오. 하나님은 언제나 개개인을 진지하게 대해 주시고, 우리에게 지극한 관심을 기울이시며, 우리 욕구를 채워 줄 수 있는 자원을 지니고 계십니다. 그러니 형편없어도 하나님께 나아오기만 하면 쓰임받는 인생이 됩니다.

그 실례가 바로 저 아니겠습니까? 스스로 형편없다고 생각했던 제가 하나님의 은혜로 새 이름을 얻고 자신과의 싸움에서 이기게 되었습니다. 그때부터 줄 것만 있는 인생으로 탈바꿈되었습니다. 나는 가진 것 없어도 하나님께서 무궁무진하시기에 길어 내고 또 길어 내도 줄 것이 있게 하십니다. 설교하고 또 설교해도 여러분에게 드릴 것이 날마다 생겨납니다. 자신밖에 몰랐던 제가 사람에게 관심이 생겨서 날마다 해 줄 이야기가 샘솟습니다. 하나님의 그 깊이를 알 수가 없습니다. 저만이 아니라 여러분도 줄 것만 있는, 하나님의 속성이 덧입혀진 중요한 존재인 줄 믿습니다.

야곱이야말로 자기중심성의 극치인 인간 아니었습니까? 그런 야곱이 나 같은 것을 중요하게 여겨 주시는 하나님의 사랑을 깨달았습니다. '하나님은 나 같은 사람도 중요하게 생각해 주시는구나. 나는 하나님이 택하신 족속이요, 왕 같은 제사장이요, 거룩한 나라, 그의 소유가 된 백성이구나!' 나의 환도뼈, 내가 최고로 여기는 능력이 부서지고 나서야 깨닫게 됐습니다.

우리도 그래요. 환경이 어떠하든지 나는 하나님께 택함을 받은 중요한 존재입니다. 그런데 내 힘으로는 이 사실을 깨닫지 못합니다. 하나님이 역사하셔야 합니다.

- 하나님에 대해 다 안다고 착각하지는 않습니까? 자신에 대해 조금씩 조금씩 알려 주시는 하나님을 날마다 경험하고 있습니까?
- 하나님의 은혜로 생명이 보전된 경험이 있습니까?
- 나는 하나님 앞에 중요한 존재라는 걸 압니까? 내가 어떤 존재인지 몰라서 함부로 살지는 않습니까? 또는 '나는 특별하다' 외치면서 매사 자기중심적으로 생각하고 결정하지는 않습니까?

해가 돋는 축복을 주십니다

> 그가 브니엘을 지날 때에 해가 돋았고 그의 허벅다리로 말미암아 절었더라_창 32:31

나의 부러진 환도뼈까지도 하나님은 거룩하게 여겨 주시는 걸 야곱이 깨달았습니다. 그리고 절뚝거리며 브니엘을 지나는 그때, 그의 위로 해가 돋습니다. 이것은 시간적 개념을 넘어 야곱에게 새날이 시작되고 새로운 희망이 생겼다는 것을 뜻합니다. 모든 능력이 부서지고 무엇 하나 내게 남지 않았어도 마음속에 두려움이 물러나고 희망이 떠오릅니다.

이전에 야곱은 많은 돈을 가지고도 두려워했습니다. 형에게 어마어마한 예물을 보내 놓고 '심히 두렵고 답답'해서(창 32:7) 밤잠을 설치지 않았습니까? 그런데 이제는 다리를 절어도 담대히 나아가게 됐습니다. 예수 그리스도를 깊이 체험했기 때문입니다.

나아가 환도뼈가 어긋나 절뚝절뚝 걸을 수밖에 없는 현실이 평생 야곱을 겸손케 했을 것입니다. 죄는 용서받아도 죄의 흔적은 영원히 남습니다. 흔적이 남을 걸 미리 생각하고 처음부터 죄짓지 않으면 좋겠지만, 우리가 그럴 수 없잖아요. 날마다 내게 남겨진 죄의 흔적을 마주하면서 겸손하게 살아가는 것밖에는 길이 없습니다.

우리들교회 새가족부를 담당하시는 한 장로님은 매주 새신자 앞에서 자신의 죄를 고백하십니다.

"저는 네 번 바람피웠고 마지막 외도에서는 아들을 낳았습니다."

일명 '바람' 장로님으로 통하는 이분은 외도를 끊지 못하다가 급기야 혼외자까지 낳았습니다. 아내 집사님과의 사이에서는 딸만 있으니, 혼외자라도 이 집에 하나밖에 없는 아들입니다. 그런데 이분이 "하나님의 방법대로 끊어라, 조강지처를 버려서는 안 된다"는 말씀에 순종해서 연상인 부인에게로 돌아왔습니다. 젊고 아들까지 낳아 준 여자를 하루아침에 끊은 것입니다. 힘든 결정이었지만, 하나님과 관계가 바르게 되었기에 이분이 돌아오실 수 있었습니다. 그저 조강지처가 불쌍해서 돌아왔다면 오래 가지 못했을 겁니다.

하지만 죄를 끊었어도 아들이 남았습니다. 아들이 죄의 흔적으로 남아서 이분을 평생 겸손케 합니다. 만일 흔적이 남지 않았다면 아마 간증도 하지 않으실 테죠. 두고 온 아들을 생각하면 더는 죄를 지을 수가 없는 겁니다. 그래서 죄의 흔적이 남는 것이 한편으론 축복입니다.

저는 하나님이 그 아들을 잘 키워 주시리라고 믿습니다. 장로님도 주님께 아들을 맡겨 드리며 날마다 간증하시는 것입니다. 그 마음을 잘 알기에 장로님만큼 저도 안타깝게 기도합니다. 하나님의 방법대로 끊었으니 하나님께서 반드시 그 아들을 지켜 주실 것입니다.

그러니 여러분, 어떤 환경이라도 생명은 낳아야 합니다. 외도로 생긴 아이라도 내 죄의 흔적이라는 걸 인정하고 낳으면 주님이 도우시고 책임져 주십니다. 그런데 흔적을 남기지 않겠다고 마음대로 낙태하는 이들이 얼마나 많은지 모릅니다.

야곱은 벧엘에서 이미 하나님을 만났지만 그때는 "나를 지키시고, 먹을 떡과 입을 옷을 주시고, 내가 평안히 돌아가게 하시면 십일조를 하겠다"는 서원기도밖에 하지 못하는 어린아이 같은 신앙이었습니다. 그리고 20년이 흘러 얍복 나루에서 하나님을 깊이 체험합니다. 이처럼 사람은 굽이굽이 바뀝니다. 이스라엘이 되었다고 다 이룬 것이 아닙니다.

> 그 사람이 야곱의 허벅지 관절에 있는 둔부의 힘줄을 쳤으므로 이스라엘 사람들이 지금까지 허벅지 관절에 있는 둔부의 힘줄을 먹지 아니하더라_창 32:32

새로운 이름을 받은 야곱과 그 후손들까지 허벅지 관절에 있는 둔부의 힘줄(환도뼈 힘줄)을 먹지 않은 것은 '이제는 세상 방법을 의지하지 않겠다'는 의미였습니다. '환도뼈, 곧 세상 능력을 쳐다보지도 않겠다'는 일종의 상징적인 표현입니다. 내가 환도뼈가 어긋나서 주님을 만났으니 그 힘줄을 먹을 수가 없는 것이죠.

더 쉽게 말하면, 바람피우다가 주님 만나서 새 삶을 살게 된 사람이 다시 바람을 피우면 되겠습니까? 도박해서 쫄딱 망했다가 주님 만나서 겨우 끊어졌는데 다시 도박하면 되겠습니까? 환도뼈의 'ㅎ'자도 멀리 봐야 합니다. 그런데 개가 그 토한 것을 도로 먹는 것같이(잠 26:11) 우리가 자꾸 돌아갑니다.

미국에서 복음적인 목회자로 손꼽히는 존 파이퍼(John Piper) 목사님은 자신의 네 자녀가 세상 성공에 매여 인생을 낭비하지 않기를 매일 기도한다고 합니다. 자녀들이 세상에 귀를 기울이지 않는 것이 자신의 가장 큰 소망이라고 말했습니다. 아무리 대단한 목사님의 자녀라도 그렇죠. 하루아침에 세상 욕심이 버려집니까? 그러니 그것이 소망이고 기도 제목이 될 수밖에 없습니다. 내 자녀라도 마음대로 안 되는 겁니다.

다시 31절을 보겠습니다.

그가 브니엘을 지날 때에 해가 돋았고 그의 허벅다리로 말미암아 절었더라_창 32:31

살고자 하는 자는 죽고 죽고자 하는 자는 살리라고 했습니다. 해가 떠오르는 브니엘 길을 절뚝절뚝 걸으며 야곱은 무슨 생각을 했을까요? 살고자 했을까요, 죽고자 했을까요? 아마도 이랬을 것 같습니다.

"하나님, 제가 불구자가 돼서 속 시원하십니까? 내 돈 다 빼앗아 가셔서 후련하십니까? 내 아내, 내 자식들 다 데려가시니까 기분이 '떵호와'입니까? 저를 아주 와장창 깨뜨려 버리셨으니 참 좋으시겠습니다……."

그러다 이내 고백합니다.

"그러나 주님, 참 잘하셨습니다. 만일 저를 치지 않으셨다면 야곱으로 살면서 남의 발꿈치를 잡으려 발버둥 치다가 인생이 끝났을 거예요. 그러니 제게 행하신 모든 일 중에 제 환도뼈를 치신 일이 제일 잘하신 일입니다. 하나님, 너무너무 잘하셨어요……."

물론 이런 기록은 없지만, 성경 한 절 한 절 깊이 묵상하면서 행간을 읽어 보는 것이죠. 이것이 큐티입니다. 내가 그 입장이 돼 보면 스토리가 그려지잖아요. 정말 야곱이 그랬을 것 같습니다. "하나님, 좋으십니까? 후련하십니까!" 구시렁거리다가 이내 하나님의 마음을 깨닫고 기쁨의 눈물 흘리며 걸어갔을 것 같아요.

바울 사도는 "내게는 우리 주 예수 그리스도의 십자가 외에 결코 자랑할 것이 없다"고 했습니다(갈 6:14). 여기서 '자랑하다'는 '기뻐하다'로도 번역할 수 있습니다. 야곱도 그렇습니다. 세상 자랑과 기쁨, 세상을 향하던 열정과 목표는 시들고, 주님의 십자가만 자랑하고 기뻐하게 됐습니다. 살아 보니 별 인생이 없는 걸 알게 됐습니다.

우리도 같아요. 부도덕하고 음란하게 살았어도, 교활하기 짝이 없어도, 거짓말쟁이에다 사기꾼일지라도 반드시 해가 돋습니다. 회개만 하면 칠흑의 밤 같은 인생에도 희망의 해가 떠오릅니다. 그런데 자꾸 내 생각의 커튼을 치고 어둡게 있으니까, 해를 보지 못하고 생색나고 원망이 드는 겁니다. 도무지 은혜를 누리지 못합니다.

이전까지 야곱은 내 힘, 내 용모, 내 돈으로 남을 비추려 했습니다. 그러나 해가 돋자, 이제 '나'는 사라지고 하나님의 빛을 받아 비추는 인생이 됐습니다. 나는 아무것도 할 수 없습니다. 반사체처럼, 우리는 하나님께 빛을 받아 그 빛을 비추는 인생이 돼야 합니다. 그럴 때 참기쁨이 생깁니다.

그런데 세상에서 뭘 그리 누리고 싶습니까? 누려 봤자 돈, 쾌락밖에 더 있습니까. 그 남자, 그 여자와 진한 사랑 한번 해 보고 싶다고요? 정신과 의사이자 사상가였던 스캇 펙(M. Scott Peck) 박사는 "낭만적인 사랑이라는 신화는 거짓"이라고 했습니다. 인간의 사랑은 아무것도 아니라는 겁니다.

커튼을 열면 해가 비춥니다. 그 빛을 받기만 하면 됩니다. 햇빛을 누리는 데 어떠한 자격이나 공로가 필요한 게 아니잖아요. 생명과 절대적으로 직결되는 해와 비, 공기는 다 공짜 아닙니까? 우리는 먹을 것, 입을 것 가끔 사 주고 생색내는데, 주님은 진짜 중요한 것들을 다 공짜로 주셨습니다. 은혜도 값없이 주십니다.

그러니 이제는 절망의 땅에서 벗어나십시오.

"내일은 내일의 태양이 뜬다!"

영화 〈바람과 함께 사라지다〉의 이 마지막 대사처럼 오늘도, 내일도 해는 떠오릅니다.

우리들교회 목장 보고서에서 읽은 나눔입니다.

억대의 빚을 지신 한 집사님이 계십니다. 빚이 많다 보니 사소한 지출도 이분에게는 부담이었습니다. 그중에서도 자녀 양육비가 가장 큰 걱정거리였습니다. 마흔한 살에 늦둥이 아들을 얻었는데, 아이 양육비만 생각하면 답답해졌습니다. 이 수렁에서 주님이 빨리 건져 주시기만 늘 바랐죠.

그러다 이분이 교회에서 양육을 받고 목자로 섬기면서 차츰 세상 물질관을 내려놓게 됐습니다. 그렇게 세상 미혹이 끊어지고부터는 일과를 마친 뒤 교회로 퇴근을 하셨습니다. 꼭 사찰 집사님처럼, 일주일에 서너번을 교회에 오셔서 허드렛일을 도맡아 하셨습니다. 그런데 얼마 전 이분이 모든 빚을 탕감받았다는 겁니다.

또 다른 집사님의 나눔입니다. 하루는 이분이 화물차에 공병 더미를 싣고 달리고 있었습니다. 그런데 신호가 바뀌어 출발하려는 순간, 공병들이 도로로 와르르 쏟아져 내렸습니다. 뒤따른 차들이 큰 사고를 당하지는 않았을까, 집사님은 아찔해졌죠. 그러나 다행히도 바로 뒤에 버스가 대기하고 있었고, 그 버스가 펜스 역할을 해 준 덕분에 손상된 차량도, 다친 사람도 없었습니다.

그뿐만이 아닙니다. 사고는 면했지만, 이런 경우 도로교통법상 5년 이하 징역이나 2천만 원 이하 벌금형에 처한다고 합니다. 그런데 놀랍게도, 사고 처리를 위해 출동한 경찰들이 오히려 이 집사님을 격려하면서 가장 저렴한 4만 원의 범칙금만 부과했답니다. 2천만 원에서 4만 원으로 감해진 겁니다. 집사님은 이 일을 나누며, 자신이야말로 어긋난 환도뼈의 은혜를 경험한 주인공이라고 고백했습니다.

이런 기적이 우리 가운데 날마다 일어납니다. 세상이 보기엔 절뚝거리는 인생이지만 그래서 주님만 붙들며 나아가니까 새 이름을 주시고 빚도 탕감해 주십니다. 어두컴컴한 인생에 해가 떠오릅니다.

환도뼈가 어긋난 처량한 인생이라도 "나는 야곱"이라고, "나는 속이는 자, 사기꾼"이라고 내 죄를 깨닫고 고백하며 나아가면 하나님께서 새 이름, 새 가치관을 주십니다. '하나님과 겨루어 이긴 자'라고 여겨 주십니다.

하나님이 누구신지도 모르고 우리가 얼마나 하나님과 씨름합니까? 대단하신 하나님을 대면하면서 원망과 불평, 생색을 쏟아 내기에 바쁩니다. 그런데도 지금까지 우리 생명을 보전해 주시니, 이 얼마나 큰 은혜입니까! 나 같은 죄인을 살리시는 주님의 이 헤아릴 수 없는 은혜 앞으로 나아오십시오. 그럴 때 절망의 땅에서 해가 솟아오릅니다. 어떠한 자격도 공로도 필요 없습니다. 모두에게 똑같이 해는 떠오릅니다. 그러니 포기하지 마십시오.

• 절망의 땅에서 주님의 은혜를 깨닫고 희망의 해가 돋은 경험이 있습니까?
• 나의 모든 걸 부서뜨리고 무너뜨리셨어도 "주님, 정말 잘하셨습니다"고 백하게 된 일이 있습니까?

성도는 자기중심적으로 사는 자가 아니라
'내가 얼마나 중요한 존재인가'를
늘 인식하며 사는 사람입니다.
나는 중요한 존재이기에
함부로 살아서는 안 됩니다.
행여 돌이킬 수 없는 죄를 지었더라도
죽지 말고 돌이켜 살아야 합니다.

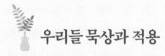

우리들 묵상과 적용

전도사인 어머니는 늘 바쁘셨기에 저는 어려서부터 집안일을 도맡아 했습니다. 학교에서도 교회에서도 모범생이던 저는 장학금을 받으며 대학에 다녔고, 회사에서도 승승장구했습니다. 그러다 일확천금을 꿈꾸며 한 외국계 보험회사에 들어가게 되었습니다. 당시 저는 계약을 위해서라면 수단 방법을 가리지 않았고, 술과 성 접대 등의 로비도 서슴지 않았습니다. 심지어 일을 핑계로 16개의 동호회에서 활동하기도 했습니다. 그런데 제 딴에는 가족을 위해 바쁘게 지내는 것인데도 아내가 도와주지는 못할망정 헤어지자고 하니 정말 이해가 안 되었습니다. 저는 10년만 이렇게 고생하고, 가족에게는 그 후에 잘해 주면 된다고 생각했습니다. 그러면서 하루는 강남의 술집에서 접대하느라, 하루는 카레이싱을 즐기느라 외박하기 일쑤였습니다.

그러던 중 고객 한 분이 트집을 잡아 금감원에 저를 신고하는 일이 있었습니다. 제 잘못이 아닌 것이 입증되기는 했지만, 결국 저는 여러 사정으로 회사를 나오게 되었습니다. 졸지에 수입이 없어지니 카드 빚이 연체되고, 나중에는 사채까지 빌리게 되었습니다. 현금서비스와 카드 돌려막기로 겨우 버텨 보았지만, 한 달이면 800만 원씩 돌아오는 상환 빚에 자포자기하게 되었습니다. 막막한 상황에 스스로 목숨을 끊으려고 바다에 들어갔다가 그저 바닷물이 무척 차고 짜다는 것만 느끼고 돌아왔습니다.

이후 저는 아내를 따라 목장예배에 참석하게 되었습니다. 자기 죄를 자복하는 목장 지체들을 보며 점점 마음이 열리기 시작했고, 양육을 받으며 제가 바로 야곱과 같이 돈 좋아하고 여자 좋아하는 죄인임을 시인하게 되었습니다(창 32:27). 이 모든 것이 내 죄 때문이고, 내가 바로 이중인격자이고, 위선자이고, 가족을 버린 자라고 고백하며 회개하였습니다.

깊은 어둠 속에 거하던 추악한 죄인이라도 회개하기만 하면 하나님이 그를 위해 희망의 해를 돋게 하신다는 말씀처럼, 하나님은 회개한 제게도 헤아릴 수 없는 은혜를 베푸셨습니다(창 32:31). 저를 피하기만 하던 자녀들이 스스럼없이 제게 다가와 장난을 치고, 이혼하자던 아내가 새벽부터 정성스럽게 제 도시락을 싸 주게 된 것입니다. 또 제 예상보다 10배 이상 많은 퇴직금이 나와서 빚도 갚았습니다. 앞으로도 야곱의 하나님이 나의 하나님이 되셔서 제 인생을 이끌어 가실 것을 믿습니다. 내 의와 공로로 천국에 갈 수 있다는 교만에서 벗어나, 그리스도의 십자가만이 제 인생의 목표요, 자랑이요, 기쁨이 되게 하신 하나님, 감사합니다.

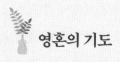

영혼의 기도

하나님 아버지, 돋는 해를 바라보며 절뚝거리는 다리를 이끌고 눈물을 흘리면서 걸어가는 야곱의 모습을 떠올려 봅니다.

"하나님, 제가 불구자가 돼서 기쁘십니까? 나의 모든 것, 내 돈 다 뺏어 가셔서 후련하십니까? 시원하십니까? 내 자식과 아내들을 다 데려가셔서 좋으시겠습니다. 저를 수치와 조롱 가운데 두시고 하나님의 일을 했다며 기뻐하십니까? 그러나 주님, 잘하셨습니다. 하나님이 하신 일 중에 제일 잘하셨습니다. 주님, 정말 잘하셨습니다. 그러지 않으셨다면 제가 어떻게 기쁘고 행복한 걸음을 걸을 수 있겠습니까. 어떻게 예배가 인생의 중심이 될 수 있었겠습니까.

하나님이 누구신지도 모르고 씨름했던 저를 은혜로 살려 주셔서 감사합니다. 주님을 대면하고도 생존하는 축복을 주셔서 감사합니다. 이제 아무리 힘들어도 나의 환도뼈를 의지하며 살지 않겠습니다. 다시는 자기 생각으로 하나님과 겨루지 않겠습니다. 다시는 예전으로 돌아가지 않겠습니다. 주여, 나를 지켜 주옵소서. 감사합니다."

주님, 야곱이 이렇게 기도했을 것 같습니다. 우리 역시 환도뼈가 어긋나 아무것도 할 수 없는 인생이라도, 야곱의 이 고백이 우리의 고

백 되게 하옵소서. 비록 모든 것을 잃었어도 나 같은 죄인을 살리는 주 은혜를 생각하며 기쁨으로 걸어간 야곱처럼, 절망의 땅에 있는 우리 인생에도 주님을 바라봄으로 희망의 해가 떠오르게 하옵소서. 은혜를 허락해 주옵소서. 예수님 이름으로 기도하옵나이다. 아멘.

08

축복하지 아니하면

창세기 32장 26절; 호세아 12장 1~14절

하나님 아버지, 하나님께서 축복하지 않으시면
우리는 살 수 없습니다.
주님 뜻대로 기도해야 하는데 내 뜻이 앞섭니다.
우리가 하나님의 높고 깊은 뜻을 몰라서 허투루 기도하지 않도록
하나님 뜻대로 기도하도록 가르쳐 주옵소서.
말씀하여 주옵소서. 듣겠습니다.

지난 장에서 "그 사람이 야곱의 허벅지 관절에 있는 둔부의 힘줄을 쳤으므로 이스라엘 사람들이 지금까지 허벅지 관절에 있는 둔부의 힘줄을 먹지 아니하더라"(창 32:32) 하고 끝났습니다. 그런데 이 말씀을 강단에서 설교한 뒤 우리들교회 한 목장 보고서에서 이런 나눔을 읽었습니다.

> 말씀을 들으며 '나도 야곱처럼 환도뼈 힘줄을 다시 먹지 않으리라'고 생각했다. 솔직히 원래 힘줄을 별로 좋아하지 않는다. 그런데 말씀을 들으며 스트레스를 많이 받았다. 88년도부터 주식을 시작해서 20여 년이 흘렀다. 수없이 실패하며 비싼 수업료를 치른 뒤, 내가 망한 이유와 돈을 벌 길을 이제야 알았다. 그런데 더 이상 투자할 돈이 없다. 그렇다고 여기서 주저앉기엔 너무 아깝지 않은가. 포기하기 전까지 진 것이 아니다. 바닥부터 시작해서 다시 일어난 사람이 많다. 골프에서도 장갑을 벗기 전까지는 승패를 모른다고 한다. 나도 바닥부터 시작해서 다시 일어나겠다. 누가 뭐래도 이기고 그만두겠다. 하나님과 끝까지 씨름할 것이다. 야곱도 끝까지 씨름해서 축복받지 않았는가!

놀랍게도, 이 나눔의 주인공은 목자님이십니다. 비단 이분만 이런 생각을 하는 게 아니겠지요? 그래서 끝난 말씀을 다시 펼치게 됐습니다. 이 목자님 말대로 정말 야곱이 끝까지 하나님과 씨름하여 축복을 받아 낸 것일까요? 이 본문을 우리가 어떻게 적용해야 할지, 다시 한 번 묵상하며 살펴보겠습니다.

하나님께서 져 주신 기도입니다

그가 이르되 날이 새려하니 나로 가게 하라 야곱이 이르되 당신이 내게 축복하지 아니하면 가게 하지 아니하겠나이다_창 32:26

야곱은 축복이라면 사족을 못 쓰고 좋아합니다. 그래서 늘 틈을 엿보다가 팥죽을 미끼로 형에게 장자권을 사고, 변장까지 불사해서 아버지에게 축복을 받아 냈습니다. 지금도 하나님의 사자에게 '나를 축복해 달라'며 울며불며 간구합니다.

그런데 이번에는 경우가 다릅니다. 자기 능력으로 축복을 가로챈 이전 경우와는 달리 환도뼈가 어긋난 뒤에, 곧 자기 능력이 다 무너진 뒤에 축복을 구하고 있습니다. 이에 하나님도 야곱에게 이스라엘이라는 새 이름을 주시며 응답하시죠(창 32:28).

하지만 더 깊이 'Think' 해 보아야 합니다. 물론 야곱이 영적인 복도 구했겠지만, 천사의 발목을 붙잡고 늘어지기까지 끈질기게 축복을 바라는 그의 내면에는 여전히 무너지지 않은 부정적인 면이 존재했습니다. 그의 자손들도 그렇습니다. 야곱에게서 예수 그리스도의 직계 조상인 유다가 났지만, 남유다를 지독하게 괴롭힌 북이스라엘 자손들도 야곱의 소생입니다. 긍정적인 자손도 있지만, 부정적인 자손도 있습니다.

우리 속에도 이 두 가지가 공존합니다. 우리가 다 야곱 아니겠습니까? 야곱을 통해서 우리가 얼마나 연약한 존재인지를 보여 주시는 것입니다. 그런데 창세기를 지나, 호세아에 이르러 하나님께서는 본문의 사건을 다시금 언급하십니다. 호세아서 12장 말씀을 함께 보겠습니다.

> 1 에브라임은 바람을 먹으며 동풍을 따라가서 종일토록 거짓과 포학을 더하여 앗수르와 계약을 맺고 기름을 애굽에 보내도다 2 여호와께서 유다와 논쟁하시고 야곱을 그 행실대로 벌하시며 그의 행위대로 그에게 보응하시리라_호 12:1~2

호세아서는 기원전 722년 북이스라엘이 앗수르에 패망하기 약 30년 전에 기록된 책으로, 호세아 선지자를 통해 이스라엘에 임할 심판을 예고하시는 말씀입니다. 동시대에 남유다에는 심판을 '경고'하셨는데, 북이스라엘에는 심판을 '선포'하셨습니다. 당시 북이스라엘은 여로보암 2세의 통치 아래 부국강병을 이루며 최고 황금기를 맞았습니다. 너무 잘 먹고 잘살다 보니 성적으로 문란해졌고, 하나님은 패역의 끝을 달리는 백성을 심판하기로 작정하십니다.

12장은 백성의 이런 완악함을 지적하시는 말씀입니다. 그런데 하나님은 백성의 거짓됨을 야곱의 행실에 빗대서 말씀하십니다. 이스라엘의 수많은 조상 중에서도 특별히 '야곱의' 행실과 행위를 꼽으신 것입니다.

> 3 야곱은 모태에서 그의 형의 발뒤꿈치를 잡았고 또 힘으로는 하나님과 겨루되 4 천사와 겨루어 이기고 울며 그에게 간구하였으며 하나님은 벧엘에서 그를 만나셨고 거기에서 우리에게 말씀하셨나니
> _호 12:3~4

하나님은 야곱에 관해 두 가지를 벌받을 '행실'이라고 말씀하십니다. 첫 번째는 어려서 형의 발뒤꿈치를 잡은 일이고, 두 번째는 천사와 겨루어 이긴 일입니다.

앞에서 보았듯 400명을 거느리고 달려오는 에서가 무서워서 야곱은 가족과 재산을 몇 떼로 나눈 뒤 자신보다 앞서 보냈습니다. 그러고는 에서보다 더 큰 하나님과 밤새 씨름하죠. 아무것도 보이지 않는 밤이니까 아마 온갖 더러운 방법을 써 가며 싸웠을 겁니다. 참다못해 하나님의 사자가 그의 환도뼈를 치지 않았겠습니까? 내 힘으로 이겨 보겠다고 갖은 애를 썼지만 환도뼈 하나 치니까 야곱이 속수무책이 됐습니다. 그리고 그제야 천사에게 매달려 울며불며 회개하죠.

그런데 이것이 하나님 보시기에 칭찬할 만한 본보기가 아니라, '행위'요 '행실'이라는 겁니다.

2절에 '벌하시며', '보응하시겠다'는 것은 그만큼 야곱이 괘씸하시다는 뜻입니다. 사실 그래요. 나의 환도뼈, 내 모든 것이 무너졌는데 울지 않을 사람이 어디 있겠습니까? 울 수밖에 없는 상황입니다.

제가 평신도이던 시절, 저희 집에서 십여 개가 넘는 큐티 모임을 가졌습니다. 당시 수많은 사람이 참석해 문제를 해결받고 돌아갔습니다. 그러자 완악한 사람들도 우리 집에만 오면 울면서 자신의 문제를 털어놓았습니다. 그걸 보고 '우리 집이 성전인가' 하는 생각도 들었습니다. 지금은 재개발되어 흔적조차 찾아볼 수 없지만 추억이 참 많은 집입니다. 서두에서 이야기한 주식 집사님도 십몇 년 전 망하고 나서 저희 집에 와 울었습니다. 그러니까 제가 하고 싶은 말은, 우는 게 다가 아니라는 겁니다.

'야곱을 그 행실대로 벌하시리라'는 말씀대로 야곱은 노년에 이르기까지 험악한 삶을 살았고 그의 후손 또한 벌을 받았습니다. 그러면 왜 울며불며 하나님께 매달린 야곱의 행위가 벌을 받을 행실일까요?

야곱은 날 때부터 형의 발꿈치를 잡은 영악한 인간입니다. 뭐든지 자기 생각대로 합니다. 환도뼈가 어긋나서도 하나님의 발목을 붙잡고 늘어지는데, 이런 그의 행실에 아주 인간적인 면이 담겨 있다는 것입니다.

생각해 보세요. 밤새도록 씨름하다가 환도뼈가 어긋났습니다. 그러면 하나님이 "이제 나 간다" 하실 때 "안녕히 가세요. 모든 게 저의 죄 때문입니다" 해야 맞지 않습니까? 그런데 "못 가십니다, 죽어도 못 보냅니다!" 야곱이 하도 버티니까 하나님이 기가 막혀서 "네 이름이 뭐냐?" 하고 물으신 것이잖아요. "나로 가게 하라"(창 32:26)는 말이 왜 나왔겠습니까? 성경에는 쓸데없는 구절이 한 줄도 없는데 말이죠.

물론 하나님께서 야곱과 함께하신 것은 맞습니다. 하지만 야곱이 예뻐서가 아니라 그가 택자이고 그에게 허락하신 것이 있기 때문입니다.

그런데 우리는 야곱의 이런 벌받을 행실과 행위를 보고 도리어 축복의 모델로 삼습니다. 야곱처럼 기도해야 복을 받는다면서 살림도 내팽개치고 들로 산으로 기도하러 갑니다. 심지어 응답 못 받으면 식음을 전폐하고 '배 째라' 하고 누워서 "응답을 주시옵소서! 주시옵소서!!" 끈질기게 매달립니다. 100일, 40일 작정기도 하면서 하루라도 모자라면 안 된다고 링거 투혼까지 벌이는 사람도 보았습니다.

이것이 잘못 구하는 행위와 행실이라는 겁니다. 후손에게 벌을 가져다주는 기도라는 것입니다. 하나님 자녀이기에, 내 자식이 죽겠다고 밥을 굶어 가며 난리 치니까 하는 수 없이 하나님이 져 주신 건데, 그걸 보고 응답의 모델이라면서 그대로 기도해서는 안 된다는 말입니다.

그런데 본문 말씀을 문자적으로 읽고 하나님과 겨뤄 이기겠다는 사람이 한둘이 아닙니다. 야곱이 하나님을 이긴 게 아닙니다. 하나님께서 야곱의 수준을 생각하시고 더 이상 요구할 수 없어서 참으신 것입니다. 그런데 놀랍게도, 천 년도 더 흘러 북이스라엘이 멸망하기 직전에 하나님께서 야곱의 행실을 기억하셨습니다. 야곱의 나쁜 행실이 후손들에게까지 내려왔다고 하십니다. 그것이 이스라엘이 망하는 이유라고 하십니다. 그러니 우리 부모들이 정말 잘 살아야 하지 않습니까? 나의 행실이 자녀들에게 그대로 내려간답니다.

• 어떤 일로 하나님께 끈질기게 매달리고 있습니까? 하나님께 응답받겠다고 산기도, 금식기도, 100일 작정기도도 불사하지는 않습니까?

후대까지 내려간 야곱의 행실은 무엇입니까?

그렇다면 야곱의 어떤 행실이 후손에게까지 영향을 미쳤을까요? 먼저, 야곱이 거짓 저울을 가지고 속였다고 말씀하십니다.

> 그는 상인이라 손에 거짓 저울을 가지고 속이기를 좋아하는도다
> _호 12:7

앞에서 이야기했지만 호세아서가 기록된 때는 여로보암 2세의 통치 아래서 북이스라엘이 최고의 황금기를 누리던 시기였습니다. 정치적·군사적으로 막강했을 뿐만 아니라 활발한 무역을 통해 많은 돈을 벌어들였죠. 그런데 하나님은 그런 북이스라엘 백성을 가리켜 '손에 거짓 저울을 가지고 속이는 상인'이라고 표현하십니다. 실제로 그들은 갖은 속임수를 써서 부당한 이익을 취하고, 그렇게 모은 불의한

재물로 각종 사치를 즐겼습니다.

그런데 이스라엘의 이런 기질이 야곱에게서 비롯되었다는 겁니다. 야곱은 늘 자기 방법이 앞섭니다. 거짓 저울을 가지고 속이는 데 능통합니다. 일례로, 자신이 터득한 우생학 지식을 이용해 아롱지고 점 있고 검은 가축을 무수히 얻어 냈죠(창 30:25~43). 그러고도 하나님께 축복받기를 간절히 기도했습니다.

> 에브라임이 말하기를 나는 실로 부자라 내가 재물을 얻었는데 내가 수고한 모든 것 중에서 죄라 할 만한 불의를 내게서 찾아 낼 자 없으리라 하거니와_호 12:8

매사 자기 힘으로 살면서 인간 승리 하는 아버지 야곱을 보고 자란 자손들은 자기 죄를 모릅니다. 그래서 잘 먹고 잘살게 되자 아버지와 함께하신 하나님을 떡 잊어 버리고 "나는 부자다. 죄라 할 만한 불의가 나에게 없다"고 외칩니다. 내게는 죄가 없다는 것입니다. 더 쉽게 말하면 '내가 사업 잘해서 잘살게 된 것이지 하나님이 무슨 상관이람' 하는 것이죠.

제 남편도 "나는 부지런하고 근면해서 죄지은 게 없다"고 말하곤 했습니다. 교회를 둘러봐도 부자들이 정말 죄를 못 봅니다. 죄 이야기만 나오면 싫어합니다. 자신은 죄지은 게 없답니다.

> 9 네가 애굽 땅에 있을 때부터 나는 네 하나님 여호와니라 내가 너로

다시 장막에 거주하게 하기를 명절날에 하던 것 같게 하리라 10 내가 여러 선지자에게 말하였고 이상을 많이 보였으며 선지자들을 통하여 비유를 베풀었노라_호 12:9~10

그럼에도 하나님은 끊임없이 선지자를 보내서 말씀을 전해 주셨습니다. 그러나 이스라엘은 그런 하나님을 배반하고 우상을 숭배했습니다.

길르앗은 불의한 것이냐 과연 그러하다 그들은 거짓되도다 길갈에서는 무리가 수송아지로 제사를 드리며 그 제단은 밭이랑에 쌓인 돌무더기 같도다_호 12:11

우상을 섬기며 수송아지로 제사를 드리고 가증한 제단을 쌓았습니다.

야곱이 아람의 들로 도망하였으며 이스라엘이 아내를 얻기 위하여 사람을 섬기며 아내를 얻기 위하여 양을 쳤고_호 12:12

야곱이 꼭 그랬습니다. 이삭은 야곱에게 "고향 땅 밧단아람으로 가서 네 외삼촌 딸 중에서 아내를 맞이하라" 당부했습니다(창 28:1~2). 이것은 반드시 믿음의 여인과 결혼하라는 의미였습니다. 아버지의 당부대로 야곱은 레아를 얻었습니다. 이때 돌아왔다면 야곱은 더 빨리 제사장 사명을 감당할 수 있었을 겁니다. 그러나 그는 라헬이 진정한 사랑이라고 떼쓰며 시간을 지체했습니다. 라헬을 얼마나 사랑했는지 스스로 자유자에서 노예가 되어 칠 년을 섬기고, 심지어 그 긴 세월을 며칠같이 여겼다고 합니다(창 29:20).

이런 야곱의 행위를 기억하신 하나님은 "야곱이 나를 사랑해서가 아니라 아내를 얻기 위하여 사람을 섬기며, 양을 쳤다"고 말씀하십니다. 그로 인해 야곱은 열두 자녀를 낳고 노년에 이르기까지 얼마나 험악한 인생을 살았는지 모릅니다. 사람이 죽도록 고생하는 것은, 이처럼 자기 집착과 기질을 버리지 못하기 때문입니다. 레아를 얻었을 때 '이것이 하나님의 뜻이구나' 깨달았다면 얼마나 좋았겠습니까? 그러나 끝까지 내가 원하는 걸 하겠다고 합니다. 야곱이 돌베개 베고 주님을 만났는데도 여자를 너무너무 좋아합니다. 그런 데다 부지런하고 재주도 많다 보니까 축복도 자기가 원하는 것으로 받아 내려 합니다. 여전히 기복에 젖어 있습니다.

> 여호와께서는 한 선지자로 이스라엘을 애굽에서 인도하여 내셨고
> 이스라엘이 한 선지자로 보호 받았거늘 _호 12:13

하나님은 망극하신 은혜로 야곱의 후손을 보호하셨습니다. 그뿐만 아니라 풍족히 살도록 허락하셨습니다.

에브라임이 격노하게 함이 극심하였으니 그의 주께서 그의 피로 그

의 위에 머물러 있게 하시며 그의 수치를 그에게 돌리시리라

_호 12:14

그런데도 자녀들이 격노하게 함이 극심하자 하나님은 "그의 피로 그의 위에 머물러 있게 하겠다" 선포하십니다. 왜 이스라엘이 망할 수밖에 없는지, 앗수르의 포로가 될 수밖에 없는지 지금 그 이유를 설명하고 계신 겁니다. 하지만 이것 역시 보호하심입니다. 이스라엘이 영원한 저주를 받지 않도록 잠깐 수치를 당하게 하시는 것이죠.

그러나 이 말씀을 듣고도 이스라엘은 끝내 돌이키지 않았습니다. 부자들은 정말 안 돌아옵니다. 오죽하면 예수님도 "낙타가 바늘귀로 들어가는 것이 부자가 하나님의 나라에 들어가는 것보다 쉬우니라"(마 19:24)고 말씀하셨겠습니까.

에브라임은 바람을 먹으며 동풍을 따라가서 종일토록 거짓과 포학을 더하여 앗수르와 계약을 맺고 기름을 애굽에 보내도다_호 12:1

다시 호세아서 12장 1절을 보겠습니다. 북이스라엘을 대표하는 '에브라임' 족속은 야곱의 후손입니다. 야곱의 실질적 장자인 요셉의 후손입니다. 이 에브라임에게 하나님은 숱한 기적을 베풀어 주셨습니다. 그러나 에브라임은 도리어 하나님을 배반했습니다. 그들은 여호와의 푸른 풀밭(시 23:2)에서 꿀을 먹는 대신에 바람을 먹었습니다. 여호와를 따르는 대신에 죽음의 동풍을 따라갔습니다.

여기서 바람은 애굽, 동풍은 앗수르를 상징합니다. 에브라임은 하나님의 자녀라면서 세상 세력인 앗수르와 애굽과 계약을 맺고, 그들을 따라 종일 거짓과 포학을 더했습니다. 그저 돈만 된다면 누구라도 상관없이 친구 먹고, 불신결혼도 서슴지 않고, 이단, 삼단이라도 따라갔습니다. 그렇게 바람을 먹고 동풍을 따라다니느라 하나님을 까맣게 잊고 마치 신줏단지처럼 선반 위에 모셔 둘 뿐이었습니다. 예수를 믿는다고는 하지만 온통 자기 생각으로 똘똘 뭉쳐 있었습니다. 이것이 몇십 대 모태신앙인들, 야곱 후손들의 현주소였습니다.

이들이 누굴 닮아서 그런 겁니까? 야곱의 행위를 닮아서 그렇습니다. 야곱은 하나님보다 라헬을 사랑했습니다. 라헬과 살겠다고 너무 쉽게 하나님의 제사장직을 포기했습니다. 라헬에게 집착하느라 그 땅에 간 목적을 홀랑 잊어버렸습니다. 요즘 여자 문제로 이혼하고 아내를 버리는 목회자가 많다고 합니다. 그러니 말세입니다. 초대 기독교 시대엔 상상조차 할 수 없던 일 아니겠습니까?

그런데 그 아버지에 그 아들이라고, 에브라임도 눈앞에 화려함을 좇아 앗수르와 계약을 맺고 애굽에 기름을 보냈답니다. 야곱이 세상을 좋아하니까 그 자손들도 세상을 좋아합니다. 그렇게 앗수르 좋아하다가 앗수르에 멸망하지 않았습니까. 일류 쫓아다니다가 일류에 망한 겁니다.

하나님은 이 모든 일이 야곱의 행실에서 비롯됐다고 보셨습니다. 하나님께 죽자 살자 매달리며 소나무 뿌리라도 뽑을 기세로 기도하던 야곱의 행위가 후손에게까지 내려간 것입니다. 그러므로 "문제

아는 없고 문제 부모만 있다"는 말은 정말 진리 중의 진리입니다.

고등학교 상담교사가 쓴 '부모에게 실망하는 진짜 이유'라는 주제의 교육 칼럼을 보았습니다. 칼럼에 의하면 자녀는 부모의 실상을 보게 됐을 때 큰 비애감에 휩싸인다고 합니다. "중학교 시절부터 부모님의 실체를 알게 되면서 굉장히 괴로웠다. 부모님의 불완전함을 몰랐던 어린 시절이 그립다." "부모님이 도덕적인 사람이라고 믿었는데, 자라면서 부모의 욕심과 이기주의를 직면하며 어처구니없이 믿음이 깨져 버렸다." 청소년들의 실제 고백입니다.

청소년기에는 이상주의적이고 관념적이며 논리를 따지는, 심리적 특징을 보인답니다. 그러므로 부모의 불완전하거나 현실 타협적인 모습은 특히 이 시기 자녀들에게 실망과 괴로움을 안겨 주기 쉽다는 것입니다.

비단 청소년만 그런 게 아닙니다. 초등학생들을 대상으로 조사한 결과, 부모가 교통법규를 위반하는 모습도 실망스럽지만 그보다 위반 사실이 경찰에게 적발됐을 때 벌금을 모면하려고 핑계를 일삼는 모습이 더 창피하게 느껴졌다고 진술했습니다. 부모로부터 정서적으로 독립되지 못한 어린 자녀들은 부모의 잘못을 자신의 잘못과 동일하게 여기기 때문에 더욱 곤혹스러워한다는 겁니다. 더 이상 부모를 존경할 수 없다고 말한 자녀도 있었습니다.

부모가 욕설을 하거나 남과 다투는 경우도 마찬가지입니다. 특히 운전을 할 때 자신도 모르게 욕설이 튀어나오곤 하는데, 그걸 보고 자녀들은 존경할 수 없는 부모라고 낙인을 찍는다는 겁니다. 또는 그 모습을 그대로 배우는 자녀도 많답니다.

남의 이야기가 아닙니다. 어느 주일, 마치 주차장처럼 꽉 막힌 고속도로 위에서 오도 가도 못하고 있는데 단속을 피해 버스전용도로로 달리는 차들을 보았습니다. 시간은 금이니까 저도 순간 유혹이 들었지만 참았죠. '하나님 때문에 법규를 지키겠습니다' 하며 참은 것이라면 좋았을 텐데, 사실 '누가 나를 알아보면 어쩌나' 해서 못 간 것입니다. 제 수준이 이것밖에 안 됩니다.

서울이 가까워지니 버스전용도로에 버스가 제법 있고 그 사이에 껴 있으면 안 들킬 거라 생각했는지 그리로 이동하는 차가 점점 많아졌습니다. 하지만 조금 더 가자 교통경찰이 딱 버티고 있어서 다 잡혔습니다. 그런데 그 광경을 보니 굉장히 고소한 겁니다. 이것이 인간의 마음인가 봅니다.

교통법규 살짝 위반한다고 당장 잡히는 것도 아니고 조금 더 빠르게 갈 수 있지 않습니까? 그 마음 모르는 바 아닙니다. 하지만 자녀들이 그런 모습까지 다 보고 부모를 존경할지 말지 결정한다고 하니 우리 부모들이 더욱 조심해야 할 것 같습니다.

그 밖에도 편견, 위선, 허위, 허세, 사치, 위법 등과 같은 부모의 인격적 결함을 발견했을 때 조금 더 큰 자녀들은 "표리부동하다, 가면을 썼다, 이중적이다"라며 부모를 신랄하게 비판했습니다. 심지어 '오물보다 더럽다'며 극도의 혐오감과 적개심을 드러내기도 했습니다. 그러다 부모에 대한 기대를 모조리 접는 데까지 치달으면 부모의 속박에서 벗어나고 싶은 강렬한 욕구를 가지게 된답니다.

그런데 자녀들의 이런 이야기를 부모들은 내 이야기로 듣지 않습니다. "입에 풀칠하기도 빠듯한 상황에 어떻게 교통법규까지 다 지키고 살아? 조금이라도 빨리 가야 제때 납품하지 않겠어?" 하면서 심각하게 생각하지 않는다는 겁니다. "내가 준 돈으로 네가 먹고살 만하니까 교통법규 어쩌고저쩌고 따위 소리를 하지!" 하고 오히려 자녀를 윽박지르는 부모도 많답니다. 이러니까 우리 자녀들이 문제아가 되는 겁니다.

우리들교회 목장 보고서에서도 비슷한 나눔을 읽었습니다. 권찰님이 남편 목자님을 고발하는 내용이었습니다. 권찰님의 하소연을 같이 읽어 보겠습니다.

목자님은 교통 신호를 너무너무 안 지켜요. 운전하면서 문자메시지 보내고, 전화하고…… 위험천만할 때가 한두 번이 아니라니까요. 같이 차를 타고 가면 얼마나 무서운지 몰라요. 생각해 보세요. 세상 법칙 안 지키면서 하나님의 법칙을 어떻게 지키나요? 아무리 그러지 말라고 해도 제 말은 절대 안 들어요. 딸이 차에서 칭얼대니까 짜증 난다면서 급브레이크를 밟으며 혈기를 낸 적도 있었어요. 딸은 겁을 먹었는지 그때부터 차에서는 찡찡대지 않더라고요.
목자님은 아주 못돼 처먹은 인간이에요. 내일부터 운전할 때 제발 문자메시지 보내지 말고 전화도 하지 말고 교통법규 좀 지키라고 여러분(목장 식구들)이 좀 말해 주세요. 기본부터 다시 배워야 한다니까요.
그뿐만이 아니에요. 글쎄, 새벽 2시에 청소기를 돌려요. 심야에 소음을 내니까 제가 얼마나 불안하겠어요. 배려라고는 몰라요. 자기가 해야 한다고 생각하는 일이면 막무가내로 밀고 나간다니까요. 이게 목자가 할 짓인가요? 딸도 "아빠가 세상 것만 잘 지키면 존경하게 될 것 같다" 말할 정도예요. 목자님, 제발 세상 법 좀 지키세요!

'어린아이 앞에서 숭늉도 못 마신다'라는 옛말처럼 자녀는 부모의 모습을 보고 그대로 배웁니다. 자녀에게 늘 떳떳한 부모이면 좋겠지만 그럴 수 없는 것이 우리 현실입니다. 그러나 교과서처럼 완벽한 부모는 될 수 없어도 '진실한 부모'는 될 수 있습니다. 못하는 것은 못한다고, 없는 것은 없다고 솔직히 고백하십시오. 자녀에게 진실한 모습을 보여 주십시오. 표리부동한 부모만 되지 않는다면 좋은 부모라고 생각합니다. 저는 여러분이 훌륭한 부모보다 진실한 부모가 되기를 바랍니다.

야곱이 매사 도전하여 이긴 듯 보여도 실상은 '앞으로 남고 뒤로 밑진' 인생이었습니다. 하나님은 야곱이 다른 사람을 축복하는 인생을 살길 원하셨습니다. 그런데 야곱이 자기 것을 잔뜩 움켜쥐고 거기서 더 나아가질 못하니까 그를 험악한 길로 몰아갈 수밖에 없으셨습니다. 그러니 이겼어도 뒤로 밑진 인생이라는 겁니다.

• 이것은 나를 똑 닮았다고 생각되는 자녀의 모습이 있습니까? "너는 누구를 닮아서 그 모양이냐?" 하고 맨날 야단치는 자녀의 그 모습이 바로 내 모습은 아닙니까?

236

- 나는 자녀에게 본이 되는 삶을 살고 있습니까? 교통법규나 공중 질서, 생활 예절을 잘 지킵니까? 자녀들이 나의 사소한 행동까지도 다 지켜보고 있다는 것을 압니까? 나는 진실한 부모입니까? 거짓 저울을 가지고 속이는 부모는 아닙니까?

그러나 하나님은 지금이라도 돌아오라고
날마다 초청하십니다

우리의 하나님은 어떤 분이십니까? 야곱의 행실을 두고두고 기억하여 벌주시긴 했지만 내 자녀 내 새끼니까, 남이 아니니까 어쩔 수 없이 이스라엘을 축복하며 오셨습니다. 패역한 백성이라도 "지금이라도 돌아오라"고 날마다 초청하시며 여기까지 오셨습니다. 무엇보다 호세아의 삶에 그런 하나님의 사랑이 잘 나타나 있습니다.

호세아가 어떤 삶을 살았습니까? 호세아서 1장을 보면, 하나님께서 "너는 가서 음란한 여자를 맞이하라" 명령하시자 호세아는 신전 창기인 고멜을 데려다 결혼합니다(호 1:2~3). 호세아의 심리까지 성경에 자세히 기록되지는 않았지만 아마도 이렇게 반문하지 않았을까요? "하나님, 그래도 제가 선지자인데 어찌 음란한 창녀와 결혼하라고 하십니까?" 하지만 하나님께서 "고멜은 내가 정한 너의 짝이다. 내가 정했다는데 무슨 말이 많으냐?" 하시니까 순종했을 것 같습니다.

그런데 이런 어려운 적용을 했건만 고멜이 호세아를 배반하고 다른 남자와 바람이 나서 집을 나가 버립니다. 호세아로서는 참 기가 막혔을 겁니다. "하나님, 그것 보세요. 이런 여자와 어떻게 삽니까!" 절로 한탄이 나왔겠죠. 그런데 이때도 하나님은 "내가 네게 정해 준 짝이다. 다시 데려와서 함께 살아라. 이혼은 절대 안 된다!" 하고 명령하셨습니다(호 3:1~3).

고멜에게서 난 자녀들은 또 어떻습니까? 부정한 엄마 아래서 거룩한 자녀가 날 리 없죠. 하나님은 그들에게 '로루하마(긍휼하심을 전혀 입지 못한 자)', '로암미(결코 나의 백성이 아니다)'라는 이름을 붙여 주십니다(호 1:6~9). '암미(나의 백성)', '루하마(긍휼하심을 입은 자)'가 아닙니다. "너희는 내 사랑하는 자녀, 내 백성이 아니라"고 강력히 말씀하십니다. 문제 아내에게서 문제 자녀가 난 겁니다.

생각해 보세요. 북이스라엘에 멸망이 코앞에 이른 이때, 하나님은 왜 호세아 선지자에게 이런 가족과 살라 하셨을까요? 우리는 여기에 담긴 메시지를 들어야 합니다.

북이스라엘은 강성해지면서 성적으로 문란해졌고 점점 멸망의 길로 접어들었습니다. 특히 이런 말세에 나타나는 현상이 아내들이 외도를 한다는 겁니다. 먹고살기 어려울 때는 찾아볼 수 없는 일입니다. 우리나라도 그래요. 과거 못살던 시절엔 아내들이 외도를 하는 건 흔치 않은 일이었습니다. 그런데 요즘 먹고살 만해지니까 바람난 남편 못지않게 바람난 아내도 많은 것 같습니다.

남자가 가장 못 견디는 문제가 바로 아내의 외도랍니다. 그런데 하나님이 그 어려운 역할을 호세아에게 시키십니다. 그 이유가 무엇입니까? 내게 붙이신 음란한 아내와 불의한 자녀들을 보면서 하나님의 마음을 품으라는 겁니다. "말도 안 되는 네 아내, 네 자녀들을 보면서 괴롭지? 이 백성의 아내, 자녀들이 딱 그렇단다! 이렇게 말도 안 되는 너희를 내가 끌고 가는 거야. 너는 선지자잖니, 내 마음을 좀 알겠니?" 지금 이 얘기를 하시는 겁니다.

하나님 보시기에 야곱 역시 고멜입니다. 야곱이 어땠습니까? 자기 유익을 위해 하나님과 겨루고, 하나님을 이겨야 직성이 풀리는 인간입니다. 결코 야곱이 온전해서 하나님이 함께하신 것이 아니라는 말입니다. 내 새끼니까 어쩔 수 없이 축복하면서 데려가신 것이죠.

하지만 얼마나 기가 막히셨는지, 몇천 년이 지나 북이스라엘이 망하기 직전에 야곱의 행실을 기억하셨습니다. '여호와는 구원하신다'라는 뜻의 호세아 선지자를 통해 "이 나라가 망하는 것은 야곱 때문이다. 야곱의 행실이 너희에게 그대로 내려왔다!" 말씀해 주십니다. "내 자녀니까 내가 늘 당해 주고 축복해 줬는데, 너희는 야곱의 행실을 그대로 받았다"는 겁니다. 어느 공동체든지 지도자만큼만 성숙해진다고 하지요. 끈질기게 매달리는 야곱의 악이 후손들에게 그대로 이어졌습니다.

죄는 반드시 흔적을 남기고, 이어지게 돼 있습니다. 예수 믿고 죄를 회개해도 내 죄의 흔적은 남아서 이어집니다. 외도하여 아이를 낳으면, 죄는 용서받아도 아이는 남습니다. 그러므로 우리는 함부로 살아서는 안 됩니다.

4 천사와 겨루어 이기고 울며 그에게 간구하였으며 하나님은 벧엘에서 그를 만나셨고 거기에서 우리에게 말씀하셨나니 5 여호와는 만군의 하나님이시라 여호와는 그를 기억하게 하는 이름이니라 6 그런즉 너의 하나님께로 돌아와서 인애와 정의를 지키며 항상 너의 하나님을 바랄지니라_호 12:4~6

브니엘에서 야곱은 하나님의 사자와 겨루어 이기고서 축복을 달라고 울며 간구했습니다. 그러나 이후 하나님은 벧엘에서 야곱을 다시 만나 주셨습니다. 호세아는 이 이야기를 언급하며 특별히 여호와는 만군의 하나님이시요, 우리가 기억해야 할 이름이라는 걸 강조합니다.

그렇습니다. 우리가 언제나 기억해야 할 이름은 "만군의 하나님 여호와"입니다. 다른 무엇이 아닙니다. 울며 간구하는 것보다도 중요한 것은, 만군의 하나님 여호와의 이름을 기억하고 인애와 공의를 지키는 것입니다. 내가 잘되려고 예언과 환상을 바라는 것보다 하나님께로 돌아와 인애와 공의를 지키는 것이 중요하다는 말입니다. 그것이 항상 하나님을 바라는 것이요, 십자가에 담긴 뜻입니다.

미국 드류 신학대학원의 석좌교수이자 기독교 미래학자인 레너드 스위트(Leonard Sweet)의 인터뷰 기사를 보았습니다. 레너드 박사는 오늘날 가장 영적인 교회 지도자요, 영향력이 큰 기독교인으로 손꼽히는 분입니다. 그는 예수의 가르침은 '역설적'이라고 말합니다.

"예수님의 가르침을 살펴보면 '이것이냐 저것이냐'가 아닙니다.

이것이면서 동시에 저것입니다. '뱀같이 지혜롭고 비둘기같이 순결하라', '나는 평화의 왕이지만 너희에게 검을 주러 왔다', '나는 시작이자 끝이다', '나는 생명을 주러 왔다. 그리고 죽으러 왔다'…… 이처럼 둘이 하나로 만나는 것, 수평과 수직의 만남이 십자가입니다. 그런데 이단은 둘 중 하나만 취합니다. 기복신앙도 그렇습니다. 항상 행복한 삶, 항상 잘되는 삶 그런 것만을 위해 기도합니다."

그런데 우리는 어떻습니까? 예수님은 우리를 '살리시고자' 역설적이게도 십자가에서 '죽으셨는데', 그저 우리는 행복한 삶, 성공하는 삶, 잘되는 삶만을 위해 기도합니다. 뱀같이 지혜로우면서 동시에 비둘기같이 순결해야 하는데, 늘 균형 잡힌 시각을 가져야 하는데 한쪽으로만 치우쳐 있습니다.

북한은 독재 정권 밑에서 극심한 가난을 겪으면서도 온 국민이 어버이 수령에게 충성을 다합니다. 김정은의 말 한마디에 모두가 일사불란하게 움직입니다. 반면에 잘 먹고 잘사는 우리나라는 대통령의 이름을 제멋대로 부르고, 관련 기사에는 악플이 마구 달리는 걸 봅니다. 남북이 뿌리가 같은 배달의 민족인데 왜 이렇게 다른 겁니까? 지도자에게 절대 충성하는 북한은 착한 백성이고, 지도자를 우습게 아는 남한은 망종입니까? 남한은 잘사니까 행복하고 북한은 못사니까 불행합니까? 그게 아니라 오직 예수만이 구원이라는 것입니다. 예수가 없으면, 구원받지 못하면 인생은 똑같다는 것이에요. 야곱이 열심히 살았지만 그의 행실이 후손에게 그대로 이어졌습니다. 그래서 우리는 '예수 안에서' 잘 살아야 합니다. 이기려고 잘 사는 게 아닙니다.

그런데 예수 믿어도 치우친 부모가 너무 많습니다. 그래서 자녀에게 나도 모르게 기복을 가르칩니다. '어려서부터 입을 넓게 열라.' '재벌이 되기 위해 기도하라.' '긍정적인 생각을 해라, 생각에 성공 비결이 있다.' '대통령의 꿈을 품고 기도해라. 그러면 몸가짐이 달라진다'……. 맞는 말 같아 보여도 이런 것만이 인생의 기도 제목이 되어서는 안 됩니다. 우리는 남을 살리기 위해 어려서부터 이타적인 기도 제목을 가져야 합니다.

야곱의 기도도 그래요. 야곱이 울면서 드린 기도는 영적인 부분도 있지만 여전히 육적인 면도 많았습니다. 하나님은 그런 야곱에게 속지 않으셨습니다. 어찌나 섭섭하셨던지 오랜 세월이 지나기까지 야곱의 행실을 기억하셨습니다. 야곱이 잘나서 그의 기도에 응답하신 것이 아닙니다. 내 새끼가 밥도 안 먹고 응답해 달라고 난리 치니까 그냥 져 주신 것입니다. '야곱이 이 수준까지는 안 되는구나. 더 이상 다루어서는 안 되겠다.' 이런 하나님의 슬픔과 눈물이 담겨 있는 응답입니다.

느헤미야 9장 33절에 "우리가 당한 모든 일에 주는 공의로우시니 우리는 악을 행하였사오나 주께서는 진실하게 행하셨음이니이다"라고 했습니다. 우리가 악을 행하면서 기도해도 하나님께서 어쩔 수 없이 축복하실 때가 있습니다. 하나님의 그 슬픔도 모르고 기도 응답을 받기 위해 하나님과 겨루겠다는 사람이 많습니다. 끝내 하나님이 내 뜻대로 응답하지 않으시면 하나님을 향해 아우성치는 이들도 많습니다. 그러나 돈, 건강 등 내가 바라는 그것을 주님이 허락하지 않으시는 것이 진실한 응답입니다. 하나님께서 나를 진실하게 대해 주시는 것입니다. 나의 악함을 너무 잘 아시기에 허락하지 않으시는 것입니다.

느헤미야 9장은 포로 귀환하여 예루살렘 성벽 재건을 마친 이스라엘 백성이 드리는 회개 기도를 다루고 있습니다. 앞서 인용한 33절의 바로 앞 절을 보면 백성들이 "앗수르 왕들의 때로부터 오늘까지 당한 모든 환난을 이제 작게 여기지 마옵소서"라고 고백합니다. 야곱의 행실이 이어져 이스라엘만큼 고난당한 민족이 전 세계에 없다고 해도 과언이 아닙니다. 그런데 오랜 환난 끝에 "내가 당한 환난이 작은 것이 아니라"고 "우리가 당한 모든 일에 주는 공의로우며", "주께서 진실하게 행하셨다"라고 고백하게 됐습니다. 즉, 이제부터 "하나님 어찌하여!" "하나님, 왜!" 이런 말 하지 않겠다는 것입니다. 하나님은 100% 옳으시다는 것입니다.

그러면 우리는 어떤 태도로 살아야 할까요? "믿는 자에게는 능히 하지 못할 일이 없느니라." "네 시작은 미약하였으나 네 나중은 창대하리라." 이런 말씀만 붙들면서 눈에 보이는 축복을 얻겠다고 하나님과 결사 항전을 벌여서는 안 됩니다. 입으로는 거룩을 부르짖지만 온몸으로 기복을 좇는 교인이 너무 많습니다. 지도자들부터 그렇습니다. 이런 언행의 불일치가 기독교에 대한 불신을 만듭니다.

우리 안에 깊이 뿌리 내린 이 기복 신앙을 어떻게 고칠 수 있겠습니까? 아무리 급해도 바늘허리에 실 매어 쓸 수는 없습니다. 모든 일에는 순서와 때가 있는 법입니다. 그래서 어릴 때부터 기복은 아니라는 걸 가르쳐야 합니다.

우리들교회에 대학 졸업을 앞둔 한 청년이 S그룹 입사 시험에 합격했다는 소식을 알려 왔습니다. 메일로 어떻게 면접을 보았는지 세세히 나누어 주었는데, 여러분과도 함께 나누고 싶습니다.

금요일에 1차 합격 소식을 들은 후 면접이 이틀밖에 남지 않아서 너무 겁이 났습니다. 도통 잠도 못 자고, 밥도 먹지 못했습니다. 토요일 아침, 교회로 양육을 받으러 갔습니다. 양육 공동체에 제 이야기를 나누었더니 전도사님께서 "두려움의 원인은 기복에 있다"고 말씀해 주셨습니다. 덕분에 제 안에 기복을 보고 회개할 수 있었습니다. 다음 날인 주일엔 '자기 생각'이라는 제목의 설교를 듣고 '내가 여전히 세상과 교회 사이에서 양다리를 걸치고 있어서 면접 준비가 괴로웠던 것이구나' 깨달아졌습니다. 저도 야곱처럼 자기 생각으로 예상 질문과 답을 뽑았는데, 이후로는 교회에서 배운 대로 하나님을 의지하면서 준비했습니다.

면접 당일인 월요일, 아침에 큐티를 하면서 베드로처럼 예수님을 부인하지 않게 해 달라고, 면접관에게 잘 보이기 위해 교회에서 배운 신앙과 가치관을 부인하지 않게 해 달라고 기도했습니다. 나아가 목사님이 가르쳐 주신 대로 어떤 일에도 "옳소이다" 하는 자신감을 가지게 해 달라고 기도했습니다.

그래서일까요? 가장 먼저 프레젠테이션 면접을 보았는데, 세 문제 중 하나는 제가 잘 모르는 분야라 "모르겠습니다" 솔직히 말하고 아는 것만 발표했습니다. 또 토론 면접 때는 그동안 목장에서 부목자로 섬기던 실력(?)을 발휘해 다른 사람의 말을 잘 듣고 정리하여 대화의 흐름을 돕는 사회자를 자청했습니다.

임원 면접에서도 교회에서 배운 대로 자기소개를 했습니다.

"제 좌우명은 '평범함 속에 비범함이 있다'입니다. 저는 남보다 특별히 뛰어난 능력을 가지지는 못했습니다. 하지만 그렇기에 매사에 열심히 노력했습니다."

면접관이 "이삼 년 노력했는데도 남들만큼 성과를 내지 못했을 때는 어떻게 하겠냐?" 물으시기에, 그때도 "저는 내가 틀릴 수 있다는 것, 즉 자신의 한계를 아는 것이 중요하다고 생각합니다. 만일 성과를 내지 못한다면 나의 부족을 인정하고 다른 사람에게 도움을 요청하며 계속 노력하겠습니다"라고 교회에서 들은 말씀대로 대답했습니다.

"만약 합격한다면 어떻게 일할 것이냐?"라는 마지막 질문에는 "여전한 방식으로 평범하지만 성실하게 일하겠습니다. 그러면 비범하게 될 날이 오리라고 믿습니다"라고 답했습니다.

여섯 시간 동안 머물면서 90분간 세 가지 면접을 보았습니다. 모든 면접을 다 마친 뒤 느낀 점은 취업 역시 하나님께서 주관하신다는 것입니다. 아무리 열심히 면접을 준비했대도 잠깐 사이에 어떻게 제가 이런 대답을 할 수 있었겠습니까. 정말이지, 하나님을 인정하지 않을 수 없었습니다.

어릴 때부터 말씀을 읽고 듣고 지키는 것이 우리가 기복을 이기는 길입니다. 보세요. 말씀을 찾는 청년의 모습이 물 흐르듯 자연스럽습니다. 토요일에는 교회 공동체에서 양육받고, 주일에는 설교 말씀을 듣고, 면접 당일에는 큐티로 하루를 시작하고…… 이렇게 말씀으로 하나님께 답을 구하니까 두려움이 사라지고, 대학을 졸업하기도 전에 최고의 회사에 붙었다는 것 아닙니까!

청년이 목장에 합격 소식을 전했더니 지체들이 한목소리로 "네가 떨어지면 떠내려갈까 봐, 네 수준이 낮아서 하나님이 붙여 주신 것 알지? 회개해!" 했답니다. 청년도 자신이 정말 수준이 낮은 모양이라고, 하나님이 하신 일이라는 걸 알기에 생색을 낼 수 없다고 고백합니다. 이렇게 하나님 말씀으로 간증하는 우리들교회 청년부 형제자매들이 정말 자랑스럽습니다.

기복에서 돌이키는 데는 다른 길이 없습니다. 어려서부터 말씀으로 기복을 뿌리 뽑아야 합니다. "십자가, 십자가! 무한 영광일세!" 찬송하며 간다고 우리가 십자가를 붙잡습니까? 여전한 방식으로 생활예배 잘 드리고, 내 삶의 사건 속에서 하나님의 말씀을 듣는 것이 축복받는 최고의 비결입니다. 나 혼자서, 내 열심으로 축복받을 수 있다고요? 야곱의 행실이 내려가 이스라엘이 심판에 이르렀다는 이 엄청난 경고를 듣기를 바랍니다.

"축복하지 아니하면 가게 하지 아니하겠다"고 야곱이 끈질기게 기도했지만, 우리는 항상 하나님을 바라야 합니다. 싫은 사람을, 힘든 사건을 만나도 하나님을 바라야 합니다. 그런데 하나님이 안 보이니까, 자꾸 제멋대로 일을 저지르고 울며불며 기도합니다.

물론 아예 찾지 않는 사람보다는 그렇게라도 하나님을 찾는 사람이 낫습니다. 그래도 야곱이 택자니까 울며불며라도 하나님 앞에 와서 앉아 있는 것 아니겠습니까. 에서는 주님이 상대도 안 해 주십니다. 에서는 좀체 하나님을 찾지 않습니다.

그러나 무조건 하나님께 매달리기만 하면 되는 것이 아닙니다. 그것은 벌받을 행실, 행위라고 말씀하십니다. 나 자신을 직시해야 합니다. 그렇게 조금씩, 조금씩 달라지는 것이 성숙이라고 생각합니다.

하나님이 어쩔 수 없어서 야곱을 축복하셨지만, 야곱의 행실이 후손에게 그대로 이어졌습니다. 그러니 부모인 내가 먼저 경각심을 가져야 합니다. '내가 죽고 나서 일어날 일인데 알 게 뭐냐' 말하는 분도 있겠지만, 그건 주님을 만나지 못한 자의 태도입니다. 하나님은 호세아 선지자에게 창녀 고멜을 아내로 맞이하라 하셨습니다. 심지어 호세아를 배반하고 집을 나간 그녀를 값을 주고 다시 데려오라 하셨습니다. 내 자식이니까 끝까지 사랑하시는 것입니다. 이것이 아버지 하나님의 마음입니다.

- 입으로는 경건, 거룩을 외치지만 온몸, 온 마음 다해 세상적인 복을 바라고 있지는 않습니까? 나의 기복병을 뿌리 뽑기 위해 최고의 약인 신약, 구약을 날마다 먹습니까?
- 자녀를 어려서부터 말씀으로 키워 내고 있습니까? 나도 모르게 자녀에게 기복을 가르치고 있는 부모는 아닙니까?

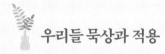

어머니는 바람피운 아버지에게 이혼당하는 사건으로 예수님을 믿게 되셨지만, 혈기가 많으셨습니다. 이런 집안이 수치스러웠던 저는 양갓집으로 시집은 못 가겠다고 생각했는데, 저의 모든 것을 받아 주는 남편을 만나 결혼하게 되었습니다. 그러나 시집살이를 하며 제 의지대로 할 수 있는 것이 없으니 너무도 고독했습니다. 그러다 시아버지가 심근경색으로 갑자기 돌아가시고, 얼마 후에 남동생마저 암으로 죽자 삶이 허망했습니다.

이후 입시 스트레스로 살이 찐 큰딸이 무리한 다이어트를 하다가 몸에 이상이 생겼습니다. "자꾸 죽고 싶다"고 하는 딸을 보며, 저는 딸을 살리기 위해서라도 말씀을 붙잡아야겠다고 생각했습니다. 그러나 에브라임처럼 근면한 남편은 하나님 말씀 듣기를 싫어하며 "내 능력으로 성공했지, 하나님이 나와 무슨 상관이냐!"고 했습니다(호 12:8). 그러면서 제가 자녀 교육을 잘못해서 딸이 저리되었다며 오히려 저를 책망했습니다.

그러다 뉴요커를 꿈꾸던 작은딸이 뉴욕에 있는 대학에 편입하게 되었습니다. 졸업 후 프리랜서로 일하던 딸은 원하던 직장에 들어

갔지만, 정규직과 영주권을 얻기 위해 불신자인 남자 친구와 위장결혼이라도 하겠다고 했습니다. 남편은 펄쩍 뛰며 반대했지만, 딸은 거짓말까지 하며 계속 떼를 부렸습니다. 그런데 막상 미국에 가 보니 딸은 이미 남자 친구와 결혼하여 동거하고 있었습니다. 저는 딸에게 "네가 돌아오지 않으면 아빠가 너를 버리겠다고 하니, 제발 한국으로 가자"고 애원했습니다. 그러자 딸은 잠시나마 불신결혼이 얼마나 힘든지 알았다며, 남자 친구와의 관계를 정리하겠다고 했습니다. 즉시 변호사를 통해 이혼서류를 냈고, 혼인무효 판정을 받았습니다. 딸은 회사에도 위장결혼임을 밝히고 사표를 냈는데, 도리어 회사에서 딸을 붙잡았습니다. 결국 딸은 세상 세력인 앗수르와 계약을 맺듯이, 뉴욕에 남기로 했습니다(호 12:1). 하지만 일 년 후 작은딸은 자가면역질환인 루푸스병에 걸려 모든 것을 포기하고 귀국할 수밖에 없었습니다.

이 일로 저는 능력 있는 남편을 하나님보다 더 의지하며, 야곱처럼 기복에 머물고 있던 저 때문에 딸들에게 병이 온 것 같아, 하나님께 울며 매달릴 수밖에 없었습니다(창 32:26). 이후 감사하게도 두 딸 모두 청년부에 속해 양육을 잘 받고, 믿는 형제와 결혼하였습니다. 에브라임처럼 바람을 먹으며 동풍을 따라 살던 제게 속지 않으시고, 딸들의 사건으로 사랑과 공의를 행하신 하나님을 찬양합니다(호 12:1~2).

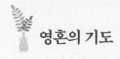

영혼의 기도

하나님 아버지, 사명 때문이 아니라 내 삶이 슬퍼서 하나님의 발목을 잡고 울며불며 매달렸습니다. 그렇습니다. 우리는 각자의 삶이 슬픕니다. 주님 만난 우리를 예쁘게 보시고 하나님께서 편히 살게 해 주셨는데, 그때부터 우리가 하나님을 버리고 재물과 명예를 탐했습니다. 마치 신줏단지처럼 하나님을 선반 위에 모셔 둘 뿐입니다. 그러므로 하나님이 속지 않으시고 부모와 자녀, 배우자를 통해 우리 죄를 물으십니다. 우리는 '왜 이런 일이 왔는지 모르겠다'고, '남편이, 아내가, 자녀가 왜 나를 괴롭게 하는지 해석이 안 된다'고 부르짖지만, 속지 않으시는 하나님께서 주신 사건인 걸 말씀을 묵상하며 비로소 깨닫습니다.

특별히 주님은 우리의 모든 행실과 행위가 자녀에게로 이어졌다고 꼬집어 말씀하십니다. 나의 죄를 돌아보니 이 말씀을 인정하지 않을 수가 없습니다. 주님, 우리는 문제 부모입니다. 그러나 우리의 행실이 100% 옳지는 못하지만 내가 얼마나 위선적인지 깨닫기만 해도 진실한 부모인 줄 믿습니다. 주여, 우리의 행실을 용서해 주옵소서. 문제 부모인 우리의 죄를 용서해 주옵소서. 우리 죄가 자녀들에게 대물림되지 않도록 붙들어 주옵소서.

주님, 부정한 고멜을 다시 데려와 살라는 하나님의 명령에 호세아가 순종한 것처럼, 우리가 엇나가는 배우자, 자녀를 다시 품고 살아가게 하옵소서. 인생의 목적도, 결혼의 목적도 거룩이기에 답이 없어 보이는 가족이라도 버리지 않고 살게 하옵소서. 주님, 별 인생이 없습니다. 호세아에게 그런 역할을 맡기셨듯, 우리에게 주신 이 역할을 감당할 힘을 주옵소서. 나무 멍에를 벗어 버리면 쇠 멍에를 지게 된다는 걸 알고 주님이 허락하신 가족과 영원토록 살게 하옵소서. 하나님께서 "함께 살라" 하시니, 그 명령에 순종하여 내가 멍에를 지면 우리 가정에 수천 대의 축복이 임할 줄 믿습니다. 예수님 이름으로 기도하옵나이다. 아멘.

Part 3

아름다운
화해

09

아름다운 화해

창세기 33장 1~11절

하나님 아버지, 야곱과 에서가
남도 아닌 가족인데 화해하기가
너무 어려운 걸 봅니다.
집마다 화해하기 어려운 식구가 있습니다.
우리가 화해하게 도와주옵소서.
말씀하여 주옵소서. 듣겠습니다.

지난 2010년, 미국 시사주간지《타임》에서 역사상 가장 유명한 사과 10선을 선정해 발표했습니다.

"기타나 잘 쳐야 하는데 'N'으로 시작하는 불경한 단어를 사용한 것을 진심으로 사과합니다." 미국의 팝스타 존 메이어(John Mayer)는 내슈빌에서 공연을 하던 중에 많은 팬 앞에서 고개 숙여 사과했습니다. 이는 그가《플레이보이》지 인터뷰에서 "나는 섹스에 관해서는 백인우월주의자다. 니그로(Negro, 흑인을 뜻하는 비속어) 여자들에게는 매력을 느끼지 못한다"라고 말한 데 대한 공개적인 사과였습니다.

시간당 1,000달러의 화대(花代)를 받는 고급 콜걸 애슐리 뒤프레(Ashley Dupre)가 했던 "당신의 고통에 사과드립니다"라는 사과도 명장면으로 꼽혔습니다. 뒤프레는 자신과의 불법 매춘 행위로 낙마한 전 뉴욕 주지사 엘리엇 스피처(Eliot Spitzer)의 2008년 3월 12일 기자회견을 지켜본 뒤 "스피처 주지사 부인의 눈과 얼굴에서 고통을 느낄 수 있었다"며 이 같은 사과를 했습니다.

골프 황제 타이거 우즈(Tiger Woods)가 첫 번째 불륜 스캔들이 터진 뒤 했던 "난 결점이 없는 사람이 아니다, 완벽과도 거리가 멀다"라는 말도 기억에 남는 사과로 꼽혔습니다. 다만《타임》은 '사과였지만 자신의 잘못을 인정한 것은 아니었다'라는 부언을 달았습니다.

이런 정도가 역사적인 사과로 꼽히는 걸 보면서 '사과하기가 참어렵구나, 누군가와 화해하기가 이토록 힘든 일이구나' 하는 생각이 들었습니다. 그중에서도 가장 화해하기 힘든 대상은 가족일 것입니다. 가족은 안 볼 수도, 헤어질 수도, 기억에서 지워 버릴 수도 없습니다. 나아가 우리 존재의 근원이기에 많은 이가 가족에게 헌신하고 집착하기까지 합니다. 그래서 가족에게 배반당하면 회복하기가 더 어렵습니다. 야곱과 에서도 20년이나 갈등하지 않았습니까. 오늘날 왜 수많은 부부가 이혼하고 가정이 붕괴되겠습니까? 그만큼 가족이 가장 화해하기 힘든 대상이기 때문입니다.

그런데 드디어, 야곱이 에서와 아름다운 화해를 합니다. 이때를 위해 야곱이 20년간 훈련을 받았습니다. 화해의 키(key)는 야곱이 쥐고 있었습니다. 어떻게 야곱이 아름다운 화해를 할 수 있었는지 본문을 통해 살펴보겠습니다.

두려움에서 믿음의 시선으로 바뀌어야
아름다운 화해를 할 수 있습니다

야곱이 눈을 들어 보니 에서가 사백 명의 장정을 거느리고 오고 있는지라······_창 33:1a

이때가 언제입니까? 환도뼈가 어긋난 야곱이 절뚝거리면서 브니엘을 지날 때 그의 머리 위로 해가 돋았습니다. 그 빛에 의지해 얍복강을 건넌 뒤 눈을 들어 보니 에서가 사백 명의 장정을 거느리고 달려오고 있습니다. 몇 시간 전만 해도 나를 죽이려 했던, 그래서 나를 심히 두렵고 답답하게 만들었던 에서 형님이 저 멀리 보입니다.

야곱은 가족까지 먼저 보내 두고 "제발 에서 형의 마음을 돌려 달라"고 기도했습니다. 어리석게도 하나님을 이겨 보겠다고 밤새 씨름했습니다. 그러자 하나님이 '네가 변해라!' 하시며 야곱의 환도뼈를 치셨습니다. 그제야 야곱이 주님을 깊이 만났습니다. 지식적인 신앙에서 체험 신앙이 되었습니다.

야곱 같은 부자에게는 다른 방법이 필요하지 않습니다. 환도뼈 한번 딱 치니까 야곱이 주님을 만납니다. 몸을 치니까 주님을 만났습니다.

우리들교회 목장 보고서에서 읽은 나눔입니다.

한 집사님이 "내가 모태신앙인인데도 믿음이 뜨뜻미지근하니까 어머니가 '너는 꼬꾸라져야 해' 일침하시더라"고 나누었습니다. 그러자 옆에서 듣던 다른 집사님이 "그런 소리 하지 마세요. 우리가 꼬꾸라져야 주님을 만나는 게 아니에요!" 반박했답니다.

여러분, 뭐가 맞습니까? 다소 원색적인 설명이기는 하지만 어머니 말씀이 맞습니다. 내가 꼬꾸라져서라도 하나님을 만난다면 그보다 더한 축복이 어디 있습니까? 우리도 믿음에 대해 이렇게 설명할 수 있는 사람이 되면 좋겠습니다. 이것이 구속사인데 우리는 이런 이야기를 전하지도, 받아들이지도 못합니다. 성령님이 만져 주셔야만 합니다.

에서만 생각하면 야곱은 심히 두렵고 답답해졌습니다. 그러나 주님을 만난 뒤 야곱이 믿음의 눈으로 바라보게 됐습니다. 이제는 에서를 담담한 시선으로 보게 됐습니다.

주님을 만나면 우리의 시각이 달라집니다. 어떤 이상한 사람도 사랑스럽게 보입니다. 당연히 목사인 저를 보는 시선도 달라지겠지요? 그런데 간혹 저를 이상하게 보시는 분들이 있습니다. 야곱은 주님 만난 뒤로 이상한 형도 사랑스럽게 보았는데, 나를 위해 기도해 주는 목사를 왜 이상하게 보십니까? 저를 대하는 표정만 보아도, 목소리만 들어도 주님을 만났는지 못 만났는지 다 압니다.

하지만 주님을 만났다고 해서 야곱의 성품과 기질이 하루아침에 바뀌지는 않았습니다. 우리도 그렇죠. 천국 가는 그날까지 고치기 어려운 약점이 있습니다. 야곱의 약점은 '가족'입니다.

······그의 자식들을 나누어 레아와 라헬과 두 여종에게 맡기고
_창 33:1b

만일의 사태에 대비해 야곱은 가족들을 나누어 배치합니다. 먼저 자식들을 나누어 '레아와 라헬과 두 여종'에게 맡깁니다. 처음에는 순서를 지켰습니다. 누가 먼저이고 누가 나중인지 야곱이 이론으로는 압니다. 그런데 정작 행하는 건 다릅니다.

여종들과 그들의 자식들은 앞에 두고 레아와 그의 자식들은 다음에

두고 라헬과 요셉은 뒤에 두고_창 33:2

야곱의 시각이 바뀌긴 했지만, 무서운 마음을 온전히 떨치지는 못했습니다. 죽을지도 모른다는 두려움이 전자동으로 밀려듭니다. 그래서 야곱이 내놓은 방책이 무엇입니까? 여종들과 그들의 자식들을 맨 앞에 둡니다. 일종의 총알받이로 내세운 것이죠. 그다음에는 레아와 그의 자식들, 가장 뒤에 라헬과 요셉을 배치합니다. 즉, 자신이 사랑하는 순서대로 배치한 것입니다.

야곱이 얍복 나루에서 주님을 깊이 만났지만 이처럼 안 되는 부분이 여전히 있습니다. 앞 장에서 묵상했듯이 '벌받을 행실'이 그에게 남아 있는 것입니다(호 12:2). 하지만 아무리 야곱이 라헬을 끼고돌아도 예수님은 레아의 후손을 통해 오셨습니다. 예수님의 조상은 레아입니다.

머리로는 알지만 가슴에서 안 되는 일이 우리에게도 있습니다. 그래서 끊임없이 차별합니다. 똑같이 배 아파 낳았어도 더 사랑하는 자녀가 있고 관심 밖인 자녀가 있습니다. 하지만 내가 아무리 아끼는 자녀라도 함께 천국에 가지는 못합니다. 어쩌면 내가 사랑하는 순위와 천국에 가는 순위는 반대일지도 모르겠습니다.

우리들교회 초등부의 한 선생님이 반 아이들 심방을 다녀오신 후 소감을 나눠 주셨습니다. 한 아이는 불우한 환경 가운데서 교회를 나옵니다. 아빠는 늘 부재중이고, 엄마는 우울증을 앓고, 형은 밥 먹듯 가출을 합니다. 심지어 엄마는 날마다 이 아이를 못살게 굽니다. 갖은 분풀이를 아이에게 합니다. 게다가 몹시 가난하기까지 합니다. 심방을 가 보니 집이 너무 비좁고 지저분하더랍니다. 그런데 이 아이가 선생님을 너무 반가워하는 겁니다. 있는 것, 없는 것 전부 내와서 대접해 주었답니다.

이 아이가 이 집의 사무엘입니다. 아이는 환경이 변하지 않아도 날마다, 여전한 방식으로 생활예배를 드립니다. 늘 일찍 일어나 큐티하고 기도합니다. 심방 중에 함께 큐티를 나누었는데 그날 말씀을 줄줄이 꿰고 있더랍니다. 또, 평소에 독서를 열심히 해서 그런지 언어 영역 시험에서 늘 100점을 맞는답니다. 그러니 다른 엄마들에게는 연구 대상입니다. "논술 학원이나 과외도 다니지 않는데 어떻게 이렇게 뛰어날 수 있냐?"고 만날 때마다 물어본다는 겁니다. 우리가 언어를 잘해야 뭐든지 잘하지 않습니까? 수학도, 과학도 언어 능력이 뛰어나야 잘합니다.

환경은 힘들지만 이 아이는 교회를 정말 사랑합니다. 성격도 얼마나 밝은지 모릅니다. 아빠를 원망하기는커녕 진심으로 사랑하며 아빠의 구원을 위해 늘 기도한답니다. 또 모자가 함께 교회에 나오며 공동체의 권면을 따라 정신과 약도 먹고 있습니다. 어른도 하기 힘든 적용을 아이가 어쩜 이리 척척 하는지…… 선생님은 볼수록 놀랍다고 하셨습니다. 야곱처럼 이 아이가 이 가정의 화해의 키를 쥐고 있습니다.

그다음에 심방을 간 집은 분위기가 백팔십도 달랐습니다. 이 집은 많은 것을 갖췄습니다. 부모 모두 교회 직분자이고 집도 잘삽니다.

그런데 이 집 아이는 큐티를 일주일에 한 번 할까 말까랍니다. 부모님과 의사소통도 안 된답니다. 또 아이가 형을 너무 무서워해서 늘 자살 충동에 시달린답니다. 그 좋은 환경에서 왜 서로 대화가 안 되는지, 선생님은 의아하다고 하셨습니다.

'이 집은 훌륭하고 이 집은 나쁘다' 이런 이야기를 하려는 게 아닙니다. 두 가정 다 각자의 수준에서 믿음의 시선으로 나아가고 있습니다. 두 번째 가정도 열심히 교회에 나오고 있기에 주님을 향해 나아가고 있는 겁니다.

우리가 얼마나 연약한 존재인지 하나님은 잘 아십니다. 우리가 늘 거룩을 향해 나아가지만 온전히 거룩해질 수는 없습니다. 야곱도 연약합니다. 그래서 여전히 라헬만을 끼고돌지만, 환도뼈가 어긋난 사건을 계기로 그의 영적 시각이 달라진 것은 사실입니다. 그의 인생이 달라진 것도 사실입니다. 야곱이 믿음의 눈을 갖게 됐습니다. 이제는 어떤 어려움이 닥쳐도 하나님의 군대가 도와주리라는 믿음이 생겼습니다.

이전에 야곱이 어땠습니까? 라반을 떠나 형을 만날 생각에 두려워하던 야곱에게 하나님은 마하나임, 곧 하나님의 군대를 보여 주셨습니다(창 32:2). 하지만 야곱은 환도뼈가 무너지기 전까지 그것이 내게 힘이 되리라고 확신하지 못했습니다.

그래서 보고 듣는 것이 중요합니다. 비록 즉시 깨닫지는 못했어도 그동안 야곱이 끊임없이 보고 들었기에, 환도뼈가 무너지자마자 하나님의 군대가 능력으로 다가온 겁니다.

왜, 우리도 그렇잖아요. 목장에서 나누는 말씀과 간증들이 지질하게 느껴지다가 내 환도뼈가 딱 어긋난 후부터 그동안 보고 들은 것이 내게 힘이 된 경험, 다들 있지요?

자기는 그들 앞에서 나아가되……_창 33:3a

중요한 것은, 야곱이 그들 앞에 나아갔다는 사실입니다. 본문의 '나아가되'라는 말은 야곱이 행렬 맨 뒤에 있다가 에서를 보고 식구들을 지나쳐 앞으로 나아갔다는 의미입니다. '형이 나를 죽여도 하는 수 없다', '날 잡아 잡수, 죽여 주쇼' 하는 마음으로 나아간 겁니다. 비록 식구들을 차별하여 배치하는 연약함을 보이긴 했지만, 마침내 야곱은 사랑하는 가족을 내려놓았습니다.

우리도 나아가야 합니다. 하나님보다 사랑하는 모든 것을 지나쳐 앞으로 나아가야 합니다. 내가 끔찍이도 사랑하는 세상 것들을 내려놓을 때, 우리는 아름다운 화해를 할 수 있습니다.

- 전에는 두려웠지만 이제는 믿음의 시각으로 바라보게 된 사건이나 사람이 있습니까?
- 하나님의 군대가 내게 힘이 되리라는 확신이 있습니까? 왜 확신하지 못합니까? 믿음의 공동체에서 말씀과 간증을 듣고 보지 않기 때문 아닙니까?
- 하나님보다 더 사랑해서 집착하는 것은 무엇입니까? 그것을 지나쳐서 하나님 앞으로 나아가고 있습니까? 여전히 내려놓지 못해서 나의 가정, 나

의 공동체를 병들게 하지는 않습니까?

겸손의 눈물을 흘릴 때
아름다운 화해를 할 수 있습니다

자기는 그들 앞에서 나아가되 몸을 일곱 번 땅에 굽히며 그의 형 에
서에게 가까이 가니_창 33:3

야곱이 형 에서를 향해 일곱 번이나 몸을 땅에 굽히며 절합니다.
정말 '죽음에 이르는 겸손'이라 할 만합니다. 최선을 다해 절합니다. 그
도 그럴 것이 지금 한 치 앞을 알 수 없는 일촉즉발의 순간 아닙니까.
말 한마디로 천 냥 빚을 갚기도 하지만, 말 한마디에 천 냥 빚이 생기는
수도 있습니다. 이 분쟁을 잠재울 길은 겸손밖에 없습니다.

그런데 생각해 보세요. 야곱으로서는 '내가 뭘 그리 잘못했는가'
억울할 법하지 않습니까? 지난 20년 동안 야곱은 부모의 도움조차 받
지 못하고 고아처럼 살았습니다. 형은 부모 곁에서 잘 먹고 잘살며 불
신결혼까지 했는데, 야곱은 추위와 더위를 무릅쓰며 밤낮없이 일하
고도 외삼촌 식구들로부터 갖은 눈총을 받았습니다.

에서의 장자권을 빼앗지 않았냐고요? 장자권 가로챘다고 야곱
에게 뭐가 생겼습니까? 돈을 받았습니까? 콩이 생겼습니까, 팥이 생
겼습니까? 예수를 믿지 않는 사람들은 왜 야곱이 사과해야 하는지 도
무지 모릅니다. '상대에게 손해를 끼쳤는가, 아닌가?' 이 관점으로만

보면 굳이 사과할 것이 없어 보입니다.

그런데도 왜 야곱이 일곱 번이나 몸을 굽혔겠습니까? 성경에서 '7'은 완전수입니다. "죄송해요." 야곱이 한 번 사과했는데도 형이 꿈쩍을 안 합니다. 두 번, 세 번, 네 번, 다섯 번, 여섯 번 몸을 굽혀 사과하는데도 꿈쩍을 안 합니다. 그러니 일곱 번까지, 자기 몸을 완전히 굽힙니다. 야곱이 달라졌습니다. 갖은 냉담과 수모에도 끊임없이 "나는 죄인이로소이다" 하며 나아가게 됐습니다. 형이 뭐라 해도 "내가 잘못했어요" 사과하고 또 사과합니다.

누구보다 우리가 잘 알지 않습니까? 야곱이 처음부터 이런 사람이 아니었잖아요. 야곱은 장자권을 가로챈 일로 형 에서로부터 죽음의 위협을 당하고, 객지로 도망쳐 나온 뒤 험악한 삶을 살았습니다. 그 세월이 자그마치 20년입니다. 그러나 그 시간이 야곱에게 필요했습니다. 여기까지 야곱의 지경을 넓히시려고 험악한 여정을 지나게 하셨습니다. 그냥은 야곱이 절대 못 깨닫기 때문입니다.

C.S. 루이스는 그의 책 『고통의 문제』에서 이렇게 말했습니다.

"우리는 시간이 지나면 죄가 말소된다는 이상한 환상을 가지고 있습니다. 다른 사람들뿐 아니라 저 자신 역시 어린 시절에 저지른 잔인한 행동이나 거짓말을 회상하면서, 마치 지금의 내 모습과는 전혀 상관이 없다는 듯 웃음까지 터뜨려 가며 말할 때가 있습니다. 그러나 단순히 시간이 흘렀다고 해서 그런 짓을 했다는 사실이 바뀌는 것도 아니고, 죄책이 없어지는 것도 아닙니다. 죄책을 씻어 주는 것은 시간이 아니라 회개와 그리스도의 피입니다. 또 설사 어린 시절의 죄들을 회개했다 해도, 그 죄가 사해지기 위해 어떤 대가가 치러졌는지 기억하고 겸손해야 합니다.…… 하나님께는 모든 시간이 현재입니다. 그러니 하나님께서 그 다차원적인 영원의 한 측면에서, 어린 시절 여러분이 파리 날개를 잡아 뽑고 있는 모습을 영원히 보고 계시며 학생 시절 아첨하고 거짓말하며 정욕에 빠져 있는 모습을 영원히 보고 계시고, 중위로 복무하던 시절 비겁하고 오만했던 순간을 영원히 보고 계신다는 것이 전혀 불가능한 일은 아니지 않습니까?"

그렇습니다. 하나님은 우리의 모든 것을 영원히 기억하십니다. 호세아서에서도 야곱의 행실을 기억하신다고 말씀하셨잖아요(호 12장).

C.S. 루이스는 계속해 말합니다.

"아마도 구원이란 내가 숨기고 싶었던 영원한 순간들을 말소시켜 버리는 데 있는 것이 아니라, 완전히 겸손해져서 자기의 부끄러움을 영원히 지고 그 일이 하나님의 긍휼을 드러내는 기회가 되었음을 기뻐하며 온 세상이 그 일을 알게 되는 것을 기꺼워하게 되는 데 있을 것입니다."

이것이 진리입니다. 수치스러운 일이 말소되는 것이 구원이 아닙니다. C.S. 루이스는 오히려 수치스러운 일이 하나님의 긍휼을 드러내는 통로가 되어 온 세상이 그 일을 알게 되는 것을 우리가 기뻐하는 데 구원이 있다고 말합니다. 온 세상에 나의 수치스러운 죄를 고백하고, 그로써 주님의 긍휼이 전해지는 걸 기뻐하는 데까지 우리가 나아가야 한다는 겁니다. 거기에 구원이 있습니다. 그러므로 야곱이 "나는 야곱이니이다"(창 32:27) 하고 하나님 앞에 자기 죄를 고백했지만 거기서 끝나서는 안 됩니다. 형 앞에 나아가서 사과해야 합니다. 하나님께만 죄인이 아니라, 사람에게 가서 죄를 고백해야 하는 것입니다.

그런데 내 죄를 고백하기가, 더구나 그것을 기뻐하는 데까지 나아가기가 참 쉽지 않습니다. 그래서 C.S. 루이스는 천국의 기쁨이란 '새로 입에 익혀야 하는 맛'이라고 표현했습니다.

우리들교회 성도들은 자신의 죄를 고백하는 것이 비교적 자연스럽습니다. 목장예배와 공예배에서 저마다 말씀을 통해 깨닫게 된 자신의 죄를 진솔하게 나누십니다. 이런 '오픈'을 통해 수많은 영혼이 살아나고 있습니다.

그런데 구원받지 못한 사람은 이런 공개된 자리에 감히 나아가지를 못합니다. "오픈하면 다냐!"라고 따지시는 분도 있습니다. 그 물음에 대답하자면 네, 오픈하면 다입니다. 죄인인 내게 어떻게 하나님이 긍휼을 베푸셨는지 온 세상이 알게 되는 걸 기꺼워하는 데 구원이 있다고 하지 않습니까. 그렇다고 마구잡이로 죄를 오픈하면 안 되겠지요. 뱀같이 지혜롭고 비둘기같이 순결하게 해야 합니다. 십자가가 바로 지혜입니다. 지혜와 순결이 만나는 지점이 있는 것입니다.

야곱도 자신의 죄를 계속 공표하며 상대방이 받아들일 때까지 몸을 굽혔습니다. 야곱이 이런 경지에 이르기까지 20년이 걸렸습니다.

그러자 에서가 감격합니다.

에서가 달려와서 그를 맞이하여 안고 목을 어긋맞추어 그와 입맞추고 서로 우니라_창 33:4

266

상상할 수 없는 일이 일어났습니다. 야곱이 회개하니까 에서가 감동했습니다. 에서가 변했습니다. 서두에 역사상 가장 유명한 사과를 소개했는데, 유명한 사과라고는 하지만 빈약하기가 그지없었습니다. 인간에게는 선한 것이 없기 때문입니다. 그런데 야곱의 사과로 에서의 증오심이 씻겨 내려갔습니다. 야곱도 울고, 에서도 울고 서로 웁니다. 내가 죄인이라고 고백하니까 서로 눈물을 흘리게 됐습니다.

C.S. 루이스는 "수치심은 그 감정 자체로 가치 있는 것이 아니라 그것을 통해 얻게 되는 통찰 때문에 가치 있는 것"이라고 말했습니다. 또한 "구체적인 죄를 회개하는 데서 나오는 슬픔, 그리하여 구체적으로 자기 잘못을 바로잡거나, 남에게 끼친 해를 보상하게 만드는 슬픔이나, 남을 향한 연민에서 솟아나 적극적으로 그를 돕게 만드는 슬픔이 아닌 한, 슬픔은 정말 나쁜 것"이라고 했습니다.

내 죄 때문에 울고, 남을 도와주지 못해서 울고, 남의 고통에 아파하며 우는 것은 가치 있는 슬픔이라고 합니다. 한국 남자들은 울지 않는 것을 미덕으로 여깁니다. 하지만 야곱은 하나님과 겨루며 울었습니다. 에서에게 자신의 죄를 고백하며 울고, 에서와 화해하면서도 울었습니다.

눈물은 하나님께서 주신 선물입니다. 물론 나쁜 슬픔, 나쁜 눈물도 있습니다. 지난 27장에서 야곱에게 축복을 빼앗긴 에서가 소리 질러 슬피 울었다고 했지요(창 27:34). 이처럼 자기 욕심 때문에 우는 것은 좋은 눈물이 아닙니다. 서로 자신의 연약함 때문에 겸손의 눈물을 흘릴 때 아름다운 화해가 이루어집니다.

- 사람들 앞에 나의 죄를 고백하고 그로 인해 하나님의 긍휼이 드러나는 것을 기뻐합니까? '지나간 죄를 들추어서 뭣해 수치스럽기만 하지' 하거나, '하나님 앞에서만 죄를 고백하면 됐지 왜 사람 앞에서 죄를 고백해야 해!' 하면서 목장 식구들이나 사과해야 할 대상 앞에서 입을 꾹 다물고 있지는 않습니까?
- 사과했지만 끝내 화해하지 못한 사람은 누구입니까? 일곱 번까지 몸을 굽히는 진실하고 겸손한 사과를 했습니까?

은혜를 느낄 때 아름다운 화해를 할 수 있습니다

에서가 눈을 들어 여인들과 자식들을 보고 묻되 너와 함께 한 이들은 누구냐 야곱이 이르되 하나님이 주의 종에게 은혜로 주신 자식들이니이다_창 33:5

야곱에게서 '은혜'라는 말이 나오기 시작했습니다. 지난 31장에서 라반은 야곱의 아내와 자식들을 가리켜 내 딸, 내 자식이라고 했는데(창 31:43), 야곱은 '은혜'로 주신 자식들이라고 소개합니다.

이후 8절에도 "내 주께 은혜를 입으려 함이니이다" 하고, 11절에서는 "하나님이 내게 은혜를 베푸셨고"라고, 15절에도 "나로 내 주께 은혜를 얻게 하소서"라고 말합니다.

창세기를 통틀어 '은혜'라는 말이 스물세 번 등장하는데 32장에서 세 번, 33장에서 다섯 번이 쓰였습니다. 삼분의 일에 가까운 수가 야곱과 에서의 화해를 다룬 본문에 쓰였습니다. 그만큼 형제 사이에 화해하기가 어려운 겁니다. 하나님의 은혜 없이는, 인간의 힘으로는 안 되는 것입니다.

특별히 아버지가 부자인 형제들이 더 화해하기 어려운 걸 봅니다. 아버지가 나누어 줄 것이 많기 때문입니다. 부자 아버지가 형에게만 유산을 많이 주고 내게는 겨우 먹고살 정도만 주었다고 생각해 보세요. 그때부터 형제 사이가 틀어지기 시작해서 좀체 화해가 안 됩니다. 반대로 아버지가 가난한 집의 형제들은 받을 것이 없어서 화목합니다. 그러니 "우리 집은 화목해" 하며 잘난 척할 것도 없습니다. 서로 이해타산할 게 없어서 그렇습니다. 그 누구도 은혜 없이는 진정한 화해를 할 수 없습니다.

> 6 그 때에 여종들이 그의 자식들과 더불어 나아와 절하고 7 레아도 그의 자식들과 더불어 나아와 절하고 그 후에 요셉이 라헬과 더불어 나아와 절하니_창 33:6~7

은혜받은 야곱에게 하나님이 어떤 장면을 보여 주십니까? 에서와의 충돌을 대비하여 총알받이로 여종들을 내세우지 않았습니까? 그 결과, 자신이 하나님 같게 여기는 형이 여종들부터 만납니다. 그다음은 레아고, 라헬이 마지막입니다.

이 말씀을 우리에게 적용해 보자면, 내가 자녀를 아끼면 아낄수록 그 자녀가 구원과 멀어질 수 있다는 겁니다. 되레 차별해서 키운 자녀가 먼저 주님을 만날 수도 있다는 겁니다. 이것이 은혜입니다. 우리가 알 수 없는 일이 이렇게 있습니다.

앞서 이야기했지만 야곱의 약한 부분은 가족입니다. 그래서 먼저 얍복강을 건너게도 하고, 앞으로 뒤로 나눠서 배치한 것이죠. 가족 때문에 두려워하기도 하고, 가족 때문에 겸손할 수도 있었습니다. 가족 때문에 형에게 일곱 번 몸을 굽힐 수 있었습니다. 이처럼 우리 인생의 영원한 주제는 '가족'입니다.

미국의 사회복지사이자 상담가인 마크 시켈(Mark Sichel)의 저서 『화해의 기술』에서 읽은 내용입니다.

관계가 단절된 가족들의 구성원을 살펴보면, 반드시 '피해의식으로 가득 찬 사람'과 '비위 맞추는 사람'이 존재한답니다. 그런데 피해의식에 사로잡힌 사람이 어떤 사람을 상처 주기로 마음먹으면 그때 휘두르는 무기와 독소는 무진장하다고 합니다.

피해의식이 가득한 이들의 특성을 살펴보면, 첫째로 자기는 절대 잘못하는 법이 없고, 둘째로 어떤 일이 있어도 사과하지 않으며, 셋째로 자신이 도덕적·윤리적으로 다른 사람보다 뛰어나다고 진심으로 믿는답니다. 또 규칙을 만들고, 규칙을 파괴하고, 가족의 규칙을 다른 사람에게 강요한답니다. 이외에도 자기 행동을 늘 합리화하고 문제는 항상 이 세상에, 자신의 외부에 있다고 믿는다는 겁니다. 그래서 그와 함께하는 가족들은 바늘방석에 앉은 듯 하루하루가 불안하다고 합니다.

반면 비위를 맞추는 사람은 다른 사람을 즐겁게 해 주지만 스스로 진정 즐거운 경우는 거의 없답니다. 그들은 다른 사람의 사랑과 인정을 받고자 끊임없이 노력합니다. 그러나 아무리 많은 사랑을 받아도 자기 자신에 대해 긍정적인 느낌을 갖지 못한답니다.

그들의 특성을 구체적으로 살펴보면, 첫째로 사건, 상화(相和), 상호작용 등에 매우 민감하게 반응하면서 그 상황에서 자신의 필요나 욕구, 열망 등을 주장하려고 하지 않는답니다. 둘째로는 자신을 향한 비판을 무조건 사실로 받아들여 즉시 자존감에 상처를 입고 고통을 받는답니다. 셋째로 버림받을까 봐 비정상적으로 두려워하고, 넷째로 일이 잘못되면 항상 자책한답니다. 또한 자신보다는 다른 사람의 감정에 더 신경을 쓴답니다.

이외에도 책임감이 지나치게 발달해 주위 사람들의 문제를 해결해 줄 마술적인 능력을 자신에게서 기대하며, 동정심과 사랑을 혼돈하고, 자기희생과 다른 사람을 돌보는 것을 혼동한다고 합니다.

여러분은 어디에 속합니까? 피해의식에 사로잡힌 사람입니까, 비위를 맞추는 사람입니까? 목장에 가셔서 서로 나누어 보십시오. 저는 두 가지 모습이 다 존재하는 것 같습니다.

마크 시켈은 "세상에서 나와 가장 가까운 사람이 가족임에도 불구하고 그들에게 피해의식을 느끼거나, 또는 그들의 비위를 맞추면서 급기야 관계가 단절되어 버리는 오늘날 우리 모습이 아이러니하다"고 말합니다. 도대체 왜 그런 것일까요?

마크 시켈은 그 원인을 '가족 신화'에서 찾습니다. 가족 신화란 가족, 특히 부모에 의해 형성되고 주입되는 가족의 이상적인 모양을 말합니다. '가족이라면 서로 사랑하고 도와주고 보살펴 주어야 한다'는 가족에 대한 일종의 환상으로, 태어나면서부터 지금까지 우리 삶을 지탱해 주는 신념이기도 하답니다. 그래서 가족 신화가 해체되면 하늘이 무너지는 것 같은 충격을 받는다는 겁니다.

그러면 이 가족 신화가 왜 문제가 되는 것일까요? 그 이유는 바로 비현실성 때문입니다. 가족 신화는 우리의 현재 모습, 혹은 우리가 이루어 낼 수 있는 가족의 모습보다 항상 더 행복하고, 더 깔끔하고, 더 나은 사람들로 이루어진 가족의 모습을 그립니다. 우리가 원하는 이런 이상적인 가족과 현실의 가족 사이의 괴리가 파괴적인 결과를 낳는 것이죠. 더 큰 문제는, 우리가 원한다고 생각하는 가족의 모습을 실제로는 원하지 않는다는 것입니다.

한 자매가 제게 이런 메일을 보냈습니다.

피해의식이 강한 저는 배려 깊고 신앙이 좋아 보이는 남자를 만나 결혼했습니다. 그런데 막상 살아 보니 남편은 배려 깊은 사람이 아니라 속이 없는 사람이었습니다. 남에게 지나칠 정도로 잘하고, 어떤 부탁이든지 따져 보지도 않고 들어줍니다. 심지어 빚을 내서 도와주기까지 합니다. 또 인정받고 싶은 욕심에 자꾸 사업을 벌여서 나날이 빚만 늘립니다. 빚더미에 앉은 처지에 교회 지체들에게는 어찌나 밥을 잘 사는지, 그것도 아주 비싼 걸로만 삽니다. 남에게 인정받아야 하니까 빚이 있다는 사실은 절대로 오픈하지 않습니다.

정말 기가 막힌 건, 남에게는 맨날 밥을 사면서 십일조는 하지 않는다는 겁니다. 그러니 제가 잔소리를 안 할 수 있겠습니까? "왜 빚을 지냐, 왜 돈도 없는데 밥을 사냐? 왜 십일조는 안 드리냐……." 날마다 아우성치는데도 남편은 달라지지 않았습니다. 도저히 같이 못 살 것 같아서 이혼하자고 하니 글쎄, "당신이 그렇게 힘든지 몰랐다" 하면서 "내가 이혼을 도와주겠다" 하지 뭡니까. "당신이 이혼하자고 하면 반대할 생각이 없다"고 합니다. 아무것도 분간하지 못하고 이런 문제까지 도와주겠다고 하는 이 남편을 어찌해야 할까요?

그야말로 피해의식이 가득한 아내와 비위 맞추는 남편의 만남입니다. 환상을 품고 결혼했는데 막상 살아 보니 파괴적인 결과만 낳습니다. 도저히 함께 살 수가 없습니다.

그러니 여러분, 성품 좋고 집안 좋고 병력 없고…… 이런 것 따져서 결혼한다고 잘 사는 게 아닙니다. 예수 믿는 사람이 최고입니다. 한 자매가 믿는 형제를 만나 교제하다가 형제의 부모가 이혼했다는 사실을 알고 헤어졌답니다. 그런데 헤어지고 보니 그 형제만 한 사람이 없다는 걸 깨달았다는 것입니다. 자매는 노처녀가 되었는데 형제는 다른 자매와 결혼했다고 하더군요. 상대에게 믿음이 있다면 뭐가 문제겠습니까.

가족과 화해하려면 먼저 가족 신화에서 벗어나야 합니다. 가족이라도 얼마든지 싸울 수 있습니다. 그럴 때 건강한 사람들은 내가 붙잡고 온 가족 신화가 무엇이든 간에 그것의 변화를 받아들이고 앞으로 나아갑니다. 반면에 건강하지 못한 사람들은 가족 신화가 자신의 자존심을 지켜 준다고 생각합니다. 자신들의 심리적인 생존이 신화가 지속되는 데 달렸다고 믿는 것입니다.

가정에 문제가 없고 평탄할 때는 서로 속고 삽니다. 그러다 위기가 찾아오면 그것이 신화인지 사랑인지 알게 됩니다. 내 옆에도 피해의식에 가득 찬 남편, 비위를 맞추는 아내가 있습니다. 이들을 어떻게 도와주어야 합니까? 경멸스럽고 외면하고 싶겠지만, 일단 결혼했다면 따스하게 보듬고 너그럽게 이해해 주어야 합니다. 다시 말하면 '무조건적인 사랑'으로 끌어안아야 합니다. 그렇다고 매사 "그래, 네가 옳아" 하는 것이 무조건적인 사랑은 아닙니다. 우리는 오직 예수 안에서만 사랑할 수 있습니다. 사람은 사랑을 할 수도, 만들 수도, 지을 수도 없기 때문입니다. 여러분, 가족 신화는 없습니다!

내가 공동체를 귀히 여기고 남을 귀히 여기며 이타적으로 사는 것이 무조건적인 사랑을 할 수 있는 비결입니다. 가족 신화에 머물러서 내 가족만 쳐다보고 있으니까, 각종 기념일 열심히 챙기면서 가족에 대한 환상을 놓지 못하니까 맨날 배반당하고 원망이 끓어오르는 것입니다. 식구들이 내가 원하는 대로 해 주지 않잖아요.

조금만 시선을 돌려서 이타적인 사랑을 하면 배우자에게도, 자녀에게도 존경받을 텐데 그 쉬운 걸 우리는 은혜 아니면 못 합니다. 정말 화해가 안 됩니다. 야곱도 20년 걸렸습니다.

• '가족이라면 이래야 해' 하고 내가 빠져 있는 가족 신화는 무엇입니까? 피

해의식에 사로잡혀 나의 원칙을 식구들에게 강요하지는 않습니까? 혹은 배우자, 부모가 주장하는 가족 신화를 따르기 위해 비위를 맞추고 있지는 않습니까?

● 가족 신화가 아니라 사랑으로 가족을 대합니까? 교회 공동체를 섬기고 지체들을 섬기며 주 안에서 무조건적인 사랑을 배우고 있습니까? 가족조차 사랑하지 못하는 내 모습을 보며 하나님께 은혜를 구하고 있습니까?

같이 나누고자 하는 마음이 생길 때
아름다운 화해를 할 수 있습니다

8 에서가 또 이르되 내가 만난 바 이 모든 떼는 무슨 까닭이냐 야곱이 이르되 내 주께 은혜를 입으려 함이니이다 9 에서가 이르되 내 동생아 내게 있는 것이 족하니 네 소유는 네게 두라 10 야곱이 이르되 그렇지 아니하니이다 내가 형님의 눈앞에서 은혜를 입었사오면 청하건대 내 손에서 이 예물을 받으소서 내가 형님의 얼굴을 뵈온즉 하나님의 얼굴을 본 것 같사오며 형님도 나를 기뻐하심이니이다 11 하나님이 내게 은혜를 베푸셨고 내 소유도 족하오니 청하건대 내가 형님께 드리는 예물을 받으소서 하고 그에게 강권하매 받으니라

_창 33:8~11

참된 용서와 화해에는 반드시 물질이 뒤따릅니다. 나의 물질까

지도 아낌없이 줄 수 있을 때 진정한 화해를 할 수 있습니다. 야곱이 에서에게 예물을 드리는 것은 화해를 위한 조건이 아니라 하나님의 은혜로 화해를 이룬 결과입니다. 32장에서 야곱이 준비한 예물은 뇌물이었지만 본문의 예물은 진심이 담긴 선물입니다.

10절에 "하나님의 얼굴을 본 것 같사오며"라는 야곱의 말도 거짓말이 아닙니다. 이런 야곱의 마음이 에서에게 전달되었습니다. 그런데 이 구절을 원어로 보면, 야곱은 하나님에 대한 명칭을 여호와 대신에 '엘로힘'이라고 표현하고 있습니다. 보통 언약의 하나님을 가리킬 때는 여호와라는 명칭을 쓰는데 본문에는 여호와라는 이름이 한 번도 나오지 않습니다. 왜 그럴까요? 야곱이 여호와 하나님의 언약에 근거해 고향으로 돌아오게 되었다는 걸 에서가 알지 못하게 하려는 겁니다. 즉, 장자권을 놓친 에서의 상처를 건드리지 않으려는 것이죠.

야곱의 의도대로 에서는 전혀 인식하지 못합니다. 장자권을 빼앗긴 일로 평생 야곱에게 이를 갈았는데 말입니다. 이것만 보아도 에서는 언약과는 상관없는 사람입니다.

야곱은 언약과 상관없는 라반과도 유종의 미를 거두고 에서를 감동시켜 아름다운 화해를 이루었습니다. 구원 역사를 이루기 위해서 반드시 거쳐야 하는 일이기 때문입니다. 나는 누구와 화해해야 합니까? 그가 언약과 상관없는 사람이라도, 나와 같이 믿음의 길을 가지 않는 사람이라도 최선을 다해야 합니다. 예수님이 가룟 유다에게 "네가 하는 일을 속히 하라"(요 13:27) 하며 회개할 기회를 주셨지만, 끝내 그는 돌이키지 않았습니다. 마찬가지로 형제와 화해하고 구원까지 이

276

루어진다면 좋겠지만, 화해한대도 끝내 구원받지 못하는 식구가 있습니다. 그래도 우리는 최선을 다해서 "예물을 받으소서, 반드시 받으소서" 해야 합니다.

에서가 받지 않으려 하는데도 야곱은 끝까지 강권합니다. 아브라함이 헤브론에서 매장지를 살 때도 값을 받지 않으려는 헷 족속을 강권하여 은 사백 세겔에 막벨라 굴을 샀습니다. 요즘으로 따지자면 호적을 만들어 둔 것입니다. 야곱도 에서가 두 번 다시 자신을 해하지 못하도록 예물을 주어서 반드시 화해를 받아 내야 했습니다. 세상에는 이런 화해도 있습니다.

에서와 화해하는데 '은혜'라는 단어가 다섯 번이나 나왔다고 했습니다. 결코 화해할 수 없을 것 같은 사람이라도, 하나님의 은혜를 깨닫고 내 죄를 볼 때 화해하게 될 줄 믿습니다.

이런 아름다운 화해의 샘플을 소개하려 합니다. 고든 맥도날드 (Gordon MacDonald) 목사님의 책 『마음과 마음이 이어질 때』의 일부 내용을 발췌합니다.

미국 중서부 지방에 데이빗 존슨, 리자 존슨 부부가 살고 있었습니다. 그들에게는 네 살, 두 살 된 두 아들이 있었습니다. 어느 날 아내 리자 존슨이 감기로 병원에 입원했습니다. 갑자기 온몸에 힘이 빠지고 극도로 쇠약해졌습니다. 조금 회복되어 퇴원하기 전날 밤 아내 리자 존슨은 남편 데이빗으로부터 편지 한 통을 받았습니다. 긴 편지였습니다. 그 편지에는 남편 데이빗의 비밀이 담겨 있었습니다. 데이빗은 자기가 에이즈 바이러스에 감염된 것을 최근에 알게 되었고, 자기도 모르는 새, 그 에이즈 균이 아내 리자에게 옮겨 갔다는 것입니다. 이어서 데이빗은 그동안 따로 동성연애를 했었다고 고백했습니다. 데이빗은 아내가 충격받을 것을 대비해서 정신과 의사까지 준비해 놓고 아내가 집에서 나가라 하면 곧바로 나갈 수 있도록 짐까지 다 싸 두었습니다. 리자는 억장이 무너지는 충격을 받았습니다. 그러나 그 충격 속에서 리자는 십자가에서 죄인 된 자기를 용서하신 예수님을 생각했습니다. 마침내 그 용서의 사랑을 실천할 때가 된 것을 알고 남편을 용서하기로 결단했습니다.

리자는 데이빗을 똑바로 쳐다보며 물었습니다. "Do you love me as before? 아직도 나를 사랑하나요?" 데이빗이 "Yes! I love you as ever. 그럼, 나는 당신을 변함없이 사랑해"라고 대답했습니다. "그렇다면 우리 함께 헤쳐 나가요!" 이것이 리자의 결론이었습니다. 에이즈 균은 그들 부부의 몸을 파괴해 갔지만, 그들 부부의 인간관계는 파괴할 수 없었습니다. 에이즈 바이러스가 리자의 몸을 완전히 쑥밭으로 만들고 있었지만, 그들 부부는 친구들과 출석하는 교회 성도들에게 이 비밀을 털어놓기로 했습니다. 어떤 성도는 충격과 공포에 빠졌고, 어떤 성도는 데이빗의 배반, 리자의 용서 이야기를 듣고 더 가까이 다가와 그들을 도와주고자 애썼습니다. 리자가 임종하는 순간 그의 침대 곁에 가까운 친구들이 찬송가를 불러 주었습니다. 리자는 죽기 전에 참으로 남편 데이빗을 사랑했으며, 그 누구도 자기의 죽음을 남편 데이빗의 탓으로 돌리는 것을 원치 않는다고 분명히 밝혔습니다. 그 후 남편 데이빗도 죽었고 두 아들은 양육을 책임지기로 한 가까운 친구 부부의 집에서 자라고 있습니다.

아내 리자의 기록이 남아 있는데 인용하면 다음과 같습니다.

"인간에게 주신 하나님의 기쁜 소식만이 유일하게 나를 행복하게 해 주는 것이다. 나를 높이 들어 진리에 이르게 하려고 여기까지 내려온 성육신의 은혜, 이것은 정말 놀라운 것이다. 나는 부서질 대로 부서졌다. 나는 상한 모습으로 여기 누워 있다. 하나님을 아는 지식에서 오는 소망과 언젠가는 이 모든 것을 '현재의 가벼운 환난'으로 웃어넘길 날이 온다는 믿음에서 나오는 소망만이 내 영혼의 힘이다."

이 사건은 그 지역사회에 있는 주민들에게 쇼킹한 뉴스가 되었습니다. 많은 부부 사이를 다시 점검하게 했습니다. 리자의 죽음이 병원에 좋은 영향을 미쳤습니다. 가장 사랑하는 남편으로부터 위로와 치유는커녕 가장 아픈 충격을 받고 그로 인해 죽어 가면서, 완전한 용서를 몸 보인 것입니다. 리자가 하나님을 예배하는 사람이 아니었다면 어떻게 이처럼 남편을 용서할 수 있었겠습니까? 각양 좋은 은사와 온전한 선물은 다 위로부터, 빛들의 아버지로부터 내려오는 것입니다.

우리는 모두 행복하게 살기를 원합니다. 행복은 항상 좋은 일만 있는 것이 아닙니다. 내가 원치 않는 어려움이 항상 있습니다. 인생을 살다 보면 길어도 100년, 짧으면 60~70년 정도입니다. 이 시간은 영원한 시간에 비하면 눈 깜짝할 순간입니다. 나에게 현재 주어진 시간은 결코 나의 소유가 아닙니다. 시간은 하나님의 피조물입니다. 나는 시간의 청지기요, 관리인일 뿐입니다. 나에게 주어진 많은 시간 중에서 성경 말씀을 묵상하고 하나님과 교제하는 시간, 주일날 하나님께 예배 드리는 시간을 하나님은 절대적으로 요구하십니다. 내가 시간 관리를 어떻게 하고 있는지, 주님을 위해 사용해야 할 시간을 내 멋대로 사용하고 있는 것은 아닌지 이것을 점검해 봐야 합니다.

만약 주님께 드려질 시간을 엉뚱한 곳에 드리고 있거나, 앞뒤 잘라서 조금 조금씩, 마치 거지 동냥 주듯, 쓰레기 휴지통에 버리듯, 내 시간 중에 쓰고 남은 것을 하나님께 드리고 있다면, 정상적인 성장을 할 수 없습니다. 더 좋은 것들을 잃어버릴 수 있고, 더 어리석고, 더 비참한 결과를 초래할 수 있습니다.

여러분, 반복해 말하지만 가족 신화는 없습니다. 돈이 있고, 정 있으면 부부 관계가 좋다가, 돈 떨어지고 정떨어지면 이혼하겠다고 난리 치지 않습니까? 그러니 가족 신화는 정말 없습니다. 내 가족 때문에 속 끓이지 말고 이제부터 다른 사람을 구원하는 데 시간을 쓰십시오. 이것이 곧 내 가족에게 무조건적인 사랑을 베풀게 되는 비결입니다. 물론 가족에게든지 이웃에게든지, 누군가에게 헌신하기란 쉽지 않습니다. 하나님의 은혜 없이는 할 수 없는 일입니다.

고든 맥도날드 목사님은 "헌신이란 모든 가능성이 바닥나고 회개하는 자에게 긍휼이 미칠 때까지, 그리고 인생의 악재가 기어이 선으로 나타날 때까지 계속하여 걷는 걸음"이라고 했습니다. 리자는 데이빗을 용서하지 않을 수도 있었습니다. 데이빗을 비난하며 책임을 돌릴 수도 있었습니다. 그러나 리자는 도리어 자기의 권을 포기했습니다. 이것이 상대방을 향한 헌신이요, 예수님께서 우리에게 하신 일입니다. 이처럼 진실한 사과와 아름다운 화해가 있는 곳에 마음과 마음이 이어지고 진정한 사랑의 나눔이 시작될 것입니다.

나아가 고든 맥도날드 목사님은 "가족이나 친구, 부부 등 둘 이상의 사람이 한계를 뛰어넘어 서로에게 충실할 것을 서약한다면 바로 그것이 헌신"이라고 말했습니다. 그런데 우리는 어떻습니까? 사소한 일에도 화해가 안 되고 "끝이야!"라는 말이 툭하면 튀어나옵니다.

주례를 할 때면, 저는 신랑 신부에게 이렇게 당부합니다.

"흙으로 지어진 남자는 짐승과 구조가 같아서, 결혼하고부터는 여자를 괴롭게 하는 게 전공입니다. 그러니 신랑이 잘해 주는 건 어제로 끝입니다. 오늘부터는 잘해 주기를 기대하지 마세요. 반면에 뼈로 지어진 여자는 재료가 좀 좋다고 얼마나 교만한지 모릅니다. 시기와 분노가 하늘을 찌릅니다. 그러니까 서로 기대할 게 하나도 없다는 걸 알고 출발하십시오."

제가 지어낸 이야기가 아니라 성경 말씀 그대로입니다. 제가 늘 이렇게 성경을 따라 주례하니까 화해할 수 없는 부부가 화해하고, 나아가 다른 가정을 살리는 부부로 발돋움하는 줄 믿습니다.

예수를 믿는 자로서 화해할 수 없는 상황에서도 화해하고, 사과할 수 없는 상황에서도 사과해야 하는데 우리가 그러지 못합니다. 야곱이 형과는 화해했지만, 가족을 순번 매기며 차별하지 않았습니까? 우리가 다 야곱 같습니다. 인생이 치졸하기가 짝이 없습니다. 그래도 이렇게 야곱이 먼저 자신의 치졸함을 먼저 오픈해 줘서 참 위로가 됩니다.

야곱이 사랑할 사람은 라헬이 아닌데 그가 도무지 깨닫지를 못하니까 하나님께서 이 문제를 계속 다루어 가십니다. 그리고 마침내 라헬을 내려놓게 하십니다. 내가 먼저 내려놓으면 좋을 텐데, 하나님이 아무리 "내려놓으라" 하셔도 좀체 끊지 못하는 것이 우리에게도 있습니다. 그래서 하나님이 수고하시고, 모든 환경이 수고합니다. 그러나 라반과 에서가 수고하여 야곱이 돌이켰듯, 택한 자는 어떤 어려움 속에서도 결국 돌이킬 줄 믿습니다.

길이 안 보이는 문제 가운데 있습니까? '아무리 힘들어도 야곱보다 더 할까?' 묵상하면서 나를 돌아보십시오. 어떤 어려운 문제라도 하나님 안에서, 믿음의 시선으로 보면 해결받을 수 있습니다. 죽음에 이르는 겸손으로 나아간다면, 산산조각 난 관계라도 서로 눈물을 흘리는 사이로 변하게 해 주십니다. "사람의 행위가 여호와를 기쁘시게 하면 그 사람의 원수라도 그와 더불어 화목하게 하시느니라"고 했습니다(잠 16:7).

야곱이 에서와 화해하며 서로 눈물을 흘리기까지 자그마치 20년이 걸렸습니다. 우리가 이렇게 시간을 낭비하고 삽니다. 사람을 미워하는 것이 얼마나 낭비이고, 지옥을 사는 일인지 모릅니다. 정말 은혜 아니면 누구도 진정한 화해를 할 수 없습니다. 재물과 좋은 것을 나누는 일도 은혜 없이는 할 수 없습니다.

모두가 화해를 원하지만 어디를 둘러봐도 전쟁의 소식만 들립니다. 부부간에, 가족 간에, 교회 간에, 기업 간에, 나라 간에 날마다 전쟁입니다. 야곱과 에서가 감동적인 화해를 이루었듯, 여러분이 처한 전쟁의 현장에서 아름다운 화해를 이루기 바랍니다.

- 나의 재물, 나의 소유까지도 나누며 화해를 청하고 있습니까? 최선을 다해 "받으소서, 받으소서" 합니까? 내 것을 베풀기를 아까워하지는 않습니까?
- 언약과 상관없어 보여서, 혹은 도무지 예수를 믿지 않을 것 같아서 화해 하기를 포기해 버린 관계는 없습니까? 구원을 바라보며 끝까지 헌신해야 할 사람은 누구입니까?

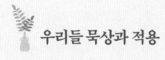 우리들 묵상과 적용

저는 믿지 않는 사람과 결혼했습니다. 하지만 남편이 교회에 잘 따라와 주고 자녀들도 말을 잘 들으니, 스스로 내조 잘하는 아내, 좋은 엄마라고 착각하며 내 욕심을 따라 살았습니다. 그러다 아들이 고등부에서 첫 예배를 드리던 날, 심장 부정맥으로 쓰러졌습니다.

저는 중환자실에 있는 아들을 보며 "하나님, 하필이면 왜 접니까?" 부르짖으며 한참을 흐느꼈습니다. 그런데 마음 깊은 곳에서 주님이 저와 함께 울고 계심이 느껴졌습니다. 머리로는 하나님의 옳으심이 인정되었지만, 축복을 빼앗긴 에서가 슬피 울며 나쁜 눈물을 흘린 것처럼, 저도 아들의 의식이 속히 돌아오기만을 기도하며 연민의 눈물만을 흘렸습니다. 그런데 하나님은 계속해서 말씀으로 저를 설득하시며, 제 환도뼈를 치신 아들의 일이 나를 돌이키기 위한 구원의 사건임을 깨닫게 하셨습니다. 그러자 자기 연민으로 흘리던 '나쁜 눈물'이 내 죄 때문에 흘리는 '좋은 눈물'로 바뀌었습니다. 저는 하나님을 믿는다고 하면서도 아이들이 공부 못하고 불량해 보이는 친구들을 사귀지 못하게 하며, 이기적으로 자녀를 키웠습니다. 그러니 제가 바로 인간적인 욕심으로 라헬과 요셉을 편애한 야곱임이 너무도 인정되었습니다(창 33:2).

　이후 아들의 사건을 믿음의 시선으로 담담히 바라보게 되었지만, 어느새 나태해진 제게 주님은 과거의 보증 문제로 다시 찾아오셨습니다. IMF 시절, 저희 가정은 작은 형부의 사업 보증을 섰다가 전 재산을 잃었습니다. 당시 원금의 절반을 갚으면 보증인이 면책되는 제도가 있었습니다. 그런데 절반을 갚은 후 잔금 백만 원에 대한 각서를 분실하면서, 미회수된 원금과 이자까지 모두 오천만 원을 청구받게 된 것입니다. 저는 아들의 사건 이후 작은언니를 용서했다고 생각했는데, 이런 일이 터지니 그것이 아님을 알게 되었습니다. 게다가 오빠가 언니에게 집을 사 줬다는 소식까지 듣게 되자, 나는 망하게 해 놓고 정작 언니는 태평하게 사는 것 같아 피해의식이 올라왔습니다.

　일 년 여간 법정을 오가며 사실관계를 제시하려고 했으나 결국 "보증인으로서 모든 채무에 대한 책임을 져야 한다"는 최종 판결을 받았습니다. 남편과 저는 에서에게 일곱 번 허리를 굽힌 야곱처럼, 항소하지 않고 담당자에게 사과하는 적용을 했고, 그 과정에서 아들의 사건도 간증했습니다(창 33:3). 그러자 담당자는 자신도 전에 교회를 다녔었다고 하면서, 놀랍게도 보증인에 대한 면책 조건으로 "십분의 일만 채무액을 지급하라"고 했습니다. 가족 신화를 위해 내 자식을 끼고 돌 때는 누구에게도 나누지 못했지만, 누워 있는 자식을 통해 예수를 증언하니 그 누구와도 가족이 될 수 있음을 느낍니다. 아름다운 화해를 위해 또다시 사건을 주신 하나님, 사랑하고 감사합니다.

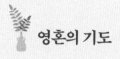
영혼의 기도

하나님 아버지, 서로 갈등하면서 오래도록 화해하지 못하는 가정이 정말 많습니다. 말씀을 통해 왜 화해가 안 되는지, 그것이 얼마나 어려운 일인지 알려 주시니 감사합니다.

주님, 야곱이 육신의 정욕과 안목의 정욕, 이생의 자랑에서 벗어나지 못해서, 가족을 내려놓지 못해서 화해가 어려웠던 걸 보았습니다. 우리도 그렇습니다. 가족이 내 존재 이유라고 생각되니까 가족 문제에 늘 걸려 넘어집니다. 가족 신화와 가족 사랑을 구별하지 못합니다. 이런 우리를 불쌍히 여겨 주옵소서.

우리가 나 자신과, 나아가 하나님과 화해하지 못하면 치유가 일어나지 않습니다. 그런데 많은 가정이 서로 피해의식을 발하거나 무조건 비위를 맞추면서 피를 철철 흘리고 있습니다. 피해의식도, 무조건 비위를 맞추는 것도 스스로는 고칠 수 없습니다. 성령님, 우리에게 찾아오셔서 만져 주시고 치유하여 주옵소서. 먼저 나부터 하나님과 화해하도록 역사해 주옵소서.

힘든 식구들을 무조건적인 사랑으로 품는 것이 화해의 비결이라 하지만, 내 힘으로는 가족을 사랑할 수 없습니다. 그런데 예배 공동체

안에서 다른 사람을 살리는 것이 내 가족을 무조건 사랑할 수 있는 길이라고 알려 주십니다. 주님이 알려 주신 이 비결을 실천하며, 먼저 사과하고 화해를 청하는 우리가 되게 하옵소서. 나로 가정에서 중심 잡는 한 사람이 되게 하옵소서. 온 권속을 믿음의 길로 이끄는 그 주인공으로 나를 택하신 줄 믿습니다.

야곱이 20년간 훈련받은 후 마침내 에서와 아름다운 화해를 했습니다. 마찬가지로 하나님이 우리에게 화해의 열쇠를 주셨습니다. 주님, 우리 가족을 살려 주옵소서. 우리가 가족 신화에서 벗어나 가족을 객관적으로 보게 하옵소서. 가족을 내려놓게 하옵소서. 주여, 우리 힘으로는 할 수 없습니다. 도와주옵소서. 하나님의 은혜가 우리 가정에 임하게 하옵소서. 예수님 이름으로 기도하옵나이다. 아멘.

10

나의 하나님

창세기 33장 12~20절

하나님 아버지,
하나님을 나의 하나님으로 부르짖기를 원합니다.
말씀하여 주옵소서. 듣겠습니다.

예레미야서를 큐티하던 어느 날입니다. 그날 본문은 유다의 시드기야 왕이 "나는 갈대아인에게 항복한 유다인이 두렵다. 만일 갈대아인이 나를 그들 손에 넘기면 그들이 나를 조롱할 것이다" 말하며 바벨론에 항복하기를 거절하는 내용이었습니다(렘 38:19). 문득 '이 어려운 말씀을 아이들은 어떻게 큐티할까' 궁금해졌습니다. 그래서《새싹 큐티인(QTM에서 발간하는 미취학 아동용 큐티지)》을 펼쳐 보았죠. 이런 묵상 질문들이 눈에 띄었습니다.

'혼이 날까 봐 솔직히 말하지 못한 것은 무엇인가요?'

'이불에 오줌을 싸고 혼날까 봐 몰래 감춘 적은 없었나요?'

아이들 눈높이에 딱 맞는 묵상 질문 아니겠습니까? 저는 어린이 주일이라고 해서 특별한 설교를 하지 않습니다. 하지만 이처럼 교인 전 세대가 한 말씀으로, 날마다 큐티하며 가니까 우리 자녀들이 믿음 안에서 쑥쑥 자라나고 있습니다.

가까운 예로 제 손녀만 보아도 얼마나 교회를 좋아하는지 모릅니다. 손녀가 종일 찬송가를 지절거리거나 고사리 같은 손을 모아 "나를 위해 죽으신 예수님, 감사해요. 우리에게 양식을 주시는 하나님, 감사해요" 기도할 때면 천국이 따로 없는 것 같습니다. 어려서부터 말씀을 심어 주니까 우리 아이들이 이렇게 예수님, 하나님을 나의 하나님이라고 고백합니다. 어떤 말로도 표현할 수 없을 만큼 감사한 일입니다.

하나님을 나의 하나님이라 부르지 못하고 세상을, 자신을 하나님 자리에 두고 사는 사람이 얼마나 많은지 모릅니다. 왜, 간혹 이런 말을 듣는 사람들이 있지 않습니까?

"저 사람은 예수 믿는 사람보다 더 훌륭해."

예전에는 이런 말이 별로 거부감이 들지 않았습니다. 그런데 잘 생각해 보니 '그만큼 훌륭하니까 예수를 못 믿는 것이 아닐까' 합니다. 우리 가까이에도 이런 이들이 있습니다.

매튜 미드(Matthew Mead)는 그의 책 『유사 그리스도인』에서 사도행전 26장 28절 말씀을 바탕으로 이 땅에 '거의' 그리스도인이 될 뻔한 사람이 많다고 교훈합니다.

"……네가 나를 설득하여 거의 그리스도인이 되게 하였도다 *Almost thou persuadest me to be a Christian*"(행 26:28, KJV).

매튜 미드는 이야기합니다.

"성경은 참된 그리스도인은 '겨우' 구원을 받게 될 것이라고 말한다. 즉, 많은 어려움을 겪더라도 결국 구원을 얻게 될 것이라는 말이다. 그들은 지옥과 같은 고통과 슬픔을 많이 겪더라도 결국 천국에 이르게 될 것이다. 반면에 외적인 그리스도인은 '거의' 구원받을 뻔한 자이다. 즉, 구원을 받을 뻔한 처지에 있는 것이다. 그들은 위선자로서 비록 천국에 들어갈 소망으로 많이 즐거워했을지라도 결국에는 지옥에 들어갈 것이다."

왜 '거의' 그리스도인인데도 그들은 천국에 입성하지 못합니까?

그들이 입으로는 하나님을 부르짖지만, 실은 그들에게 하나님이 나의 하나님이 아니라 너의 하나님이기에 그렇습니다. 그러면 어떤 사람이 하나님을 "나의 하나님"으로 부르짖을까요?

나의 하나님을 부르는 사람은 가는 길이 다릅니다

에서가 이르되 우리가 떠나자 내가 너와 동행하리라_창 33:12

지난 장에서 야곱과 에서가 아름다운 화해를 했습니다. 그러니 지금만큼 두 형제가 같이 살기 좋을 때가 없습니다. 에서도 "우리가 떠나자" 하면서 그의 결심과 소원이 확고하다는 걸 보여 줍니다. 이제는 동생에게 도움을 주겠다는 것입니다. 함께 살러 최종 목적지를 향해 나아가자는 것입니다. "내가 너와 동행하리라"는 말도 그렇습니다. '내가 400명의 군사로 너를 호위하겠다. 아무 염려하지 말아라. 이제야 우리가 혈육의 정을 나누게 되었구나'라는 초청입니다.

이럴 때 여러분이라면 어떻게 하겠습니까? 아름다운 화해를 했으니 에서를 따라가야 하지 않습니까? 에서와 화해하기 위해 야곱이 일곱 번이나 절했는데, 에서의 청을 딱 거절하면 지난 모든 겸손이 말짱 도루묵 되는 것 아닙니까? '따라가느냐, 마느냐' 이것이 문제입니다. 에서에 관한 시험 중에 최고난도 관문입니다.

20년 만에 돌아가는 가나안은 야곱에게 낯설고 위험한 땅일 것입니다. 이때 에서가 400명의 군사로 호위해 준다면 얼마나 힘이 되겠습니까? 하지만 정답부터 말하면, 에서와는 같이 가서는 안 됩니다. 16절을 미리 보겠습니다.

> 이 날에 에서는 세일로 돌아가고_창 33:16
> So Esau returned that day on his way unto Seir_창 33:16(KJV)

'이날에 에서는 세일로 돌아갔다'고 합니다. 같은 구절을 킹 제임스 버전(KJV) 성경은 원어의 표현을 살려 '그의 길로(on his way) 돌아갔다'라고 했습니다. 즉, 에서가 하나님께서 원하시는 길이 아니라 자신의 뜻대로 길을 갔다는 것입니다. 그 결과 그는 구속사의 길에서 영원히 사라지는, 슬픈 뒷모습을 남겼습니다. 이삭의 장례를 치르는 본문에 잠깐 등장하긴 하지만 이후로는 성경에서 찾아볼 수 없습니다.

에서는 우상 문화에 깊이 빠져 있는 사람입니다. 아무리 형이라도 우상숭배자와는 같이 갈 수 없는 법입니다. 물론 불신자와도 사이좋게 지내야 하지만 궁극적으로 성도는 불신자와 함께 갈 수 없습니다.

나아가 아예 믿지 않는 사람보다도 더 난감한 상대가 이삭의 아들 에서, 곧 유사 그리스도인입니다. 그들은 믿는 족속 가운데 있으면서 우리를 힘들게 합니다. 안 볼 수도 잊을 수도 없는 사람, 나의 친척입니다.

매튜 미드는 이야기합니다.

"누군가 하나님의 백성을 사랑한다고 해서 그를 그리스도인이라고 말할 수는 없습니다. 아무리 하나님의 백성을 사랑한대도 유사 그리스도인일 수 있습니다. 성도에 대한 모든 종류의 사랑이 우리의 성도 됨을 증거할 수는 없습니다. 바로는 요셉을 사랑하여 그를 애굽의 2인자 자리에 앉혔습니다. 그러나 바로는 여전히 사악한 자였습니다. 북이스라엘의 왕이요, 우상숭배자였던 아합은 남유다의 성군 여호사밧을 사랑하여 그와 동맹을 맺고, 자기 딸 아달랴를 여호사밧의 아들 여호람과 결혼시켰습니다. 그러나 아합은 여전히 사악한 자였습니다."

바사 왕 고레스도 그렇습니다. 이스라엘을 바벨론 포로 신분으로부터 해방시킨 은인이지만 그 역시 사악한 자였습니다.

매튜 미드는 계속해 말합니다.

"죄인과 하나님의 자녀 사이에는 깊은 불일치가 있습니다. 그러므로 하나님의 자녀는 죄인을 죄인으로서는 사랑할 수 없습니다. 죄인을 단순히 피조물로서는 사랑할 수 있습니다. 마찬가지로 죄인도 하나님의 자녀를 하나님의 자녀로서는 사랑할 수 없습니다. 그들이 하나님의 자녀를 사랑하는 것은 어떤 다른 이유에서입니다. 하나님 자녀의 거룩함 때문에 사랑하는 것이 아니라, 그리스도인의 인격을 존경하여 사랑하는 것입니다. 또한 그리스도인의 외적인 탁월함 때문에, 혹은 그리스도인의 이용 가치 때문에 사랑합니다. 자기에게 신실하고 유용하기 때문에 사랑하는 것입니다. 그저 세속적인 존경심, 이기적인 목적에서 생기는 자연적인 사랑인데 그들은 자신이 진실로 사랑한다고 착각합니다. 그러나 세속적인 사람의 사랑은 한계가 뚜

렷한 사랑입니다."

인간의 사랑에는 한계가 있습니다. 다들 사랑해서 결혼했을 텐데, 왜 바람피우고 배우자를 배반하겠습니까? 거듭 말하지만 가족 신화는 허구입니다. 사람의 말은 믿을 게 못 됩니다. 사람은 믿음의 대상이 아니기 때문입니다.

매튜 미드는 "성경이 말하는 거듭남의 증거가 되는 사랑은 영적인 사랑밖에 없다"고 합니다. 제가 괜히 "믿음을 보고 결혼하라" 말하는 게 아닙니다. 애초부터 영적인 사랑을 택하지 않은 건 나 자신 아닙니까? 그러고는 이제 와 '남편이, 아내가 배반했네, 마네' 이런 말 하면 안 되는 것이죠. 그러면 "나는 교회 다니는 사람과 결혼했는데 왜 배반당한 겁니까?" 묻는 사람도 있을 것입니다. 유사 그리스도인이 더 강적이라고 했습니다. 의인의 이름으로 의인을 알아보는 사랑을 해야 합니다.

형제가 아름다운 화해를 했지만 야곱이 에서와 같이 갈 수 없는 이유가 바로 이것입니다. 야곱은 부족해도 나의 하나님을 믿고, 에서는 훌륭해도 너의 하나님을 믿고 있습니다. 야곱이라고 400명 군사에게 호위받으며 편히 가고 싶은 마음이 왜 없겠습니까. 하지만 20년의 훈련을 거쳐 야곱이 그 수준에서는 벗어나게 됐습니다. 아무리 능력과 권세를 가졌어도 불신자와는 함께 갈 수 없다는 걸 알게 됐습니다.

눈물로 야곱을 용서한 에서는 신적인 사랑의 모범을 보여 주는 듯 했습니다. 야곱도 형을 보고 '하나님의 얼굴을 본 것 같다'고 했습니다(창 33:10). 그렇지만 아무리 믿는 자보다 훌륭해 보인대도 불신자에게는 소망이 없습니다. 대통령이라 해도 나의 신앙을 지도할 수는 없습니다. 이제는 형의 지도를 받을 야곱이 아니라는 말입니다. 우애를 돈독히 하겠다는 명목으로 에서와 같이 가는 것은 분별없는 행동입니다.

더 쉽게 설명해 보겠습니다. 내가 신앙을 핍박하는 무서운 남편 아래서 열심히 믿음 생활을 하는 아내라고 합시다. 어느 날 이 남편이 태도가 돌변해서 내게 잘해 줍니다. 그래도 내가 여전한 방식으로 열심히 믿어야 한다는 말입니다. 갑자기 돈으로, 보석으로, 명품으로 나를 휘감아 주면서 "교회 가지 말고 나와 함께 가자, 내 말 들어. 그러지 않으면 다른 여자랑 논다!" 위협한대도 따라가서는 안 됩니다. 도리어 핍박받을 때는 우리가 믿음을 잘 지킵니다. 그런데 보석, 명품으로 유혹해 오면 믿음이 흔들립니다. 하나님보다 돈이 더 커 보이기 때문입니다. 특히 다른 여자 만나러 간다는 말에 간담이 떨어집니다. 그렇다고 "알았어" 하고 따라가면 그때부터 멀리멀리 떠내려가는 겁니다.

천국행 여정에는 믿음과 더불어 분별력이 요구됩니다. 도덕과 윤리로만 따지면 남편에게 순종하는 것이 맞지 않습니까? 남편이 교회에 가지 말라는데 안 가는 게 맞지요. 도덕과 윤리만으로는 깊이 알 수가 없습니다. 야곱에게 이것을 알려 주시고자 그로 험난한 세월을 보내게 하신 것입니다. 무서운 형이, 비열한 외삼촌 라반이, 부인들이 수고하고 추위와 더위마저 수고했습니다. 돈을 많이 벌었어도 별 인생이 없다는 걸 야곱이 깨달았습니다. 돈을 가져 보았는데도 별 인생이 없는 걸 깨달았으니 얼마나 축복입니까.

16절에 에서가 세일로, 자기의 길로 갔다고 했습니다. 에서가 그럴 걸 야곱이 미리 알아차렸습니다. '형은 나와 같이 갈 사람이 아니다……' 어떻게 알았을까요? 에서에게서는 '하나님의 은혜'라는 고백이 나오지 않습니다. "내가 너와 같이 예수님을 믿겠다" 이런 말도 안 합니다.

그런데 에서 입장에서도 한번 생각해 봅시다. 화해하려고 내게 일곱 번이나 절한 야곱이 나와 함께 가지 않겠다고 하니 앞뒤가 안 맞아 보입니다. 내 말이라면 다 들어줄 것 같다가, 갑자기 "형하고 같이 안 간다" 하니까 불신자의 눈으로는 도무지 이해할 수가 없습니다. 옳고 그름으로 따지면 얼마나 이상한 행동입니까? '야곱 저것은 역시 나쁜 놈이야. 언제는 내게 몸을 굽히더니 내가 함께 가자고 하니까 거절해?' 이러지 않겠습니까? 그러나 우리는 불신자와 갈 길이 다르고, 사는 목적도 다릅니다.

함께 살자는 에서의 청을 따라야 하는지, 거절해야 하는지 20년이 흘러 에서와 화해하고 나서야 야곱이 알게 됐습니다. 에서는 함께 갈 수 없는 사람이라는 걸 깨달았습니다. 야곱에게 이런 지혜를 주시려고 인생은 혼자인 것을 주님이 때마다 시마다 가르치셨습니다. 야곱이 하란으로 도망갔을 때도 혼자였고, 얍복 나루에서도 홀로 남았었습니다. 사람을 의지하지 말고 하나님을 나의 하나님으로 고백하는 인생 되라고, 그에게 수없는 사건을 허락하신 것입니다.

그러니 "아무개가 불신자여도 예수 믿는 사람보다 훨씬 낫다니까요" 이런 말 하면 안 됩니다. 교인인데도 이런 말로 불신교제나 불신

결혼, 불신자와의 동업을 부추기는 사람이 있다면 만나지 마세요. 그들을 믿음으로 분별하십시오. 정말 믿음의 사람이라면 이런 말을 할 수가 없습니다.

야곱이 완전해서 에서를 분별한 것은 아닙니다. 여전히 두려움이 많고 간교한 기질도 남아 있습니다. 에서를 끊게 된 동기도 순수하지만은 않습니다. 에서의 믿음을 보고 분별한 부분도 있지만, 여전히 에서가 두려우니까 끊기 쉬웠던 것이죠. 평소 둘의 사이가 좋았다면 쉽게 결단하지 못했을 겁니다. 하나님께서 야곱의 두려움까지도 쓰신 것입니다. 택자의 약함을 허용하십니다.

나는 누구와 함께 갈 수 없다고 분별했습니까? 우리의 연약함을 아시는 주님이 나의 숨은 두려움까지 쓰셔서 끊을 마음을 주셨는지도 모릅니다.

신학 교수요 작가였던 루이스 스미디스(Lewis B. Smedes)는 그의 책 『용서의 미학』에서 이와 같이 말했습니다.

"용서하는 데는 한 사람이 필요하다. 재결합하는 데는 두 사람이 필요하다. 용서는 상처받은 사람 내면에서 일어난다. 재결합은 두 사람 사이의 관계에서 일어난다. 상대방이 미안하다고 말하지 않더라도 우리는 그 사람을 용서할 수 있다. 그러나 그 사람이 정말 정직하게 미안하다고 하지 않는다면 우리는 진정으로 재결합할 수 없다."

에서와 야곱 사이에는 건널 수 없는 강이 있습니다. 화해는 했지만 에서와 야곱은 재결합할 수 없는 사이입니다. 여러분도 생각해 보십시오. 나와는 길이 다른데 환상을 품고 있는 교제, 결혼, 사업, 교육은 없습니까? '예수 안 믿어도 너무 좋아' 하면서 누구와 함께 가려 합니까? '나는 그 여자 없이는 못 살겠어. 믿음이 뭐가 문제야, 예쁘면 다지' 하지는 않습니까?

다시 말하지만, 신자와 불신자는 갈 길이 다릅니다. 길이 다른 사람과 함께 가려 하면 너무 많은 대가를 치러야 합니다.

- 하나님이 원하시는 길이 아닌 내 길을 가는 유사 그리스도인은 아닙니까?
- 나는 누구와 같이 가고 누구와 같이 갈 수 없는지 믿음으로 분별합니까? 서로 길이 다른데도 불신교제, 불신결혼, 불신 동업을 강행하고 있지는 않습니까?

나의 하나님을 부르는 사람은 거절할 때도 기술이 있습니다

성도에게는 사명이 있습니다. 이 땅에서 사명 감당하라고 주님이 나를 만나 주셨습니다. 그러므로 사명을 저해하는 것들은 끊어야합니다. 과감히 거절해야 합니다. 다만 거절에도 기술과 미학이 있어야겠지요. 13절 이후를 보니 야곱이 에서의 청을 아주 지혜롭게 거절합니다. 거짓말하지 않으면서 정중하고 부드럽게, 그러나 단호하게거절합니다. 자세히 보겠습니다.

야곱이 그에게 이르되 내 주도 아시거니와 자식들은 연약하고 내게

있는 양 떼와 소가 새끼를 데리고 있은즉 하루만 지나치게 몰면 모든 떼가 죽으리니_창 33:13

거짓말이 아닙니다. 야곱이 밧단아람에서 20년을 지내며 7년 되는 해에 결혼했으니까 본문 당시 맏아들 르우벤이 열세 살 정도였을 것으로 추정됩니다. 따라서 르우벤을 포함한 열한 명의 아들과 딸 디나 모두가 열세 살에서 여섯 살 사이에 불과했을 것입니다. 아직은 연약할 때입니다. 또한 그동안 쉼 없이 도망쳐 오느라 가축들도 지쳤을 것입니다.

13절을 한마디로 요약하면 "나는 강자보다 약자를 돌보겠다"라는 말입니다. 돈을 따라가지 않고 내 주변의 약자를 돌보겠다는 것입니다. 거절의 이유가 이타적입니다. 거절에도 기술이 필요한데, 야곱은 자신의 이익보다 공공의 이익을 내세웁니다. 이런 이유라면 상대도 기분이 상하지 않을 것입니다.

비슷한 예로, 학벌 좋은 사람 말고 힘들고 어려운 사람 좇아간다고 하고 거절하면 상대가 슬퍼하기는 하겠지만 상처는 덜 받지 않을까요?

청하건대 내 주는 종보다 앞서 가소서 나는 앞에 가는 가축과 자식들의 걸음대로 천천히 인도하여 세일로 가서 내 주께 나아가리이다_창 33:14

이어서 야곱은 '가축과 자식들의 걸음대로 천천히 인도하여 가겠다'고 말합니다. 이 말 역시 거짓이 아닙니다. 남녀노소가 뒤섞여 있고 수많은 가축까지 딸린 무리가 어찌 에서의 400명 군사와 행보를 맞출 수 있겠습니까? 그러려면 가축들을 채찍질하고 어린 자녀들까지 보채서 잰걸음으로 달려가야 합니다. 모두가 지칠 것입니다.

'세일로 가겠다'는 말도 그렇습니다. 야곱이 먼저 가겠다고는 했지만 지키지는 못했습니다. 믿지 않는 사람은 야곱이 거짓말했다고 할 것입니다. "자기가 세일로 가겠다고 말하지 않았어?" 말꼬리를 잡을 것입니다. 그러나 에서를 속이거나 따돌리려던 게 아닙니다. 앞서 야곱이 에서와는 같이 갈 수 없다는 걸 깨달았다고 했습니다. 따라서 이 말은 '기회를 봐서 세일로 가겠다'라는 의미로 봐야 합니다.

> 에서가 이르되 내가 내 종 몇 사람을 네게 머물게 하리라 야곱이 이르되 어찌하여 그리하리이까 나로 내 주께 은혜를 얻게 하소서 하매_창 33:15

야곱이 천천히 가겠다고 하자 에서가 자신의 군사 몇 사람을 야곱 일행과 함께 머물게 하면 어떨지 제의합니다. 하지만 마하나임, 곧 하나님의 군대가 자신과 동행하고 있다는 사실을 야곱은 이미 알고 있습니다(창 32:2). 따라서 에서의 군대로부터 도움을 받을 필요가 없습니다.

야곱은 또다시 거절합니다. 심지어 자신을 돕지 않는 게 자신에게 은혜를 베푸는 것이라 합니다. "지금까지 형님께 받은 은혜만으로도 과분합니다. 그러니 제가 제안한 대로 하게 해 주세요." 간곡히 부탁하고 있습니다.

야곱의 최종 목적지는 세일이 아니라 가나안입니다. "형님, 신자와 불신자는 갈 길이 다릅니다." 야곱이 설명한다고 해도 에서는 알아듣지 못할 것입니다. 그래서 에서에게 간절히 예물을 청했던 것처럼, 에서의 도움 역시 간곡히 거절합니다. 세상 사람들은 오직 돈을 최고로 여기기에, 자기에게 떡고물이라도 주거나 자기 것을 빼앗아 가지 않으면 좋아합니다. 이런 불신자의 특성을 야곱이 십분 이용한 것입니다. 거짓말하지 않고 에서에게 어떤 도움도 받지 않으면서 그의 마음이 상하지 않게, 조금의 앙금도 남지 않게, 태도는 아주 정중하고 부드럽게, 하지만 단호하게 거절합니다.

그런데 우리는 어떻습니까? 사명을 저해하는 것들을 거절한다는 미명 아래 불신자들을 눈살 찌푸리게 하고 속여 먹고 그들과 다투기도 합니다. 그러고는 "안 믿는 사람하고는 상종하기 싫어. 절대 같이 안 가!" 하고 나오니까 예수 믿는 사람들이 욕을 먹는 것입니다. 아름다운 화해를 해야 거절도 잘할 수 있습니다. 나아가 거절에도 기술이 필요합니다. 사이좋게 지내되, 늘 비위를 맞춰서도 안 됩니다. '좋은 게 좋은 거지' 하는 것은 나의 하나님을 욕되게 하는 태도입니다.

『20대 여자가 꼭 알아야 할 거절의 기술 34』라는 책에서 이런 이야기가 나옵니다.

남자는 과제 중심적인 반면에 여자는 관계 중심적이다. 남자는 주어진 과제나 문제를 해결하는 것이 중요한 관심사이고, 주어진 과제나 문제 해결을 얼마나 잘 하는가에 가치를 부여하고 자부심을 느낀다. 반면에 여자는 다른 사람들과 관계를 얼마나 잘 맺고 이를 유지해 나가는가가 주요 관심사여서 관계를 얼마나 잘 하는가에 가치를 두고 자부심을 느낀다. 그래서 여자들은 단순히 관계를 위해 상대의 요구를 거절하지 못하고 원치 않는 승낙을 하기도 한다.

K는 최근에 이혼을 했다. 그녀는 집안의 반대 때문에 정말 결혼하고 싶던 남자와 헤어지고 부모가 권유한 남자와 결혼했다. 마음에 없는 결혼이라 그랬는지, 신혼 초부터 남편과 크고 작은 싸움이 끊이질 않았다. 그러다 서로 미움과 원망이 폭발하여 결국 이혼에 이르렀다.

그런데 이후로 K는 예상하지 못한 감정을 겪었다. 이혼만 하면 시원하고 자유로울 줄 알았는데 그 반대였다. 다니던 교회도 더 이상 못 나가고, 친척이나 이웃들과도 연락하지 않게 되었다.

K는 자신의 삶이 오로지 남편을 중심으로 만들어진 세계였다는 것을 이혼하면서 깨닫게 되었다. 그렇게 중요한 결혼을 왜 자신이 선택하지 못하고 부모의 선택에 의존했는지 억울하고, 지난 시간을 흘려보낸 것만 같아 허탈했다.

저자는 거절에 가장 약한 사람이 20대 여자라고 말합니다. 그들은 부모의 요구도, 상사의 요구도 잘 거절하지 못합니다. 대부분 유교 가치관이 깊은 부모 아래서 순응적으로 자랐고, 낯선 관계에 서툴기 때문입니다. 그러나 20대 여자의 삶에서 거절은 선택이 아니라 필수랍니다. 거절을 못한 결과는 상상했던 것 이상으로 나쁠 가능성이 많다는 것입니다. 원치 않은 결혼은 이혼이라는 불행한 결과를 낳기도 하고, 원치 않는 데이트는 자칫 성폭행이라는 나쁜 상처를 만들 수 있습니다. 그러므로 원하지 않으면 '반드시 거절하라'고 조언합니다. 원치 않는 데이트도, 원치 않는 결혼도 반드시 거절해야 합니다.

비단 20대 여자들만 그런 것이 아니겠지요. 부모의 요구를 거절하지 못해서 결혼하고도 늘 부모에게 끌려다니는 사람을 종종 봅니다. 결혼하면 배우자가 우선이고, 그다음이 자식, 부모, 형제 순입니다. 우리가 이 우선순위를 지켜 알맞게 거절해야 하는데, 성인 아이가 많아서 언제, 어떻게 거절해야 할지 잘 모릅니다. 자칫 관계가 깨질까 봐 거절해야 할 걸 알면서도 하지 못할 때도 많습니다. 그러니 지혜가 정말 필요합니다.

한 경제 신문에 실린 '거절의 기술'이라는 제목의 칼럼입니다.

중소기업을 경영하는 한 사장이 대출받기 위해 제2금융권을 찾았다가 보기 좋게 거절을 당했습니다. 하지만 그는 언짢지도, 기분이 나쁘지도 않았습니다. 금융사 대표가 너무나 설득력 있게 설명해 주었기 때문입니다.

대표는 먼저 중소기업의 사정을 잘 들어 주었습니다. 그 후 자신의 회사 기준과 운영 방침을 자세히 설명했습니다. 축약하면, 요즈음 대출에 관한 우려가 높고 아직 회수하지 못한 대출도 많아서 회사 나름대로 기준을 정했답니다. 이럴 경우는 어떻게 저런 때는 어떻게 나름대로 마련한 기준에 따라 충실히 자금을 운용하고 모든 직원에게 이를 따라 줄 것을 당부했는데, 대표가 먼저 기준을 파기하기에는 너무 큰 부담이 된다는 것이었습니다.

중소기업 사장은 사정이 다시 급해졌지만, 금융사의 기준과 운영 원칙이 깨어지는 것은 회사를 경영하는 자신도 그리 원치 않는 일이었습니다.

꾸밈없고 확실한 명분이 있는 거절은 상대의 마음을 누그러뜨립니다. 그러나 앞에 사례처럼 거절을 담백하게 받아들이는 사람도 있지만 그렇지 못한 사람이 더 많습니다. 거절은 자칫 관계를 서먹하게 만듭니다. 특히 잘 아는 사이일수록 고민의 시간은 길어집니다. 그래서 거절에도 기술이 필요합니다.

거절 후에도 상대방과 원활한 관계를 바란다면 먼저 자신의 이익과 편의보다는 공공의 이익과 가치에 부합하는 이유로 거절하도록 노력해야 합니다. 보편적 가치와 기준에 입각한 설명으로 상대방의 공감대를 이끌어 내라는 것입니다. 또 특별한 명분을 찾을 수 없을 때는 자신의 사정을 솔직히 말하는 것도 좋은 방법입니다. 사람은 언젠가 또 만나기에 한 번의 부탁과 거절로 이제껏 다져 온 관계를 단절한다는 것은 매우 어리석은 일입니다.

앞서 야곱에게서 배운 거절의 기술이 다 들어 있지요? 야곱도 연약한 가족을 돕겠다는 공공의 가치를 내세워 에서의 청을 거절하지 않았습니까. 공공의 이익과 가치에 부합하는 이유로 거절하면 상대가 기분 나빠하지 않는답니다. 그러니 항상 이타적인 이유를 찾으려 노력하십시오. 그래도 명분이 없을 때는 솔직히 말하는 것이 최고랍니다. 때로는 내 감정에 충실하라는 말입니다. 자꾸 끌려다녀서는 안 됩니다.

가수 김송 집사님 부부가 부부 생활이 주제인 한 방송 프로그램에 출연한 것을 보았습니다. 사회자가 "최근에 남편이 내 마음을 몰라줘서 섭섭했던 일은 무엇입니까?" 김송 집사에게 묻자, 집사님은 오히려 자신이 남편의 마음을 못 알아준다고 대답했습니다. 어려서 남편을 만나 서로 너무 익숙해져서 남편의 마음을 잘 못 알아챈다는 것입니다. 예수님 이야기만 하지 않았지, 이보다 솔직한 간증은 없다는 생각이 들었습니다. 우리는 솔직한 사람에게 감동합니다. 그러니 거절할 명분이 없다면 솔직하게 나아가세요. 그것이 거절을 잘하는 길입니다.

• 나는 거절을 잘합니까? 반드시 거절해야 하는 일에 우물쭈물하면서 잘못된 길로 가고 있지는 않습니까?
• 나는 어떻게 거절합니까? 상대의 기분을 잔뜩 상하게 하고는 '나는 거절을 참 잘해' 착각하지는 않습니까? 공공의 가치에 합당한 이유를 찾으려 노력하고, 명분이 없을 때는 솔직하게라도 거절하고 있습니까?

'나의 하나님'을 부르는 야곱도 징한 인생입니다

야곱은 숙곳에 이르러 자기를 위하여 집을 짓고 그의 가축을 위하

여 우릿간을 지었으므로 그 땅 이름을 숙곳이라 부르더라_창 33:17

야곱이 에서를 지혜롭게 거절했습니다. 그러나 야곱도 아직 온전한 순종은 하지 못합니다. 하나님의 도우심으로 여기까지 왔는데 이제는 하나님을 위해 집을 지어야 하지 않겠습니까? 그런데 시험이 끝나자마자 야곱이 '자기를 위하여' 숙곳에 집을 지었다고 합니다.

이해는 됩니다. 라반 시험도, 에서 시험도 다 지나갔으니, 이제는 우리 식구끼리 잘 살아 보고 싶었겠지요. 하지만 아직 엘벧엘(창 35:7)에 도달하지 못했습니다. 목적지에 이르지 않았는데 내 식구끼리 살아 보겠다고 하는 것입니다.

남의 이야기가 아닙니다. 저도 시집살이할 때 '우리 식구끼리 살아 보았으면……' 하고 바랐습니다. 그러다 정말 살림을 났지만, 그때도 오롯이 우리 식구끼리만 지내지는 못했습니다. 남편의 병원 위층을 살림집으로 쓰다 보니 병원 식구들이 수시로 집을 들락날락했습니다. 남편이 죽고 시부모님이 돌아가시고 나서야 비로소 우리 식구하고만 살게 되었죠.

그런데 혼자가 되어 자유가 생기자 제가 뭘 했을까요? 다시 피아노의 세계로 돌아갔습니다. 그때도 제가 나의 하나님을 불렀는데, 박수와 환호가 있는 연주 생활로 딱 돌아간 것입니다. 하지만 제대로 자유를 만끽하지는 못했습니다. 한쪽에서는 사명을 부르짖고 한쪽으로는 여기저기 연주하러 다니고…… 양쪽 생활 다 고달프기가 짝이 없었습니다.

그러면 연주자로서의 삶은 화려했을까요? 연주회를 열면 관객을 채워야 하니까 처음엔 티켓을 주며 열심히 홍보했습니다. 하지만 누가 매번 오겠습니까. 그래서 티켓 주기를 그만뒀더니 아무도 안 왔습니다. 관객 하나 없는 연주회를 열어서 뭣합니까? 홀로 앉아 피아노를 치는 저 자신이 꼭 광대 같게 느껴졌습니다. 양다리 인생이 얼마나 허무한지 이때 알게 됐습니다.

돌아보면 이때가 가장 위기였습니다. 젊고, 누구도 간섭하지 않고, 유혹도 많고…… 실제로 놀아 보고 싶기도 했습니다. 숙곳에서 자기 집을 지은 야곱 이야기가 바로 제 이야기입니다. 성경을 내 생활에 대입해서 묵상하면 잘 깨달아집니다. 저도 피아노를 금세 포기하지 못했습니다. 그것이 꼭 내 길 같았습니다. 하마터면 형편없이 살 뻔했습니다.

- 나는 어떤 인생의 집을 짓고 있습니까? 그것은 하나님을 위한 집입니까? 나를 위한 집은 아닙니까?

그래도 나의 하나님을 부르짖으니까
하나님께서 확실한 소망을 붙잡게 하십니다

18 야곱이 밧단아람에서부터 평안히 가나안 땅 세겜 성읍에 이르러 그 성읍 앞에 장막을 치고 19 그가 장막을 친 밭을 세겜의 아버지 하

몰의 아들들의 손에서 백 크시타에 샀으며_창 33:18~19

34장에서 어린 디나가 처녀로 성장한 걸 보면(창 34:1~4) 야곱 가족이 숙곳에 꽤 오래 머물렀다는 것을 알 수 있습니다. 이제는 숙곳에서 한 걸음 더 나아가 가나안 땅 세겜 성으로 거처를 옮깁니다. 그런데 성경은 이 일을 "야곱이 밧단아람에서부터 평안히 가나안 땅 세겜 성읍에 이르렀다"고 서술하고 있습니다.

"내가 평안히 아버지 집으로 돌아가게 하시오면 여호와께서 나의 하나님이 되실 것이요"(창 28:21).

지난 28장에서 야곱이 드린 서원 기도를 하나님께서 들으시고 신실히 이행하셨습니다. 야곱의 기도대로 나의 하나님이 되어 주셨습니다.

마침내 야곱은 아브라함의 하나님, 이삭의 하나님의 땅에 도착했습니다. 그런데 숙곳에서 지낼 때와는 다른 점이 보입니다. 그럴 만한 충분한 돈이 있는데도 지금까지 야곱은 그 어디에서도 땅을 산 적이 없습니다. 그런데 가나안 땅에 도착하자마자 백 크시타를 주고 자신과 가족이 지낼 땅을 삽니다.

야곱은 하나님이 약속하신 대로 언젠가는 이 가나안 땅이 자신과 후손의 터전이 되리라고 믿었습니다. 그래서 값을 지불해 땅을 삽니다. 즉, 믿음의 값을 치른 것입니다. 보이지 않는 영원한 소망을 위해 걸어가며 기꺼이 값을 치릅니다.

저에게도 숙곳 생활을 지나 백 크시타를 주고 믿음의 값을 치른 간증이 있습니다. 이쪽에서는 사명을 부르짖고 저쪽에서는 피아노 연주하러 다니던 그때입니다. 당시 저는 평신도 신분으로 재수생 큐티 모임을 인도하고 있었습니다. 그런데 이 큐티 모임을 통해 아이들이 하나둘 살아나는 것 아니겠습니까! 그때부터 제가 더 열심히 큐티를 했습니다. 신학 공부도 하지 않은 사람이라 내가 말씀을 보지 않으면 아이들에게 나눠 줄 것이 없잖아요. 학창 시절엔 피아노 연습을 안 하면 불안했는데 이제는 큐티하지 않으면 불안했습니다. 어디 놀러도 못 가고, 죽기 살기로 큐티만 했습니다.

저는 이것이 보이지 않는 영원한 소망을 위해 백 크시타의 값을 치른 일이라고 생각합니다. 누가 상 주는 것도 아닌데 아이들이 변화되고 구역 식구가 달라지니까 자원해서 시간을 쓰고, 공간을 쓰고, 애정을 썼습니다. 제 앞에 사명이 있으니까 그 사명을 이루기 위해 열심히 큐티했습니다.

또 숙곳에서 레슨하며 돈을 벌게 됐지만 이제는 그 돈을 쓸 곳도, 쓸 시간도 없다 보니 조금씩 조금씩 피아노를 내려놓게 됐습니다. 피아노 치는 기쁨과는 비교가 안 되는, 영혼이 살아나는 기쁨을 하나님께서 날마다 맛보게 해 주시니까 더 확실한 소망을 붙들게 된 것입니다. 그러니 여러분 목자, 부목자, 주일학교 교사 이런 섬김의 자리가 얼마나 귀한 것인지 모릅니다. 나로 하여금 확실한 소망을 붙잡게 해 주는 지름길인 줄 믿습니다.

지난 2007년, 최경주 선수가 타이거 우즈가 초청하는 타킷월드 챌린지 출전을 사양해 화제가 된 일이 있었습니다. 이 대회는 세계 정상급 선수 16명만이 참가할 수 있었고, 총상금이 575만 달러에 달했습니다. 또한 컷오프가 없어 꼴찌에게도 17만 달러(당시 한화로 약 일억 오천만 원)의 거금이 돌아갔습니다. 이런 어마어마한 기회를 최 선수가 다음 시즌을 위한 훈련 기간이 필요하다는 이유로 거절한 것입니다.

당시 많은 팬과 언론이 안타까워했지만, 저는 그가 보이지 않은 소망을 내다보며 내린 선택이라고 생각했습니다. 아무리 뛰어난 선수라도 비시즌에는 훈련을 해야 하고, 그때 얼마나 열심히 훈련했는가로 다음 시즌의 성적이 판가름 납니다. 더 나은 미래를 내다보며 때에 맞게 살아야 하는데, 눈앞에 상금만 바라고 이런저런 초청에 다 응한다면 훈련에 방해만 되지 않겠습니까?

저도 때에 맞는 삶을 살고자 노력했습니다. 큐티를 통해 어느 때를 살아야 하는지 주님이 알려 주셨고, 그렇게 학생의 때, 아내의 때, 어머니의 때를 거쳐 지금은 전도인의 때를 살고 있습니다.

제가 1990년부터 코스타(KOSTA, 한국 유학생 수련회) 강사를 지냈습니다. 그런데 피아노 강사를 그만둔 후부터는 어떤 집회 초청에도 응하지 않았습니다. 그때는 어머니의 때를 살아야 한다고 생각했기 때문입니다. 저는 이것이 큐티의 위력이라고 생각합니다. 인정받는 걸 그토록 좋아하던 제가 모든 집회를 거절했다는 것 아닙니까. 주님의 말씀을 따라 오직 자녀들을 돌보고, 큐티 모임을 인도하는 데만 매진했습니다. 얼마나 죽기 살기로 했는지, 방학 한 번 하지 않았습니다.

그리고 이런 적용들이 제게 성경 보는 실력을 가져다줬습니다. 여기저기 집회를 다녔다면 맨날 똑같은 이야기만 했을 텐데, 큐티 모임을 인도하니까 신구약 66권이 자연스레 들어오고 깨달아졌습니다. 그래서 제가 모르는 것이 많지만 한편으로는 모르는 것이 없습니다. 돌아보면 지금 목회의 때를 위해서 하나님께서 보이지 않는 것에 투자하게 하신 것 같습니다.

또한, 교회를 개척한 뒤에도 교회에 충실하고자 한동안 다른 집회에 서지 않았습니다. 먼저 우리들교회가 부흥되어야 이 땅에 말씀 묵상 운동이 정착되리라고 생각했기 때문입니다. 제 힘으로 교회가 부흥된 것이 아닙니다. 오직 말씀이 우리로 확실히 붙잡아야 할 것을 붙잡게 하셔서, 온 성도가 말씀을 길로 놓고 가게 됐습니다. 하나님께서 우리들교회를 부흥하게 해 주셨습니다. 목사가 유명하다고 교회가 부흥하는 게 아닙니다. 실속이 있어야 합니다. 우리가 실속 있는 신앙생활을 해야 합니다.

> 거기에 제단을 쌓고 그 이름을 엘엘로헤이스라엘이라 불렀더라
> _창 33:20

"엘엘로헤이스라엘." '엘'은 힘이라는 뜻을 가진 하나님의 명칭이고, '엘로헤(엘로힘)' 또한 하나님을 부르는 말입니다. '하나님과 더불어 싸워서 이긴 자'라는 뜻의 '이스라엘'에서 '엘'도 하나님을 가리킵니다. 하나님이라는 이름이 세 번이나 등장합니다.

또한 이스라엘은 야곱에게 주신 새 이름이기도 합니다. 그러므로 '엘엘로헤이스라엘'이라는 말은 "야곱의 하나님, 이스라엘의 하나

님"이라는 의미입니다. 즉, 지금 야곱이 하나님을 나의 하나님이라고 고백하고 있는 것입니다.

이처럼 부족해도 나의 하나님을 부르짖으며 나아가니까, 에서와 화해했지만 갈 길이 다른 것을 야곱이 알게 됐습니다. 하나님께서 그에게 지혜를 주신 것입니다.

하나님께 부르짖으면, 나의 하나님께 '물어 이르되' 하면 하나님께서 우리에게 확실한 것을 주시고 갈 길을 가르쳐 주실 줄 믿습니다.

한 아이가 저에게 이런 편지를 보냈습니다.

"목사님, 목사님, 정말 미치겠어요. 우리 아빠는 하는 짓이 꼭 유딩(유치원생) 같아요. 목자인데 뭐 이래요. 아빠 좀 데려다가 실컷 때려주세요!"

아이 눈에는 예수 믿는 아빠가 한참 부족해 보이나 봅니다. 그래도 저는 아빠가 목자가 맞고, 택자라고 말해 주고 싶습니다.

서두에 인용한 『유사 그리스도인』에서 매튜 미드는 말합니다.

"우리가 매우 심각하게 숙고해 보아야 할 두 가지 사실이 있습니다. 하나는 신자가 참된 은혜를 받았음에도 불구하고 얼마나 자주 실패하며, 얼마나 낮은 곳까지 떨어질 수 있는가 하는 것입니다. 다른 하나는 위선자가 은혜를 전혀 받지 못했으면서도 얼마나 멀리까지 천국 길을 갈 수 있으며, 얼마나 높은 곳까지 도달할 수 있는가 하는 것입니다.

성도는 지옥 가장자리에까지 던져질 수 있지만 결코 지옥에는 갈 수 없습니다. 반면에 위선자는 천국 입구까지 들어 올려질 수 있지만 결코 천국에는 들어갈 수 없습니다.

성도는 거의 멸망할 지경에 이를 수 있지만, 그는 끝내 영원한 구원을 받게 될 것입니다. 그러나 위선자는 거의 구원을 받을 지경에까지 도달하지만 마침내 멸망할 것입니다. 왜냐하면 성도는 최악의 경우에도 결국 신자이지만 위선자는 아무리 잘해도 결국 죄인이기 때문입니다."

아무리 부족해도 신자는 나의 하나님을 부르기에 구원을 받습니다. 반면에 더없이 훌륭해도 불신자는 너의 하나님을 부르기에 구원받지 못합니다. 그래서 신자와 불신자는 갈 길이 다른 것입니다. "아무개가 예수는 믿지 않아도 정말 훌륭해." 이제 이런 말은 하지 마십시오. 이것은 도덕과 윤리만이 왕 노릇 하는 사람들의 언어입니다.

우리들교회의 한 청년의 나눔입니다.

고침받아야 할 일이 있습니다. 저는 여자 친구와 혼전 순결을 지키지 못했습니다. 이것이 하나님 앞에 죄인 줄 알기에 깊이 회개하고 목장에서도 저의 죄를 고백했습니다. 그런데 더 큰 일이 기다리고 있었습니다. 여자 친구가 임신을 했다는 것입니다. 충격을 받았습니다. 빨리 모든 사람에게 알리고 결혼하자 했지만 여자 친구는 아이를 지우자고 하며 저를 더 혼란스럽게 했습니다. 요즘 회식이 잦았는데 임신한 줄 모르고 술을 많이 마셨다면서, 혹시 기형아가 태어나지는 않을까 걱정된다고 하더군요. 낙태를 해야 할지 빨리 결정해 달라기에 말로는 "생명을 낳아야 한다" 했지만, 끝내 우리는 아이를 지웠습니다.

며칠은 문제 없이 지냈습니다. 그런데 마태복음을 큐티하면서 마음에 찔림이 오기 시작했습니다. 살인, 간음에 관한 말씀이 그림자처럼 저를 따라다니며 괴롭혔습니다. 하나님은 "네가 살인했다"라고 분명히 말씀하고 계셨습니다. 그때부터 눈물의 회개가 터져 나왔습니다. 예배당에 앉으면 눈물부터 쏟아지고 예배가 끝날 때까지 눈물이 멈추지 않았습니다.

하지만 여자 친구는 그런 저를 이해하지 못했습니다. 제가 말씀 보고 신앙서적을 보는 데 많은 시간을 쓰면서 자연스레 데이트하는 시간이 줄자 여자 친구는 자신에게 소홀해졌다며 서운해했습니다. 자꾸 말다툼만 늘어가기에 여자 친구에게 제 심정을 솔직히 털어놓았습니다.

"우리, 교회 공동체에 죄를 고백하고 치리받자. 그리고 정식으로 다시 시작하자."

하지만 여자 친구는 우리가 더 열심히 살면 된다면서 죄책감에 묶이지 말라고 했습니다. 그러고는 교회도 오지 않았고 이제는 교회를 싫어합니다. "너희 교회 사람들은 자기 입으로도 지질하다고 말하면서 왜 사람들 앞에서 자신의 수치스러운 이야기를 털어놓느냐"고, "이해하지 못하겠다"고 합니다. 예배조차 나오지 않는 여자 친구에게 뭘 더 설명할 수 있겠습니까. "다른 교회라도 좋으니 예배부터 드리라" 하고 더는 다툼을 만들지 않으려 노력하고 있습니다.

죄의 문제를 말씀으로 해석하고 치리해 주는 공동체, 나를 위해 눈물로 기도해 주는 공동체를 떠나는 건 죄를 회피하려는 것이나 다름없지 않습니까? 그래서 혼자라도 예배에 참석하며 시간을 두고 여자 친구가 다시 공동체로 돌아오기를 기다리고 있습니다.

목장에서 진솔하게 나누려고 노력하지만 사실 낙태 죄는 고백하지 못했습니다. 그런데 마침 산부인과 이야기를 다룬 한 드라마를 보게 됐습니다. 홀로 골방에 앉아 드라마를 보면서 등장인물들의 안타까운 사연에 울고, 드라마가 끝나면 눈물로 회개하곤 했습니다. 어떤 날은 직장 동료가 임신 소식을 전하며 아기 초음파 사진을 보여 줬습니다. 축하한다고 밝은 얼굴로 화답했지만 가슴이 찢어질 듯 아팠습니다.

지체들의 간증이 저를 가난한 심령 되게 했고, 제게 용기를 주었습니다. 하나님께 전적으로 매달리는 야곱의 모습을 보면서 더는 지체할 수 없었습니다. 그동안 습관적으로 신앙생활 하면서 힘들고 위급한 상황이 오면 말씀을 피하고 인간적인 방법만 택했습니다. 하지만 결혼을 통해 하나님의 거룩하심을 나타내야 한다는 걸 알았습니다. 결혼이 이루어지지 않는다고 해서 인간적인 방법을 택하는 잘못을 반복하지 않겠습니다. 인생의 목적도, 결혼의 목적도 거룩인데 제가 새 가치관으로 거룩하게 살 수 있도록 기도해 주세요.

꺼내기 힘든 이야기일 텐데, 청년이 이렇게 자신의 죄를 성찰하며 가니까 얼마나 감사한지 모르겠습니다. 물론 청년이 실수했지만, 아직 결혼 전이기에 잘 분별하라고 말해 주고 싶습니다. 우리가 거절할 것은 거절하고 기다릴 것은 기다려야 합니다. 형제도 자매도 하나님 앞에 죄를 용서받아야 하지만, 그렇다고 꼭 둘이 같이 가야 하는 것은 아닙니다. 결혼은 다른 문제입니다.

청년의 나눔을 읽으면서 '죄지었을 때 가장 오기 싫은 교회가 우리들교회겠구나' 알았습니다. '우리들교회 나눔을 비하하는 사람도 있겠구나' 알았습니다. 여러분, 내 자녀가 이런 이야기를 하는 것이 싫습니까? 나는 그러지 못해도 내 자녀만큼은 하나님 앞에 진실한 자녀로 살기를 바라지 않습니까? 그런 자녀를 하나님은 영원토록 축복하십니다. 거룩을 인생의 가치관 삼고 걸어가야, 말씀으로 자신을 성찰해야 결혼도 잘 합니다.

나의 하나님을 부르짖는 사람은 화해했어도 갈 길이 다른 사람을 분별합니다. 화해했다고 언제나 행복한 결말을 맞는 것만은 아닙니다. 불신자, 유사 그리스도인과는 같이 갈 수 없습니다. "함께 떠나자"는 그들의 청을 거절해야 합니다.

나아가 거절에도 기술이 있습니다. 우리는 온전하지 못하기에 언제 어떻게 거절해야 할지 모르지만, 나의 하나님을 부르짖으면 하나님께서 분별하게 해 주십니다. 확실한 소망을 붙들게 해 주십니다.

믿음의 부모로서 자녀에게 줄 수 있는 가장 좋은 선물은 내가 문제 부모가 되지 않는 것입니다. 자녀가 어릴 때부터 신자와 불신자는 갈 길이 다르다는 것, 그래서 때로는 거절이 지혜라는 걸 알려 주십시오. 거절의 기술을 가르쳐 주십시오. 나아가 말씀으로 자신을 성찰하는 자녀로 키워 내십시오. 우리 자녀들이 말씀을 깨닫지 못해서 유사 그리스도인이 되면 어쩝니까. 위선자가 되면 어쩝니까. 자기 이야기를 못 해서 지옥에 가면 어쩝니까. 예수님 옆에 있던 대제사장과 바리새인들이, 유사 그리스도인들이 예수님을 죽였습니다. 유사 그리스도인은 그 부모가 만든다고 해도 과언이 아닙니다.

예레미야서를 보면, 예레미야가 바벨론에 항복하라고 그것이 구원을 얻는 길이라고 아무리 외쳐도, 유다의 지도자들은 애굽에 의지하여 바벨론에 대항하겠다고 합니다. 3년 동안 바벨론을 참았으니 애굽과 동맹하여 조금만 더 참아 보자고 합니다. 무조건 참고 기다리는 게 미덕은 아닙니다. 상황을 제대로 판단하는 분별력이 있어야 합니다. 어디서 순종하고, 어디서 참아야 하는지 아는 믿음의 분별력이 있어야 합니다. 하지만 죄인인 우리가 어찌 분별할 수 있겠습니까. 하나님이 나의 하나님이 되어야만 합니다. 내 비록 부족해도 하나님께서 인도해 주십니다. 내가 다른 길을 가도 하나님께서 보호해 주십니다. 이런 하나님이 여러분의 하나님이 되기를 기도합니다.

- 보이지 않는 영원한 소망을 위해 어떤 값을 치르고 있습니까? 목자, 부목자, 주일학교 교사 등 각종 섬김의 자리가 나로 확실한 소망을 붙들게 하는 자리인 걸 압니까?
- 말씀으로 자신을 성찰하고 있습니까? 부족해도 택자인 나를 하나님께서 보호하실 것을 믿습니까? '예수 믿는 사람이 왜 저래……' 하며 누구를 판단하고 있습니까? 부모를, 자녀를, 배우자를, 목회자나 목자를 판단하고 있지는 않습니까?

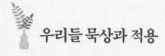

우리들 묵상과 적용

저는 캐나다의 기독교 가정에서 태어났습니다. 십 대 때 부모님의 이혼을 겪으며, 부모님께 버림받았다고 느꼈습니다. 대학생이 되어 다섯 살짜리 딸을 데리고 별거 중인 한 여자와 동거하다가 그녀가 임신하자 결혼했습니다. 저는 대학 교수나 C.S. 루이스 같은 작가가 되고 싶었지만, 너무도 가난했기에 식료품을 사기 위해 매주 피를 팔았고, 주말에는 큰딸과 함께 폐품을 주우러 다녔습니다. 박사과정을 마쳤어도 학위를 따지 못해 교수의 길이 막히자, 할 수 없이 고등학생들을 가르쳤습니다. 그러다 아내가 알코올중독에 빠져 술을 사기 위해 직장에서 돈을 훔치는 지경에 이르자, 학교에서의 제 위치도 위태로워졌습니다. 그래서 아내와 함께 미국으로 건너갔습니다.

그런데 저는 미국에서 병원 치료를 받는 아내를 두고, 다른 여자를 만났습니다. 그 여자가 제 아이를 임신하자, 숙곳에 머물며 안주한 야곱처럼 그녀와 결혼하여 행복하게 살고 싶었습니다(창 33:17). 그러나 그녀는 아이만을 원했고, 결국 저는 그녀에게 버림받았습니다. 그러고 얼마 후 아내가 집에서 홀로 죽은 채 발견되었습니다. 경찰은 저를 의심했고, 저는 살인 혐의로 조사까지 받았습니다. 캐나다로 돌아와 대학 강사로 일하면서 매일 하나님을 원망하며 미친 듯이 울었고, 죽고만 싶었습니다. 강사 계약이 끝나자, 돈도, 직업도, 가족도, 아무것도 남은 게 없다는 생각에 깊은 우울증에 빠졌습니다.

이후 인터넷에서 영어 교육 관련 일자리를 찾다가 우연히 한국 사이트를 클릭했는데, 다른 곳은 다 떨어지고 한국에서만 일자리 제안이 들어와 낯선 한국 땅에서 원어민 교사로 일하게 되었습니다. 하루는 동료들과 댄스 학원에 갔다가 그곳에서 지금의 아내를 만나게 되었습니다. 서로 명함만을 주고받은 뒤 헤어지고, 얼마 후 저는 인도의 국제학교에서 일하게 되었습니다. 그런데 그녀와 결혼하고 싶다는 마음이 계속 들어, 일 년 동안 이메일로 그녀와 연락하며 지냈습니다. 저는 그녀와 큐티 말씀을 나누며, 이기적으로 살아온 제 모습을 조금씩 직면하게 되었습니다. 그리고 하나님의 은혜를 느끼며 유사 그리스도인에서 하나님을 나의 하나님으로 고백하는 신자가 되었습니다. 그렇게 일 년 동안 시간과 애정을 쏟은 것이 세겜 땅을 사는 구원의 값이 되어, 저는 그녀와 결혼하고자 한국으로 왔습니다(창 33:19).

아내를 따라 우리들교회에 온 첫날, 아내의 짧은 통역에도 불구하고 성령의 감동으로 눈물이 쏟아졌습니다. 그날 저는 부모님에 대한 뿌리 깊은 원망으로 가족 신화를 이루려 했던 것, 불륜의 죄 등이 생각나 회개했습니다. 이후 저는 큰 기쁨으로 매주 교회에서 분리수거와 식당 청소를 돕기 시작했습니다(창 33:20). 그뿐만 아니라 20년 만에 화해한 야곱과 에서처럼, 저도 어머니와 40년 만에 화해했습니다(창 33:4). 거듭남의 은혜를 알게 해 주신 나의 하나님, 사랑합니다.

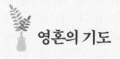

영혼의 기도

하나님 아버지, 야곱이 기가 막힌 은혜를 입었음에도 자기를 위해 집을 짓습니다. 이런 야곱을 보고 주님이 얼마나 마음이 아프실까, 나아가 우리를 보시고 얼마나 가슴이 아프실까 생각해 봅니다. 주님이 아무리 사랑해 주셔도 자기밖에 모르는 야곱의 모습이 바로 우리의 모습 아니겠습니까. 주님, 이렇게 우리가 형편없어도, 치졸해도, 욕심 많아도 "나의 하나님"이라고 부르짖습니다. 어린아이처럼 "나의 하나님, 나의 하나님"이라고 부릅니다.

그러나 주님, 나의 하나님을 부르짖으면서도 우리는 늘 유사 그리스도인에게 매혹당합니다. 세상 권세와 권력, 재물과 외모, 각종 탁월함에 압도됩니다. 마찬가지로 불신자들도 외적인 것만 보고 성도에게 매혹되기도 합니다. 서로 속이고 속습니다. 주님, 분별하기가 너무 어렵습니다. 이런 우리를 불쌍히 여겨 주시고 분별하는 믿음을 허락해 주옵소서.

결혼이나 사업, 자녀 교육 문제를 두고 기로 앞에 서 있는 성도님들이 계십니다. 영적인 결정을 내려야 하는 분들도 계십니다. 주님, 세상과는 길이 다른 걸 우리가 기억하게 하옵소서. 서로 길이 다른데 내가 갈 수 있다고 착각해서 잘못된 결정을 하지 않도록 도와주옵소서.

　나의 잘남으로는 올바른 길을 갈 수 없습니다. "엘엘로헤이스라엘"을 부르짖은 야곱처럼 그저 "주여, 나의 하나님이여" 부르짖고 가면, 내가 지옥문 앞에 다다랐을지라도 하나님께서 나를 보호하실 줄 믿습니다. 최악의 자리에 있어도 우리는 신자이기에 주님이 지키실 줄 믿습니다. 주님, 함께해 주옵소서. 나의 하나님을 찬양합니다! 예수님 이름으로 기도하옵나이다. 아멘.

11

하나님 나라에 이르기까지

창세기 33장 17절~34장 12절

하나님 아버지, 하나님 나라에 이르기까지
우리가 분별해야 할 것이 참 많습니다.
어디가 내게 합당한 자리인지
누구와 함께해야 하는지
주의 뜻대로 분별하기 원합니다.
말씀하여 주옵소서. 듣겠습니다.

지금은 한곳에 정착하여 살지만 한때는 저도 이사를 자주 다녔습니다. 그런데 그렇게 여러 집을 옮겨 다녔는데도 제가 살고 싶은 집에서는 아직 살아 보지 못했습니다. 제가 어떤 곳에서 살고 싶은가 하면, 바로 비가 오는 풀밭이 바라보이는 집입니다. 그러면 누군가는 시골에 가서 살면 되지 않느냐고 하겠지만 그럴 형편은 못 되고, 이런저런 이유로 여태 꿈의 집에 입성해 보지 못했습니다. 한편으로는 엘리베이터가 없는 아파트에서 30년 넘게 살았고, 지금도 아파트들로 빽빽한 빌딩 숲에 살다 보니 땅이 그립기도 한 것 같습니다.

그러면 땅에서 살면 무엇이 기다리고 있을까 생각해 보았습니다. 대번에 무서운 쥐가 떠올랐습니다. "목사님은 맨날 고난이 축복이라 하더니 쥐가 뭐 그리 무섭냐" 하실 분도 있겠지만, 저는 쥐가 무섭습니다. 여러분은 아닌가요? 우리들교회의 한 부목사님은 어릴 때 쥐를 잡아먹은 적이 있답니다. 산에 사는 쥐가 토실토실해서 양질의 단백질을 섭취할 수 있다나요. 그때부터 그분이 위대해 보였습니다.

사람마다 고난이 달라서 제가 안 당해 본 일에는 실력이 없다는 걸 인정하지 않을 수 없습니다. 예레미야서 38장을 보면, 예레미야가 바벨론에 항복하라는 하나님의 말씀을 전하다가 왕궁 고관들에게 미움을 사 구덩이에 갇힙니다. 저도 늘 "경고의 말씀을 들어라", "이 땅에서 망하는 게 축복이다" 외치는데, 만일 누가 그런 저를 아니꼽게 보고 구덩이에 쥐하고 딱 떨어뜨려 놓는다면 어떨까요? 상상만으로도 너무 무섭습니다. 저도 참 형편없지요? 예레미야의 발끝도 못 따라갑니다. 여러분의 고난에 대해서도 할 말이 없습니다. 그러나 각자 당한 것이 다르기에 하나님께서 제 은사도 써 주실 줄 믿습니다.

그러니까 제가 하고 싶은 말은, 풀밭이 펼쳐진 아름다운 땅에 살아도 행복은 잠시라는 것입니다. 처음 아파트로 이사했을 때 여기가 천국인가 했지만, 곧 제가 전원 속의 집을 그리워하게 되었잖아요. 우리가 영원히 살 집은 으리으리한 아파트도 아니요, 저 푸른 초원 위의 집도 아니요, 하나님 나라입니다. 어떻게 우리는 하나님 나라에 이를 수 있을까요?

하나님 나라에 이르려면 합당한 자리에 있어야 합니다

17 야곱은 숙곳에 이르러 자기를 위하여 집을 짓고 그의 가축을 위하여 우릿간을 지었으므로 그 땅 이름을 숙곳이라 부르더라 18 야곱이 밧단아람에서부터 평안히 가나안 땅 세겜 성읍에 이르러 그 성읍 앞에 장막을 치고 19 그가 장막을 친 밭을 세겜의 아버지 하몰의 아들들의 손에서 백 크시타에 샀으며 20 거기에 제단을 쌓고 그 이름을 엘엘로헤이스라엘이라 불렀더라_창 33:17~20

야곱이 숙곳을 떠나 가나안 땅 세겜에 이르렀지만 아직 목적지에는 도달하지 못했습니다. 야곱의 목적지는 벧엘입니다. 하지만 벧엘에 이르기까지 여전히 난관인 걸 봅니다.

야곱의 할아버지 아브라함이 갈대아 우르를 떠나 맨 처음 이른 가나안 땅이 세겜입니다. 이곳에서 아브라함은 "이 땅을 네 자손에게 주리라" 말씀하시는 하나님께 제단을 쌓고 예배를 드렸습니다(창 12:5~7). 그러니 세겜이 믿음의 장소인 것은 맞습니다.

하지만 지난 28장에서 야곱이 뭐라고 서원했습니까? '내가 평안히 아버지 집으로 돌아오게 해 주시면 하나님의 집인 벧엘로 돌아와 예배드리겠습니다'(창 28:21~22) 하지 않았습니까? 애초에 야곱이 고향으로 돌아오게 된 것도 '벧엘'의 하나님께서 '네 서원을 지켜라, 네 출생지로 돌아가라' 명령하셨기 때문입니다(창 31:13). 그런데 지금 도착한 곳이 벧엘이 아니잖아요.

아직 목적지에 이르지 않았는데 세겜에서 단을 쌓습니다. 아무리 아브라함 할아버지가 예배드린 곳이라 해도 야곱에게도 성지(聖地)인 것은 아닙니다. 모두가 속아도 야곱 자신이 알지 않습니까? 세겜은 단을 쌓을 곳이 아니라는 걸 야곱은 압니다. 그러니까 지금 야곱이 사기 치는 예배를 드리고 있다, 이 말입니다. "엘엘로헤이스라엘", "나의 하나님!" 부르짖어도 흉내 내는 예배라는 것이죠. 벧엘에 가기 싫어서 합리화하면서, 인애의 하나님만 부르짖고 있습니다. 그러니 문제가 생기는 것입니다.

밧단아람을 떠날 당시 여섯 살이었던 디나가 현재 처녀가 되었으니 야곱이 숙곳과 세겜에서 약 10년 동안 머물렀다고 봅니다. 그런데 보세요. 야곱이 지독하게 훈련받은 지난 20년 세월은 28장에서부터 33장에 이르기까지 구구절절 기록한 반면에 숙곳과 세겜에서의 10년은 단 두 절로 쓱 지나가 버렸습니다. 아브라함이 이스마엘을 낳고 하나님이 아브라함에게 다시 나타나시기까지 13년이 걸렸는데, 이때도 한 줄로 쓱 지나갔습니다.

아브라함이 이스마엘을 낳았을 때와 야곱이 세겜 성에 머물 때, 이 둘의 공통점이 무엇입니까? '하나님이 안 오셨으면……' 했다는 겁니다. 지금이 너무 좋으니까 '하나님, 제발 쉬시죠. 그만 나타나 주세요', '이 자리에 머물고 싶어라!' 하면서 하나님을 부러 잊으려 합니다.

심지어 아브라함은 하나님께서 이삭을 주겠다고 하시자 "이스마엘이나 하나님 앞에 살기를 원하나이다" 했습니다(창 17:18). '이렇게 훌륭한 아들이 있는데 뭐 다른 아들을 주겠다고 하십니까' 한 것입니다. 아브라함도, 야곱도 이 땅의 안락에 속절없이 무너졌습니다. 그러므로 고난보다 무서운 것이 유혹이고, 쾌락입니다. 이길 장사가 없습니다.

성도에게는 '이 정도면 되겠지'란 없습니다. 빌립보서 2장 12절에서 바울 사도는 "항상 복종하여 두렵고 떨림으로 너희 구원을 이루라"고 했습니다. 3장 12절에서도 "내가 이미 얻었다 함도 아니요 온전히 이루었다 함도 아니라 오직 내가 그리스도 예수께 잡힌 바 된 그것을 잡으려고 달려가노라"고 했습니다. 고린도전서에서도 "선 줄로 생각하는 자는 넘어질까 조심하라" 했습니다(고전 10:12). 하나님 나라에 이르기까지, 우리에게 되었다 함은 없다는 것입니다.

젠센 프랭클린(Jentezen Franklin) 목사님은 그의 저서『영적 분별력』에서 "우리 삶을 향한 하나님의 주된 목적 가운데 하나는 합당한 자리를 잡게 하는 것"이라 말합니다. 나아가 합당한 자리는 우리를 겸손하게 만드는 자리이며 '거긴 일할 곳이 아니야, 내 수준에 맞지 않아' 하는 교만한 생각이 합당한 자리로 가는 것을 막는 큰 장애물이라고 했습니다.

젠센 프랭클린 목사님은 계속해 이야기합니다.

하나님은 우리를 합당한 자리에 두시고자 잠시 불편한 시기를 허락하신다. 어려움이 두려움보다 커지기 전까지는 우리가 변화를 거부하기 때문이다. 그리고 저마다 안정감을 소중하게 여기기 때문이다. 어미 독수리는 새끼들에게 나는 법을 가르치기 전에 먼저 둥지를 푹신하게 해 주었던 동물의 털을 치워 찔레와 가시가 드러나게 한다. 둥지는 순식간에 불편한 곳으로 바뀌고, 독수리 새끼들은 날개를 뻗어 높이 날아오르는 법을 배우고 싶은 마음이 간절해진다. 기꺼이 불편한 상황을 감수하려고 환경을 바꾸려 드는 사람은 없다. 하나님은 그분만의 방법으로 우리가 자리를 옮기게 하신다. 그것이 불편한 시기이다.
나아가 우리가 합당한 자리에 앉으면 하나님의 영광을 비추신다. 출애굽기에서 하나님은 모세에게 성막을 건축하는 법을 지시하셨다. 치수, 색깔, 기구 배치법을 자세히 일러 주셨고, 성막에서 입을 옷까지 구체적으로 설명하셨다. 백성은 하나님이 말씀하신 대로 정확히 행했고 결과는 놀라웠다. '구름이 회막에 덮이고 여호와의 영광이 성막에 충만하매'(출 40:34). 이처럼 우리가 합당한 자리에서 합당한 일을 할 때, 우리 삶에는 하나님의 영광이 깃든다.

또한 합당한 자리는 죄의 유혹을 피하게 한다. 우리가 합당한 자리에서 하나님의 음성을 듣고 순종하면 하나님의 영광을 보상으로 받을 것이다. 그러나 순종하지 않으면 죄의 유혹에 빠지고 만다. 롯은 아브라함을 떠나 소돔에서 부자가 될 기회를 얻었지만 결국 모든 것을 잃었다.

더불어 합당한 자리는 잠재된 문제를 피하게 한다. '하나님이 정해 주신 알맞은 자리에 서느냐, 그렇지 않느냐'에 따라 축복의 삶과 슬픔의 삶으로 나뉠 수 있다. 하나님이 정해 주신 자리에서 합당한 일을 하고, 합당한 사람을 만난다면 우리는 많은 문제를 피할 수 있다.

우리들교회의 한 성도님의 이야기입니다. 이분은 이혼하고 혼자 살며 학원 강사 일을 하고 있습니다. 삶이 고달프지만 말씀을 정말 사모해서 예배를 빠진 적이 없답니다. 그런데 이분이 얼마 전 유명 백화점의 매니저직을 제안받았습니다. 평소 백화점 가는 걸 좋아하고 멋 부리기에 일가견이 있는 분이라 제안이 솔깃했습니다. 그래도 '먼저 하나님께 물어보자' 하고 큐티책을 펼쳤습니다. 그런데 웬걸요, 하나님의 답은 '애굽으로 가지 말라'는 것이었습니다. 처음엔 서운했답니다. 하나님이 앞길을 막으시는 것만 같았답니다. 하지만 곧 돌이키게 됐습니다. 직업 특성상 주일을 지키기가 어렵고, 세상으로 떠내려가지는 않을까 우려도 됐기 때문입니다. 아쉽지만 과감히 제안을 거절했죠. 그 좋은 자리를 예배 지키려고 포기한 겁니다.

우리들교회에는 이처럼 예배를 타협하지 않으려는 분들이 많습니다. 복받기 위해서가 아니라, 오직 하나님의 말씀이 좋아서 예배를 사수하십니다. 말씀 안에서 살려는 소망을 성도들에게 부어 주시니 얼마나 감사한지 모르겠습니다.

오래도록 야곱을 괴롭힌 라반과 에서의 문제를 하나님이 해결해 주셨습니다. 나아가 20년의 타지 생활을 끝내 주시고 마침내 야곱을 고향 땅에 입성하게 하셨습니다. 이루 말할 수 없는 은혜를 주셨는데, 야곱은 어땠습니까? 자기 자리를 잊은 채 무려 10년을 허송세월합니다. 명색이 3대 신앙인이 이럽니다. 믿음이 여기까지밖에 안 됩니다.

그러니 결국에 문제가 터집니다. 야곱이 하도 소처럼 고집이 세고 힘줄이 질기니까 하나님께서 그의 자녀를 통해 말씀하십니다. 하나님은 우리에게 말씀하시고 또 말씀하시다가, 안되면 우리 자녀를 사용하시기도 합니다. 자녀 문제로 우리를 훈련하시는 것이 하나님의 '묘략'입니다.

• 내가 지금 있는 자리는 하나님 보시기에 합당한 자리입니까? '여기가 좋사오니' 하며 부러 잊으려는 사명은 없습니까? 온라인 예배만 드리면서 '나는 주일을 지켰어' 하고 합리화하지는 않습니까? 현장 예배가 내가 돌아가야 할 합당한 자리는 아닐까요?

합당한 자리에 있지 않으니까 문제아가 생깁니다

당시 세겜은 여러 갈래의 길이 통과하는 교통의 요지로서 상거래가 활발히 이루어지던 곳이었습니다. 따라서 각종 문화가 뒤섞여 우상숭배가 판치고 도덕적 타락이 극심한 곳이기도 했습니다. 한편 지리적으로는 에발산과 그리심산 사이에 위치한 초원지대이기도 했습니다. 그런데 야곱이 전문 목자 아니겠습니까? 목자 야곱 눈에는 세겜이 '와따'인 겁니다. 20년 양을 쳐 본 전문가로서 목양하기에 딱 좋은, 끝내주는 자리였습니다. 야곱에게는 세겜이 비 내리는 풀밭이 바라보이는 집 아니었을까요? 그러다 보니 도무지 세겜을 떠날 생각을 안 합니다.

예레미야 32장에서 하나님은 패역한 백성을 향해 '젖과 꿀이 흐르는 땅을 너희에게 주었으나 너희가 들어가서 주의 목소리를 순종하지 않으므로 기근과 염병으로 다스리겠다'고 선포하셨습니다(렘 32:22~24). 야곱도 그렇습니다. 하나님께서 젖과 꿀이 흐르는 땅에 들어가게 하셨는데 그는 주의 목소리에 순종하지 않습니다. 그래서 주님이 그의 자녀를 염병, 곧 성적 문제로 다스리십니다.

> 레아가 야곱에게 낳은 딸 디나가 그 땅의 딸들을 보러 나갔더니
> _창 34:1

디나는 야곱이 하란 생활 14년째에 낳은 딸입니다. 아들 많은 집

의 귀한 딸입니다. 또한 뒤에서 보겠지만 하몰의 아들 세겜이 디나에게 깊이 연연하며 아내 삼고 싶어 한 걸 보면 아주 미인이었던 것 같습니다(창 34:3~4). 얼굴이 예쁘니까 오라비들도 예뻐하고, 자기도 더 예뻐지고 싶어서 '그 땅의 딸들'을 보러 나갔습니다. 믿는 야곱 집안에 그 땅의 딸들을 보러 나가는 문화가 형성된 것입니다. 세겜에 오래 머물러 있다 보니 이런 일이 생겼습니다.

요즘 어린이들의 장래 희망 1위가 연예인이랍니다. 배우, 가수, 모델, 유튜버 등 연예계나 그와 비슷한 계통의 직종이 희망 직업 순위의 50%를 차지합니다. 제가 어릴 때는 대통령이나 과학자가 1위였는데 이제 이런 직업들은 끝 순위부터 찾아봐도 없습니다. 그만큼 연예인이 끼치는 영향이 대단하다는 것이겠지요.

그런데 몇 년 전, 한 공중파 방송에서 동성애를 다룬 드라마를 방영했습니다. 극 중 두 주인공은 잘생긴 데다 직업도 탄탄하고 성실한 청년들로 그려졌습니다. 그러니 어린아이들이 보고 동성애에 호감을 가질 만합니다.

이 드라마를 쓴 사람은 한국 드라마의 산 역사로 불릴 만큼 유명한 작가입니다. 얼마나 글을 잘 쓰는지 내놓는 작품마다 히트를 쳤습니다. 이분이 드라마를 쓰면서 얻은 결론은 '잘나 봤자 모든 사람은 똑같다'는 것이랍니다. 늘 그걸 주제로 드라마를 쓴다는 겁니다.

이분은 막장 드라마를 쓰지도 않습니다. 평소 사람에게 관심이 많아서, 한 사람 한 사람의 인생을 들여다보고 그들의 소소한 사연을 극에 담아내는 것이 전부입니다. 인생 이야기를 머리가 아닌 마음으로 쓴답니다. 별명도 한국의 스토리텔러입니다. 어찌 보면 평범한 이야기라고 할 수 있지만, 다 우리네 사는 이야기니까 막장 소재가 없어도 늘 히트를 치는 겁니다. 이분이 저와 참 비슷한 이야기를 하지 않습니까? 저도 사람에게 관심이 많고 늘 "별 인생 없다"고 외치잖아요.

성경에서 '7'은 하나님을 상징하는 수입니다. 그 7의 가장 근사한 수가 '666'입니다(계 13:18). 이것은 인간을 상징하는 수입니다. 공산주의, 자본주의 등 인간이 만든 여러 이즘 중에 가장 하나님과 가까워 보이는 것이 휴머니즘, 곧 인본주의입니다. 그래서 이 휴머니즘을 내세운 것들에 대중은 환호합니다. 요즘 최고 인기를 달리는 영화나 드라마만 보아도 그렇죠. 휴머니즘의 극치라고 할 수 있습니다.

앞에서 말한 작가도 휴머니즘을 내세워 "남자와 남자의 사랑 이야기가 아니라 사람이 사람을 사랑하는 이야기"라고 자신의 극을 정의했습니다. 동성애는 죄가 아니라는 걸 전제하고서 사람이 사람을 사랑하는 이야기라며 말도 멋있게 하니까, 어떤 목사님 설교보다 이분의 말이 영향력이 있습니다. 다들 그 땅의 딸들을 보러 나가는 것입니다.

저는 이것이 결코 사소한 일이 아니라고 생각합니다. 전도를 위해 세상을 알아야 하는 것도 맞지만, 그렇다고 세상에 너무 빠져서도 안 됩니다.

디나는 남편에게 사랑받지 못한 레아의 딸입니다. '엄마는 사랑받지 못했지만 나는 달라!' 하는 피해의식이 그에게 있었겠죠. 그래서 그 땅의 딸들을 세심히 관찰하고자 나갑니다. 그 땅이 대단하니까 배우러 나간 것입니다. 깊은 관심을 가지고, 즐기려는 의도를 가지고 나 갔습니다.

야곱은 디나의 이런 행동을 사소하게 보아서는 안 됐습니다. 할 머니 사라와 어머니 리브가가 이방인들에게 추행당할 뻔한 일을 기억하면서 그를 양육했어야 합니다. 디나의 경솔한 행동이 결국 큰 위기를 가져오지 않습니까? 자칫 야곱 집안의 구속사가 끊어질 뻔했습니다.

디나가 상처가 많은 데다 예쁘기까지 하니까 피해의식을 무한대로 발산합니다. 그는 어머니 레아가 아버지에게 사랑받지 못하는 걸보면서, 어릴 때부터 라헬에게 관심을 가졌던 것 같습니다. 라헬이 예쁘잖아요. 자신은 어머니처럼 살지 않겠다며 라헬처럼 세련된 여자들을 동경하고, 그들을 따라서 명품, 성형 수술을 즐깁니다. 그렇게 그땅의 딸들, 그 땅의 오렌지족과 어울리다 남자까지 만나고 결국에 일을 냅니다.

히위 족속 중 하몰의 아들 그 땅의 추장 세겜이 그를 보고 끌어들여 강간하여 욕되게 하고_창 34:2

'히위 족속 중 하몰의 아들 그 땅의 추장 세겜'이 디나를 보고 끌어들여 욕보입니다. 그는 야곱이 세겜에서 산 땅의 본래 주인이기도 합니다(창 33:19). 그러니까 재벌 아들의 눈에 띄어 강간을 당한 것입니다.

더 깊이 묵상해 보겠습니다. 디나는 왜 그 땅의 딸들을 보러 나갔을까요? 아마도 외로워서 나가지 않았을까요? 집에는 이야기를 나눌 사람이 없는 것입니다. 그러니 밖으로 도는 자녀에게 "네가 뭐가 모자라서 그러냐? 돈이 없냐, 부모가 없냐!" 다그치지 마십시오. 환경이 부유해도 대화가 통하는 사람이 없으면 외롭습니다. 주님과 친밀하지 않으면 누구나 외롭습니다.

우리들교회 한 청년이 술값으로만 석 달에 3천만 원을 썼답니다. 내역을 보니까 하루에 백만 원을 쓴 날도 있고, 어떤 날은 새벽 맞도록 술을 마시고 80만 원을 두 번, 그러니까 160만 원을 결제하기도 했습니다. 그나마 친구들이 있었기에 망정이지, 혼자 마셨다면 9천만 원은 썼을 겁니다. 그래도 이 청년이 교회를 나오니까 이쯤에서 멈추고 저를 찾아와 솔직히 털어놓을 수 있었습니다.

청년은 부유한 집에서 자라며 교회도 오래 다녔습니다. 하지만 어디에서도 인정받지 못한다는 열등감에 시달리며 인생이 외로웠습니다. 그런데 술집에 가니까 여자들이 자신을 왕처럼 대접해 주더랍니다. 전혀 알지 못했던 세계를 맛봤다는 겁니다.

함께 교회를 다니는데도 부모님과는 대화가 통하지 않고, 행여 무서운 아버지 귀에 흘러 들어갈까 봐 청년은 목장에서도 자기 이야기를 솔직히 나누지 못했습니다. 부유한 집에 살면서 힘들다고 하면 부모님을 욕 먹이는 것 같잖아요. 말을 해야 사는데 효도하느라고 누구에게도 솔직히 털어놓지 못한 것입니다. 그러고는 뒤틀린 방법으로 억눌린 감정을 풀었습니다. 한때는 게임으로, 이번엔 술로……. 돈으로 산 친절이라는 걸 알면서도 청년은 술집 여자들이 베푸는 호의가 좋았답니다. 구렁텅이인데도 빠져나올 수가 없었답니다.

> 히위 족속 중 하몰의 아들 그 땅의 추장 세겜이 그를 보고……
> _창 34:2a

2절 앞부분을 다시 보겠습니다. 1절에서 디나도 그 땅의 딸들을 '보러' 나갔다고 했습니다. 세겜도 디나를 '보았다'고 합니다. 똑같이 보았지만 둘은 목적이 다릅니다. 디나는 외로워서 보았고, 세겜은 즐기기 위해서 보았습니다. 디나는 그 땅을 자세히 배우고 연구하려고 보았고, 세겜은 디나와 즐기며 성관계를 가질 목적으로 보았습니다.

사탄은 우는 사자같이 두루 다니며 삼킬 자를 찾습니다(벧전 5:8). 열린 무덤과 같이 우리를 삼키려고 입을 쩍 벌리고 있습니다. 그러므로 근신하고 깨어 있지 못하면 우리는 삼켜질 수밖에 없습니다. 세겜은 추장으로서 부족원들의 사생활과 생사까지 주관할 만큼 막강한 권력을 가지고 있었습니다. 따라서 언제든 그 땅 처녀들을 취할 수 있다는 특권 의식을 가지고 디나에게도 별 어려움 없이 접근했을 것입니다.

이렇듯 거리낌 없이 디나를 끌어들여 강간한 세겜의 행동은 당시 가나안이 얼마나 도덕적으로 타락했는지를 잘 보여 주는 예입니다. 우리도 그렇습니다. 윤리 의식이 해이해져 가나안처럼 낮은 도덕 수준에 머물러 사는 사람이 너무 많습니다. 앞서 청년이 교회를 다닌 지 오래됐는데도, 가나안같이 낮은 수준의 술집 문화가 다른 세상 같게 느껴졌다고 하지 않습니까? '부어라 마셔라' 돈 많은 친구들이 거침없이 사는 걸 보면서 교회는 지질해 보였겠지요. 또 술집 여자들이 얼마나 예쁩니까. 은쟁반에 옥구슬 굴러가듯 말도 예쁜 말만 골라서 합니다. 그러니까 남자들이 술집에 돈을 뿌려 대는 것 아니겠습니까. 혹시 여러분 중에도 '나는 10만 원도 아까워서 못 쓰는데 3천만 원을 술값에 쓰다니 부럽네……' 하는 분이 있을지 모르겠습니다.

디나가 이처럼 가나안 문화에 현혹된 것은 엉뚱한 자리에 머물러 있는 야곱 삶의 결론이었습니다. 부모 삶의 결론으로 우리 자녀들이 가나안 문화에 하릴없이 끌려가는 겁니다. 문제아에게는 반드시 문제 부모가 있습니다.

• 나는 무엇을 보러 나갑니까? 세상을 배우러 나갑니까, 세상을 즐기러 나갑니까? 가나안 문화를 분별없이 무작정 좇고 있지는 않습니까?

믿음 있는 문제 부모가 있습니다

야곱이 그 딸 디나를 그가 더럽혔다 함을 들었으나 자기의 아들들이 들에서 목축하므로 그들이 돌아오기까지 잠잠하였고_창 34:5

그 땅에 디나의 소문이 삽시간에 퍼졌습니다. 그런데 야곱의 태도를 보세요. '아들들이 들에서 목축하므로 그들이 돌아오기까지 잠잠하였다'고 합니다. 아버지라는 사람이 이럽니다. 문제를 딱 회피합니다. 아들들에게 문제를 떠넘겨 버립니다. 그뿐입니까? 딸이 봉변을 당했는데도 아들들의 목축이 먼저입니다. 사업이, 일이 먼저라는 것입니다.

> 너희가 우리와 함께 거주하되 땅이 너희 앞에 있으니 여기 머물러 매매하며 여기서 기업을 얻으라 하고_창 34:10

10절 말씀을 보아도 그렇습니다. 세겜의 아버지 하몰이 야곱에게 찾아와 통혼을 제안하면서 "여기 머물러 매매하며 여기서 기업을 얻으라" 합니다. 한마디로 '여기서 함께 살며 돈을 벌자'는 것입니다. 야곱이 세겜에 이르자마자 백 크시타에 땅을 사지 않았습니까? 야곱이 재물과 사업에 관심이 많다는 걸 이방인들이 더 잘 알고 있습니다.

야곱은 늘 돈이 먼저입니다. 돈에 집착하다 늘 일을 그르칩니다. 우리도 그렇습니다. 예수를 믿는데도 매사 돈이 먼저입니다. 말씀은 몰라도 부동산, 자식 교육 정보에는 빠삭합니다. 그러니까 이방인들이 함부로 보고 덮치는 겁니다. "너, 나하고 놀자" 하면서 말이죠.

야곱은 아버지로서 디나가 나가 노는 걸 막지 못했고, 심지어 딸이 강간을 당했는데도 잠잠합니다. 아무것도 도와주지 못합니다.

야곱의 아들들은 들에서 이를 듣고 돌아와서 그들 모두가 근심하고 심히 노하였으니 이는 세겜이 야곱의 딸을 강간하여 이스라엘에게

부끄러운 일 곧 행하지 못할 일을 행하였음이더라_창 34:7

디나가 능욕을 당했다는 소식을 듣고서 야곱의 아들들 모두가 '근심하고 심히 노하였다'고 합니다. 물론 형제로서 가질 수 있는 당연한 분노입니다. 그러나 디나와 마찬가지로 이들에게도 아버지의 편애에서 비롯된 피해의식이 잠재해 있었을 것입니다. 결국 상처로 똘똘 뭉쳐서 근심하고 노를 발하는 것이죠. 아버지로서 야곱은 딸도, 아들들도 제대로 키워 내지 못했습니다. 무책임한 문제 부모의 모습만 보여 줍니다.

그러면 어머니라도 제대로 자녀를 교육해야 하는 것 아니겠습니까? 그러나 야곱이 믿는 아내들을 얻긴 했지만 레아도, 라헬도 밧단 아람에서 오래 살다 보니까 신앙교육이 제대로 안 된 걸로 보입니다. 이들이 믿음의 조상 아브라함의 친족이기는 하지만 아브라함은 밧단 아람이 아니라 가나안에서 살았잖아요. 조부모라도 야곱의 자녀들을 가르쳤더라면 좋았을 텐데, 이삭과 리브가 역시 가나안에서 살고 있습니다. 20년 동안 야곱 홀로 신앙교육을 책임지다 보니 미약할 수밖에요. 외삼촌 라반에게 핍박을 받을 때는 그나마 야곱이 잘 서 있었는데 세겜에 머무르며 신앙이 와르르 무너졌습니다. 10년 사이에 늘어졌습니다.

또 자식이 많다 보니까 한 명, 한 명 제대로 보살피기가 쉽지 않았을 것입니다. 라헬의 시기, 질투에 몰려 레아의 자식들은 만나 보기도 어려웠을 것입니다.

한편으로는 그렇습니다. 아버지 야곱이 네 여자를 두루 섭렵(?)하고 있는데, 디나인들 남자에 대한 무슨 윤리 관념이 있겠습니까. 세겜 땅 남자를 만나는 것이 뭐 죄라고 생각했겠습니까. 그러니까 디나의 상처를 조장한 장본인은 아버지라는 말입니다. 세겜 족속과 먼저 어울린 사람은 아버지 야곱입니다. 문제 부모가 맞습니다. 야곱이 먼저 좋아서 머물러 있으니까 자녀들도 따라갑니다. 디나가 가나안 딸들과 교제하는 걸 보며 '뭔가 잘못됐구나' 심각해야 하는데 야곱이 가만있습니다.

또 다른 이유도 생각해 봤습니다. 고정관념일 수 있지만 디나가 라헬이 아니라 레아의 딸이라서 그런 것은 아닐까요? 또한 자신도 라헬을 열렬히 사랑하니까 세겜이 이해가 되었을 수도 있겠지요. 야곱도 라헬을 사랑해서 7년을 며칠같이 여긴 적이 있잖아요(창 29:20). 더불어 세겜 성의 삶이 편안하고 안락하니까 부러 일을 만들고 싶지 않은 마음도 있었을 것입니다. 물론 야곱이 하나님을 생각하므로 잠잠했을 수도 있습니다. 그래도 야곱이 택자이기 때문입니다.

어찌 됐건 믿음의 세대주라 하는 야곱이 회피만 합니다. '아들들이 올 때까지 잠잠히 있자', '하늘이 두 쪽 날 일이 터졌어도 일은 마무리해야지, 일이 최고야…….' 남자들이 특히 그럽니다. 일을 저질러 놓고 문제가 생기면 '나 몰라라' 합니다. 눈앞의 문제를 못 본 체하면서 "몰라, 몰라 당신이 알아서 해" 아내에게 떠넘기기 일쑤고, 치사스럽게 조용히 넘어가려 합니다. 평소엔 큰소리치면서 결정적인 순간에는 침묵합니다. 남자들은 어떻게 생각하십니까?

몇 년 전, 학내 종교의 자유를 주장하며 단식 농성을 벌인 한 학생이 모교와 교육청을 상대로 낸 손해배상 소송에서 승소한 일이 있었습니다. 재판부가 "학교 측이 예배를 강요해 종교와 양심의 자유를 침해당했다"는 학생의 손을 들어준 것입니다. 일제강점기도 아니고, 기독교 학교에서 예배드리는 게 무슨 논란거리가 됩니까? 그런데 일개 학생에게 예배드리는 자유를 빼앗겼습니다. 그보다 더 큰 문제는 당시 모두가 잠잠했다는 것입니다. 야곱처럼 문제를 해결할 의지가 없어 보였습니다. 이 땅에 선교사가 들어와 우리가 신분의 자유를 얻고, 곳곳에 학교와 병원이 세워지며 잘살게 됐는데 다 잊어버렸습니다.

야곱도 영안이 사라졌습니다. 얍복 나루에서 하나님의 천사와 겨뤄 이겼던 모습은 찾아보기 어렵습니다. 무사태평하게 살면서 10년을 허비한 야곱 삶의 결론으로 이런 위기가 찾아왔습니다.

• 내가 회피하고 있는 문제는 무엇입니까? 배우자의 문제, 자녀의 문제를 내 문제로 여기며 심각하게 고민합니까? 내 가족이 어려움에 처했는데도 일을 앞세우고 있지는 않습니까? 돈이 먼저는 아닙니까? 혹은 나 몰라라 하며 누군가에게 떠넘기고 있지는 않습니까?

• 내가 문제 부모라서 내 자녀가 문제아가 된 것은 아닙니까? 내가 세상을 좋아해서 자녀도 세상으로 끌려가는 것은 아닙니까?

멋있는 불신 부모가 등장합니다

나 몰라라 하는 야곱과 달리 세겜과 그의 아버지 하몰은 너무 멋있습니다. 먼저 세겜을 보십시다.

> 3 그 마음이 깊이 야곱의 딸 디나에게 연연하며 그 소녀를 사랑하여 그의 마음을 말로 위로하고 4 그의 아버지 하몰에게 청하여 이르되 이 소녀를 내 아내로 얻게 하여 주소서 하였더라_창 34:3~4

그가 강간은 했어도 디나를 사랑하여 그의 마음을 위로했다고 합니다. 사무엘하 13장을 보면 다윗의 아들 암논이 이복 누이 다말을 강간한 후 싫증이 나서 그를 내쫓습니다(삼하 13:15~16). 그로 인해 다말의 오빠인 압살롬이 분개하여 암논을 살해하는 참사까지 벌어집니다. 이방인 세겜은 반응이 다릅니다. 암논보다 훨씬 낫습니다. "이 소녀를 내 아내로 얻게 하여 주소서!" 아버지에게 딱 가서 이야기합니다. 그걸로 보아 아버지와 아들이 대화도 잘 통하는 것 같습니다.

> 세겜의 아버지 하몰은 야곱에게 말하러 왔으며_창 34:6

아들 세겜의 청에 하몰은 즉시 야곱에게 말하러 갑니다. 구체적인 사랑을 보입니다.

8 하몰이 그들에게 이르되 내 아들 세겜이 마음으로 너희 딸을 연연
하여 하니 원하건대 그를 세겜에게 주어 아내로 삼게 하라 9 너희가
우리와 통혼하여 너희 딸을 우리에게 주며 우리 딸을 너희가 데려
가고 10 너희가 우리와 함께 거주하되 땅이 너희 앞에 있으니 여기
머물러 매매하며 여기서 기업을 얻으라 하고_창 34:8~10

하몰은 야곱이 돈 좋아하는 걸 이미 알고 있습니다. 그의 말을 쉽
게 풀어 보면 이렇습니다.

"디나와 세겜을 결혼시킵시다. 그러면 시민권 얻게 해 줄게요.
이 땅도 마음대로 사게 해 줄게요. 원하는 땅은 다 가지십시오. 당신,
부동산에 관심 많지 않습니까, 돈 좋아하지 않습니까? 내가 이 땅 추
장인데 뭘 못 주겠습니까."

11 세겜도 디나의 아버지와 그의 남자 형제들에게 이르되 나로 너
희에게 은혜를 입게 하라 너희가 내게 말하는 것은 내가 다 주리니
12 이 소녀만 내게 주어 아내가 되게 하라 아무리 큰 혼수와 예물을
청할지라도 너희가 내게 말한 대로 주리라_창 34:11~12

세겜도 "디나만 주면 당신들에게 내가 다 주겠다"고 합니다. 디
나를 욕보였지만 이후 행동은 너무 멋있습니다. 겸손해 보이기까지
합니다.
또, 부자간에 대화가 얼마나 잘 통하는지 모릅니다. 아버지 하몰

은 아들의 간청에 즉시 도우러 나갑니다. 아들을 위해서라면 아낌없이 씁니다. 사돈집 뒷배까지 봐주겠다고 합니다. 내가 책임지는 사랑을 하겠다는 것입니다. 에서와 화해하기 위해 일곱 번 절한 야곱처럼, 하몰도 아들의 결혼을 성사시키고자 지극정성을 다합니다. 이렇게 좋은 아버지가 어딨습니까? 야곱과 너무 비교됩니다. 모든 것의 끝에는 돈이 있다고, 하몰이 돈이 많으니까 뭐든지 척척 해결합니다.

막노동을 하며 어렵게 키운 딸이 혼전임신을 했다고 50대 아버지가 투신자살했다는 기사를 보았습니다. 남자 친구는 입대를 앞두고 있어 딸을 책임질 수 없어 보이고, '내가 너를 어떻게 키웠는데……' 하는 배신감과 앞으로 생활에 대한 부담을 이기지 못해서 스스로 목숨을 끊은 것입니다. 그런데 같은 날 연예면에는 똑같이 혼전임신을 한 유명 탤런트가 만인의 축복을 받으며 결혼했다는 기사가 대문짝만하게 실렸습니다. 너무 대조적이라 인상 깊었습니다.

'유전무죄 무전유죄'라는 말처럼 똑같이 혼전 임신을 했는데 누구는 돈이 있으니까 만인에게 축복받고, 누구는 돈이 없으니까 심히 노해서 투신을 합니다. 야곱과 하몰도 보세요. 딸의 강간 사건으로 야곱 집안은 난리가 났는데, 재벌 하몰은 여유롭기가 짝이 없습니다. 앞장서서 척척 문제를 해결하는 하몰이 아름답고 교양 있어 보이기까지 합니다. 돈이 있으면 믿음도 있어 보이고, 돈이 없으면 믿음마저 없어 보입니다. 만사가 그렇습니다.

믿음 있는 문제 부모와 불신자이지만 멋있어 보이는 부모…… 누가 더 나은 겁니까? 어떻게 분별해야 합니까? 우리는 속으면 안 됩니다. 아무리 하몰이 행위가 멋있어도, 아무리 야곱이 형편없어도 하나님을 믿기에 야곱이 최고의 부모인 겁니다. 예수를 믿는 것과 믿지 않는 것은 천국과 지옥 차이입니다.

하나님 나라에 이르기까지 슬픈 일만 보고 잘난 것 하나 없대도 내가 믿음으로 살아내면 자녀에게 가장 좋은 것을 물려주는 부모가 됩니다. 돈 없고 지질해도 하나님만 의지하고 예배하는 부모가 최고의 부모라는 말입니다.

이 땅의 사람들도 죄와 싸웁니다. 신자들도 죄와 싸웁니다. 하지만 싸움의 종류가 다릅니다. 매튜 미드는 그의 책 『유사 그리스도인』에서 이와 같이 말합니다.

"죄에 대한 미움은 은혜의 증거입니다. 은혜를 받은 모든 사람은 죄를 미워하게 됩니다. 그러나 죄를 미워하는 모든 사람이 은혜를 받은 것은 아닙니다. 사람들은 자신 속에 있는 죄에 반하는 것을 은혜로 간주하지만 그것은 단지 자연적인 양심의 작용뿐일 수 있습니다. 부패한 의지와 정서에 대한 자연적인 양심의 투쟁일 뿐입니다. 또한, 다른 죄와 구별되는 특별한 죄만 미워할 수도 있습니다. 자신이 가지고 있는 정욕과 상반되는 것을 미워하고 정죄하는 것입니다. 예를 들면, 탐욕이 내 마음을 사로잡으면 자만을 미워하고, 자만이 내 마음을 사로잡으면 탐욕을 미워합니다.

반면에, 신자들의 싸움은 은혜로부터 비롯됩니다. 신자들의 싸움은 내 속에 거듭난 것과 거듭나지 못한 것의 싸움이라고 할 수 있습니다."

겉은 비슷하게 죄와 싸우는 듯 보여도 불신자들은 단지 양심을 따라서 싸우는 것일 뿐입니다. 그런데 우리가 예수를 믿어도 매사 행위로만 판단하니까, 옳고 그름만 따지니까 분별을 못 하는 것입니다.

내 행위가 형편없어도, 지하실에서 겨우겨우 올라가고 있는 치졸한 수준이라 해도 믿음이 있으면 최고입니다. 반면에 아무리 행위가 대단해도, 15층에 달하는 수준이라도 믿음이 없으면 꽝입니다.

이것을 분별하라고 성경은 구속사로 이야기합니다. 하나님이 형편없는 이삭과 야곱을 통해 계속 보여 주시지 않습니까? 원 지질, 투 지질, 쓰리 지질…… 지질한 스토리가 성경에 반복해서 나옵니다. 그것이 무엇을 의미합니까? 나는 형편없지만 하나님이 이루어 가신다는 것입니다.

그런데 우리는 믿음이 없어도 겉이 훌륭하면 좋아합니다. 하몰 같은 사람에게 마음이 끌립니다. 배우자감을 고를 때도 돈이 1순위입니다. 내가 무엇을 보고 택하는지가 내 믿음의 현주소입니다. 그런 나의 행실이 자손에게 그대로 내려간다는 걸 잊지 마십시오(호 12:2). 하나님 나라에 이르기까지 우리는 끊임없이 분별해야 합니다. 그런데 겉모습만으로는 분별하기가 어려우니까, 야곱이 이처럼 미리 걸어가 준 것입니다.

우리들교회의 한 청년이 자신의 어머니를 고발하는 글을 교회 홈페이지에 올렸습니다.

아빠는 끔찍한 사고로 돌아가셨습니다. 그 사건을 계기로 엄마는 우리들교회를 다니기 시작했습니다. 엄마는 주일 아침만 되면 교회에 가야 한다고 우리 남매를 들들 볶아 댑니다. 저는 주일에 아르바이트를 합니다. 게다가 주님과 오랫동안 교제하지 않아서 거리가 멀어졌습니다. 때때로 후회가 밀려들지만, 어쨌든 교회를 꼬박꼬박 가지는 않습니다. 남동생은 컴퓨터 사용하게 해 주는 조건으로, 때론 갖은 먹을거리로 꼬드기는 엄마에게 넘어가 교회에 갑니다.

제가 교회를 가지 못한 주일이면 엄마는 "아르바이트는 열심히 가면서 왜 교회는 안 가느냐"고 저를 타박합니다. 교회에서 집에 돌아오자마자, 제게 신경질적인 말투로 "밥은 왜 먹냐. 너, 나가서 살아라!" 합니다. 그럴 때마다 정말 빡이 칩니다. 제가 아예 안 믿는 것은 아니니까 가만 놔두면 죄책감이라도 들 텐데, 왜 엄마는 이렇게 신경질적으로 말하는지 모르겠습니다. 교회에 다니면 저도 신경과민 환자로 변할까 봐 무섭습니다.

게다가 매사 기준도 불분명합니다. 엄마는 남동생이 밥을 먹지 않으면 말다툼을 벌이다가 결국엔 동생이 사 달라는 간식을 다 사 줍니다. 아빠를 잃었으니까 이렇게라도 먹게 해야 한다는 게 이유입니다. 엄마가 그러니까 동생은 밥을 더 안 먹습니다. 또 동생이 컴퓨터 쓰게 해 달라고 끈덕지게 조르면 마지못해 허락해 줍니다.

그중 가장 싫은 건, 목장 식구들과의 기나긴 상담 전화입니다. 전화기를 한번 잡으면 1시간은 기본입니다. 남동생도 그때가 기회인 줄 알고 엄마를 졸라 컴퓨터 사용 허락을 받아 냅니다. 그뿐만이 아닙니다. 여기저기 교회 모임에 참석하느라 밥도 안 해 놓고 "집에 밥이 왜 없냐?"

물으면 집에서 먹는 사람이 없어서 그렇답니다. 그건 핑계입니다. 남동생이 원하는 대로 자꾸 간식을 사다 주니까 얘가 더 밥을 안 먹는 것이죠. 그럴 땐 굶겨야 못된 버릇을 바로잡지 않겠습니까?

또, 제가 집밥을 먹고 싶다고 하면 매일 똑같은 반찬만 간신히 만들어 냉장고에 채워 넣습니다. 어쩌다 찌개 한번 끓이면 졸아붙을 때까지 몇 번이고 데워서 줍니다. 하루는 밑반찬 만드는 게 귀찮았는지 어디서 맛없는 콩자반을 사 왔습니다. 그러고는 당당하게 "너, 교회에 안 갈 거면 밥 먹지 마!" 하더군요. 엄마처럼 집안 식구들에게는 맛없는 콩자반만 사다 먹이고, 목장 식구들에게는 쩔쩔매는 신자가 될까 봐 교회에 말려들기 싫다고 했습니다. 왜 목장 식구들만 챙기는지 이해가 안 됩니다. 평소 관심도 없다가 제가 조금만 늦으면 빨리 들어오라 성화입니다. 언제부터 내게 신경 썼다고…… 정말 짜증 납니다.

……

내가 오래전부터 엄마 자꾸 그러면 교회 홈페이지에 글 쓸 거라고 했지? 그랬더니 엄마가 그랬어. 사람들이 엄마가 핍박받는 걸 알아줄 거라고. 내가 글을 쓰면 엄마가 치켜세워질 거라고. 그래, 마음껏 치켜세워지길 바라. 하지만 그건 정말 아니야!

이 글을 쓴 딸은 대학생입니다. 글을 본 엄마의 목장 식구들은 기막혀하면서도 함께 가슴 아파했습니다. 얼마 뒤, 청년의 엄마도 홈페이지에 글을 올렸습니다.

딸을 끝까지 기다리지도, 넉넉하게 품어 주지도 못한 제 삶의 결론입니다. 뱀같이 지혜롭고 비둘기같이 순결해야 하는데…… 틀린 말이 없어서, 모든 것을 인정할 수밖에요. 기뻐하고 즐거워할 수 있는 믿음 주시기를 간구합니다.

……

딸아, 놀랐지만 엄마가 변명할 말이 없다. 사람이 얼마나 지독한지 매번 경고받으며 다짐해도 쉽게 고쳐지지 않네. 엄마에게 기대할 것이 정말 없지? 네가 엄마의 죄를 만천하에 드러내 줬으니 더 긴장할게. 고맙다!

이 딸은 믿음으로 투쟁하는 게 아닙니다. 엄마가 나의 정욕대로, 내가 원하는 대로 해 주지 않아서 싸우는 것이죠. 신자의 싸움과 불신자의 싸움은 종류가 다르다고 했잖아요.

가진 것 하나 없는 엄마, 남편을 끔찍한 사고로 보낸 엄마, 그런데도 잘 견디고 자녀들을 열심히 키우며, 신앙생활도 목장 식구에게도 최선을 다하는 엄마를 이렇게 만인 앞에서 공격하면 됩니까? 제가 '문제아는 없고 문제 부모만 있다'고 맨날 설교하지만, 이건 아니잖아요.

저는 이런 부모님들에게 백 점을 넘어 무한대의 점수를 주고 싶습니다. 훌륭하면 예수를 믿겠습니까? 지질하니까 믿지요. 돈이 없으니까 믿습니다. 그래도 천하보다 귀한 구원을 얻은 부모 아닙니까. 제가 늘 자기 죄를 보라 하고, 남의 죄도 나의 죄로 여기라고 하니까 거기에 편승해서 부모 이야기를 함부로 하는 자녀들이 더러 있습니다.

야곱이 형편없게 보여도 예수를 믿기에 하몰과는 비교가 안 될 정도로 훌륭한 부모입니다. 돈이 많다고, 학벌 높다고, 인격이 뛰어나다고, 반찬 잘 만들어 준다고, 내게 잘해 준다고 훌륭한 부모가 아닙니다. 예수 믿는 부모가 최고입니다. 가진 것 없고, 잘난 것 없어도 예수를 진실로 믿으면 최고의 부모라는 말입니다. 존경받을 가치가 있는 부모입니다.

저희 어머니도 늘 남만 챙기시고 제게는 잘해 주지 않으셨습니다. 그래도 어머니가 믿음을 물려주셔서, 믿음의 부모로 살아 주셔서 얼마나 감사한지 모릅니다.

돈 없고 날마다 싸운다고 나쁜 부모가 아닙니다. 싸움 한번 안 하고 돈 많다고 좋은 부모도 아닙니다. 돈으로 기름칠해서 당장 문제가 드러나지 않은 것뿐이죠. 맨날 치고받고 싸워도 예수 믿는 부모가 최고입니다. 할렐루야! 하나님 나라에 이르기까지, 무엇이 정말 귀한 것인지 끊임없이 분별하며 나아가십시오. 이제는 세상을 부러워하지 말자고요.

하나님 나라에 이르기까지 우리는 합당한 자리에 있어야 합니다. 인생에 되었다 함은 없기 때문입니다. 문제아는 제자리에 있지 못한 문제 부모 때문에 생깁니다. 그러나 문제 부모라도 예수를 믿으면 훌륭한 부모입니다. 인격으로나 능력으로나 신자보다 불신자가 훌륭해 보일 수 있지만 속지 마십시오. 세상 모든 것의 끝에는 돈이 있기에, 예수가 없으면 돈이 인격과 능력을 좌우합니다. 예수 믿는 부모가 최고의 부모이고, 내가 예수를 믿는 것이 최고의 효도입니다. 돈 없어서 치사하게 산대도 예수 믿는 게 최고입니다. 주님을 인격적으로 믿는 것이 최고입니다. 이런 고백이 우리에게 있기를 원합니다.

• 부모의 어떤 모습을 고발하고 싶습니까? 돈이 없어서, 학벌이 없어서, 반찬 하나 제대로 못 만들어서, 내게 해 주는 게 없어서 불만입니까? 그럼에도 예수를 믿으면 최고의 부모인 걸 인정합니까? 예수 믿지 않아도 돈으로 다 해결해 주는 부모라면 좋겠다고 생각하지는 않습니까?

문제아는 제자리에 있지 못한
문제 부모 때문에 생깁니다.
그러나 문제 부모라도 예수를 믿으면
훌륭한 부모입니다.

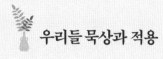

우리들 묵상과 적용

저는 4대째 모태신앙인으로 자랐습니다. 결혼 후 어머니가 간경화로 돌아가시고, 새어머니가 들어오시면서 여덟 형제간의 재산 싸움이 시작되었습니다. 저는 장남으로서 부모님을 모시고 살았는데, 아버지 회사를 맡아 운영하던 매형과 누나들은 혹여 제가 회사를 독차지할까 봐 늘 저를 경계했습니다. 그러다 형제간의 분쟁으로 순식간에 수십억 원 규모의 부도가 났고, 그 충격으로 아버지마저 돌아가셨습니다. 그 후 동생들이 제게 소송장을 보내왔습니다.

이런 상황에서 저는 아들이라도 공부를 잘하길 내심 기대했지만, 아들은 초등학생 때부터 오락실을 전전하며 밖으로 나돌았습니다. 아내는 아내대로 힘들어하며 아들에게 잔소리를 퍼부어 댔습니다. 그때마다 저는 디나 사건에 무관심한 야곱과 같이 일을 우선시하며 "밥 먹고 할 게 없어서 저따위 짓을 한다"며 아내와 아들을 구박했습니다(창 34:5).

야곱이 벧엘이 아닌 세겜에 머무르며 겉으로만 화려한 예배를 드린 것처럼, 저도 겉으로는 열심히 예배를 드렸지만 정작 하나님이 원하시는 예배는 드리지 못했습니다(창 33:20). 그랬기에 저희 가정은 무너지고 말았습니다. 큰딸이 결혼에 실패하고, 아들은 게임 중독에 빠져 집에 들어오지 않게 된 것입니다. 그러자 아내는 목장예배에 가자고 저를 끈질기게 설득했습니다. 저는 '딱 한 번만 가 보자'는 마음으로 참석했다가 그곳에서 학교 선후배를 만나게 되었습니다. 자신의 죄와 수치를 솔직하게 나누는 모습에 큰 충격을 받았지만, 점점 변해 가는 아내의 모습과 목장 식구들의 진솔한 나눔에 마음이 열려 양육까지 받게 되었습니다. 그러면서 저도 모르게 저의 고난과 죄와 수치를 공동체에 고백하였습니다.

그럼에도 합당한 자리에 있지 못한 저로 인해 아들의 방황은 그칠 줄 몰랐습니다. 아들은 하몰의 아들처럼 가나안 땅을 누비며 석 달 동안 술값으로 3천만 원을 쓰고는 제게 갚아 달라고 했습니다(창 34:2). 저는 아들의 버릇을 고치고자 아들이 신용불량자가 되는 한이 있더라도 도와주지 않겠다고 단단히 결심했습니다. 그러나 야곱이 세겜 족속과 먼저 어울렸듯이, 저 역시 아들에게 세상 물질과 쾌락을 따르는 모습을 보여 준 것이 깨달아지자, 비로소 제가 문제 부모임이 인정되었습니다(창 33:17). 저는 아들이 세상에서 방황해도 심각하게 여기지 않았습니다. 오히려 아픈 마음을 표현하는 아들을 이해하고 품어 주기보다는 각목으로 때리며 모든 책임을 떠넘겼습니다.

이 땅에서 수치를 당하고 죗값을 치르는 것이 축복이라고 하시니, 아들의 일로 수치를 잘 당하고, 아들에게 아버지로서 신뢰를 회복하기 위해 노력하겠습니다. 문제아는 없고, 문제 부모만 있다는 것을 깨닫게 하신 하나님, 감사합니다.

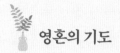

영혼의 기도

하나님 아버지, 숙곳에 이르고 세겜에 머물면서 그 시간이 오래된지도 몰랐습니다. 우리끼리 너무 좋아서 사명을 잊어버렸습니다. 그런 저를 주님이 사랑하심으로 자녀의 문제로 찾아오셨습니다.

주님, 디나의 문제를 회피하는 야곱을 보면서 문제아는 없고 문제 부모만 있다는 말이 정말 맞다는 걸 실감합니다. 우리는 모든 것을 척척 해결해 주는 하몰 같은 부모가 너무 부럽습니다. 그런 부모랑 한 번 살아 봤으면 좋겠다고 생각합니다. 그러나 주님은 문제 부모라도 야곱이 좋은 부모라고 말씀하십니다. 지질하고, 돈 좋아하고, 여자 좋아해도 예수를 믿는 야곱이 좋은 부모라고 하십니다. 나를 예수 믿게 해 주는 부모가 최고의 부모라고 말씀하십니다. 예수를 믿는다고 하면서 세상으로 눈을 돌려 하몰 같은 불신자를 부러워하는 우리를, 세상이 너무 좋은 우리를 불쌍히 여겨 주옵소서.

주님, 하나님 나라에 이르기까지 날마다 분별하며 가야 하는데, 예수를 믿지 않지만 멋있는 불신 부모와 예수를 믿지만 문제 많은 부모를 분별하기가 너무 어렵습니다. 그런 우리를 위해 야곱이 먼저 길을 걸어가게 하셔서 감사합니다. 우리가 분별하게 하옵소서.

354

지질하고 치사하고 날마다 싸우는 부모지만 그 부모 때문에 우리가 눈물로 예배를 드립니다. 삶에 기름이 철철 넘친다면 우리에게 무슨 애통함과 간절함이 있겠습니까. 그러므로 주님, 나의 부모님께 감사하게 하옵소서. 나를 낳아 주셔서, 힘들어도 살아 주셔서 감사하다고 고백하게 하옵소서. 주님을 알게 해 주신 우리 부모님을 사랑하게 하옵소서.

주님, 나아가 최고의 효도는 내가 예수를 믿는 것이라고 하셨습니다. 나도 주를 믿고, 우리의 부모님도 예수께로 인도해 모두가 영적 자녀가 되게 하옵소서. 예수님 이름으로 기도하옵나이다. 아멘.

12

냄새

창세기 34장 13~31절

하나님 아버지, 우리가 생명의 냄새와
사망의 냄새를 분별하기 원합니다.
나는 그리스도의 냄새라는 자긍심을 가지고
나를 통해 그리스도의 향기를 나타내실
하나님을 신뢰하게 하옵소서.
말씀하여 주옵소서. 듣겠습니다.

성공한 사람들은 화내는 법도 다르다고 합니다. 슈퍼마켓 계산대에서 줄을 서서 기다리는데 어떤 사람이 새치기를 했다고 합시다. 이때 여러 가지 반응을 보일 것입니다. 그를 거칠게 밀어내거나, "저 사람을 뒤로 가게 해 주세요" 계산원에게 부탁하거나, 아니면 무서워서 아무 말 못 할 수도 있겠죠. 여러분은 어떻게 하겠습니까?

미국의 심리치료사 비벌리 엔젤(Beverly Engel)이 쓴 『화의 심리학』을 보면, 거칠게 밀어내는 첫 번째 경우를 '공격적인 분노 성향'이라고 말합니다. 반대로 무서워서 내색도 못 하는 경우는 '수동적인 분노 성향'이랍니다. 이 두 가지가 동시에 나타나는 '수동-공격적인 분노 성향'도 있습니다. 예를 들면, 분노를 일으킨 상대에게 내색은 못 하면서 그의 물건을 몰래 감춰 두는 행동 등으로 골탕을 먹이는 경우입니다.

그런데 화가 날 때마다 이렇게 공격적이거나 수동적이거나 혹은 수동-공격적으로 반응하다 보면 분노가 건강하게 표출되지 못해서 병이 된다는 것입니다. 가장 좋은 방법은 끼어든 사람의 얼굴을 쳐다보면서 "제가 먼저 왔습니다. 제 뒤로 가 주시죠" 하고 말하는 것이랍니다. 하지만 그러기가 쉽지 않죠.

부부 사이라도 그렇습니다. 남편이 퇴근해서 "왜 밥을 안 했냐?" 타박하면 "내가 조금 늦게 왔어요. 지금이라도 할게요" 하면 되는데,

"왜 나만 밥을 해야 하냐" 버럭 소리부터 지르니까 늘 싸움으로 번지지 않습니까.

한 성도님이 남편과 통화하는데 남편의 목소리가 너무 작게 들렸답니다. 그런데 남편 목소리에 온 신경을 쓰느라 아이에게 잠깐 눈을 뗀 사이 그만 아이가 다쳤습니다. 모든 게 남편 탓인 것만 같아서, 퇴근해 돌아온 남편에게 "당신 때문에 아이가 다쳤다!"고 불같이 화를 냈습니다. 결국 부부 싸움으로 번졌고, 감정이 복받쳐 남편 노트북을 밀쳤는데 와장창 깨지고 말았습니다. 이 일이 돌아오지 않는 화살이 되어 남편이 이혼 소송을 걸었다는 것입니다.

우리는 화를 어떻게 처리해야 할까요? 비벌리 엔젤에 의하면 화와 건강한 관계를 맺고 있는 사람은 다른 감정과 마찬가지로 화도 삶의 일부라고 인정한답니다. 촉각·미각·시각·후각 등과 같은 감각이 있어서 우리가 추위나 더위, 맛을 느끼지 않습니까. 마찬가지로 화도 내 삶의 일부라고 받아들여야 우리가 건강한 생활을 유지할 수 있다는 것입니다. 화가 나는데도 자는 사람은 화재경보기가 울리는데도 자는 사람과 똑같답니다. 심각한 일을 심각하게 여기지 않는다고 낙천적인 사람이 아닙니다. 그저 수동적인 성향일 뿐입니다. 문제가 있다면 직면해서, 대화하며 풀어야 합니다.

야곱의 아들들이 디나가 세겜에게 강간을 당했다는 소식을 듣고는 모두가 근심하고 '심히 노했다'고 했습니다(창 34:7). 이제 어떻게 해야 할까요?

본문을 보니까 야곱의 아들들은 수동-공격적인 분노 성향을 드러냅니다. 거짓말로 속인 뒤 살해하는 아주 악한 방법으로 대처했습니다. 성경은 그들을 가리켜 이렇게 이야기합니다.

> 야곱이 시므온과 레위에게 이르되 너희가 내게 화를 끼쳐 나로 하여금 이 땅의 주민 곧 가나안 족속과 브리스 족속에게 악취를 내게 하였도다……_창 34:30a

같은 구절을 개역한글판에서는 "너희가 내게 화를 끼쳐 나로……'냄새'를 내게 하였도다"라고 번역했습니다.

사도 바울은 고린도후서 2장 14절에서 "항상 우리를 그리스도 안에서 이기게 하시고 우리로 말미암아 각처에서 그리스도를 아는 냄새를 나타내시는 하나님께 감사하노라"고 했습니다. 하나님이 우리를 통해 냄새를 나타내신다고 합니다. 야곱은 아들들을 향해 '너희가 나로 하여금 악취를 내게 했다!'며 화를 냅니다.

우리는 어떤 냄새일까요? 악취일까요, 향기일까요?

신자이지만 사망의 냄새를 내는 사람이 있습니다

13 야곱의 아들들이 세겜과 그의 아버지 하몰에게 속여 대답하였으니 이는 세겜이 그 누이 디나를 더럽혔음이라 14 야곱의 아들들이 그들에게 말하되 우리는 그리하지 못하겠노라 할례 받지 아니한 사람

에게 우리 누이를 줄 수 없노니 이는 우리의 수치가 됨이니라 15 그
런즉 이같이 하면 너희에게 허락하리라 만일 너희 중 남자가 다 할례
를 받고 우리 같이 되면 16 우리 딸을 너희에게 주며 너희 딸을 우리
가 데려오며 너희와 함께 거주하여 한 민족이 되려니와 17 너희가 만
일 우리 말을 듣지 아니하고 할례를 받지 아니하면 우리는 곧 우리
딸을 데리고 가리라_창 34:13~17

디나를 달라는 세겜과 그의 아버지 하몰에게 야곱의 아들들이
'속여' 대답합니다. "너희가 할례를 받으면 디나를 세겜에게 주고 나
아가 너희와 우리가 한 민족이 되리라" 약속하지만, 이 말은 거짓이었
습니다. 할례가 무엇입니까? 하나님의 백성이 되었다는 증표로, 하나
님께서 친히 제정하신 예식입니다. 그런데 자신들의 복수를 위해서
할례를, 하나님의 이름을 이용하고 있는 것입니다. 아버지 야곱의 잘
못된 행실을 아들들이 그대로 답습하고 있습니다.

이 모든 것은 야곱 삶의 결론입니다. 야곱은 자신이 과거에 저지
른 속임수에 대한 보응을 일생 받았습니다. 라반 삼촌에게 속아 부인
을 바꿔치기당하기도 하고, 요셉이 죽었다는 아들들의 말에 속아 평
생을 고통 가운데 살았습니다. 자신이 한 그대로, 야곱의 행실이 자손
에게 그대로 이어지는 걸 우리는 이제부터 계속 보게 될 것입니다.

야곱의 아들들이 왜 속였을까, 다른 면으로도 생각해 보았습니
다. 아마도 하몰과 세겜이 가진 세상적인 부와 지식에 열등감이 들지
않았을까요? 가난한 사람에게 무시당하는 건 덜 속상한데 대단한 사

람에게 무시당하면 우리는 견딜 수가 없습니다. 그저 분합니다.

그렇다 해도 가나안 땅은 선교지 아닙니까? 모든 열방이 주를 볼 때까지 주님을 찬양하며 선교하라고 하나님께서 아브라함을 갈대아 우르에서 가나안 땅으로 불러내셨습니다. 그런데 그 자손들이 하나님의 언약을 빙자해 사악한 죄를 짓고 있습니다. 지금 이 일을 가나안 땅 사람들이 영원히 기억할 텐데 말입니다. 도대체 선교는 왜 하고, 교회에는 왜 오는지 의아할 만큼 신자라면서 사망의 냄새만 풀풀 내고 있습니다.

정말 그런 교인이 있습니다. 예언한다면서 은근슬쩍 협박하고, '교회에 오면 결혼해 주겠다', '헌금 많이 내면 직분 주겠다' 꼬드깁니다. 상대의 영혼을 사랑하지도 않으면서 속이는 목회, 속이는 결혼을 하는 겁니다. 이는 경건을 이익의 방도로 여기는 것이요(딤전 6:5), 하나님의 이름을 더럽히는 신성모독 죄와 다름없습니다. 이런 모습들이 야곱의 자녀에게서 끊임없이 나타납니다. 왜 그런 겁니까?

야곱이 합당한 자리에서 예배드리지 않으니까 믿음이 다운됐습니다. 아버지가 그런데 자녀라고 믿음이 좋을 리 없죠. 자녀들도 도덕적·윤리적·영적 수준이 하나같이 낮습니다. 디나를 배려하는 형제도, 그의 장래를 걱정하는 형제도, 이 사건을 두고 회개하는 형제도 없습니다. 오직 분한 감정만 앞세워서 당장에 무슨 일이라도 벌일 기세입니다. 이들의 이런 잘못된 공동체 의식은 더욱 잔인하게 발전하여 훗날 요셉을 살해하려는 계략까지 꾸밉니다. '내 동생 디나를 구해 내리라' 하며 세상 의로워 보이던 형제들이 자기 형제를 죽이는 데 앞장

서게 된 것입니다.

미국의 심리학자인 리처드 래저러스(Richard S. Lazarus)는 "분노가 장기적이고 건설적인 노력의 동력이 될 수 있다"고 말합니다. 부모에게 인정받지 못하는 자녀가 그 설움을 밑거름 삼아 여봐란듯이 공부하고, 돈을 버는 경우를 예로 들 수 있습니다. 어찌됐건 우리를 한 걸음 더 나아가게 하기에 유익은 있습니다. 그러나 일시적인 것에 불과하죠. 래저러스는 복수심이나 분노에서 유발된 일은 훗날 큰 문제를 만들 것이라고 말합니다. 반드시 손해를 보게 된다는 것입니다. 당장에는 유익이 있어 보여도, 앞으로 남고 뒤로 밑지는 것입니다.

> 제삼일에 아직 그들이 아파할 때에 야곱의 두 아들 디나의 오라버니 시므온과 레위가 각기 칼을 가지고 가서 몰래 그 성읍을 기습하여 그 모든 남자를 죽이고_창 34:25

25절을 먼저 보겠습니다. 야곱의 아들들이 디나와 결혼하는 조건으로 할례를 요구하자 세겜과 그 민족의 모든 남자가 즉시로 할례를 행했습니다. 그런데 그 틈을 타서 시므온과 레위가 성읍을 기습하여 세겜의 모든 남자를 살해합니다. 생각해 보세요. 생식기를 수술받고 누워서 꼼짝도 못 하는 남자들을 급습해 칼로 죽인 겁니다. 약속의 후사라는 자들이 이런 비열하고도 잔인한 행각을 벌입니다. 물론 사탄의 세력은 철저히 끊어야 합니다. 그러나 방법이 잘못됐습니다.

26 칼로 하몰과 그의 아들 세겜을 죽이고 디나를 세겜의 집에서 데
려오고 27 야곱의 여러 아들이 그 시체 있는 성읍으로 가서 노략하
였으니 이는 그들이 그들의 누이를 더럽힌 까닭이라 28 그들이 양
과 소와 나귀와 그 성읍에 있는 것과 들에 있는 것과 29 그들의 모든
재물을 빼앗으며 그들의 자녀와 그들의 아내들을 사로잡고 집 속의
물건을 다 노략한지라_창 34:26~29

세겜 남자들을 살육한 것도 모자라 그들의 재물을 노략하기까지
합니다. 신자에게서 죽음의 냄새가 풀풀 나고 있습니다. 디나가 그 땅
의 딸들을 좋아해서 나갔다가 이방 남자와 눈 맞은 일이 얼마나 무서
운 결과를 낳았습니까. 양쪽 민족을 다 죽음의 위기로 몰아넣었습니
다. 그래서 우리 자녀들을 잘 키워야 합니다.

26절에 디나를 세겜의 집에서 데려왔다는 구절로 보아 그가 줄
곧 붙들려 있었다는 것을 알 수 있습니다. 이때까지 세겜이 디나를 가
두고 있었으니 그의 오라비들의 복수는 명분이 있어 보입니다. 그러
나 우리는 분별을 잘해야 합니다. 같은 상황이라도 칭찬받는 일이 있
고 저주받는 일이 있습니다.

민수기 25장을 보면, 이스라엘 백성이 미디안 사람들의 유혹에
넘어가 우상숭배에 가담하자 하나님께서 진노하심으로 백성에게 염
병을 내리십니다. 그때 아론의 손자 비느하스가 범죄한 남녀를 창으로
꿰뚫어 죽입니다. 그러자 마침내 이스라엘에게서 염병이 그칩니다.

비느하스가 자기 마음대로 행동한 것이 아닙니다. 이후 25장 17절

을 보면 하나님께서 "미디안인들을 대적하여 그들을 치라" 명하십니다. 그 명령을 따라 모세와 백성이 미디안의 남자와 다섯 왕까지 모조리 진멸합니다(민 31:7~8). 성경은 이 일을 얼마나 칭찬하는지 모릅니다. 똑같이 원수 갚은 일 같은데, 어떤 때는 칭찬을 아끼지 않으시고 어떤 때는 저주를 내리십니다. 성령받지 못한 사람은 이것이 이해가 안 될 겁니다.

비느하스는 하나님의 명령을 따라 미디안 백성을 죽였고 시므온과 레위는 자기 분을 못 이겨서 세겜 백성을 죽였습니다. 하나님은 속지 않으십니다. 하나님에게서 비롯된 일인지, 분노에서 발단된 일인지 다 아십니다.

우리도 그렇습니다. "네가 예수 안 믿어서 망한 거야!" 사실 내가 분해서 뭐라 하는 거면서 예수님 이름을 들먹이며 욕합니다. "네가 예수를 안 믿어서 부모 알기를 우습게 아는 거야!" 하지만 부모가 분노를 이기지 못해 야단치는 걸 자녀들도 안다는 말입니다.

성경은 이처럼 허물투성이인 인간의 모습을 꾸미지 않고 다 보여 줍니다. 야곱의 아들들을 통해 믿음의 사람이라도 분노를 절제하지 못하면 얼마든지 사망의 냄새를 피울 수 있다는 걸 보여 줍니다. 자, 생각해 보십시오. 여러분은 어떤 일이든 공공의 유익을 위해서 행합니까, 사적인 감정으로 행합니까?

• "하나님의 이름으로"라고 부르짖지만 실상 내 분노로 행하는 일은 무엇입니까? 신자인데 거짓말을 일삼지는 않습니까? 분노를 조절하지 못해

생명의 냄새 같지만 사망의 냄새를 내는
불신자가 있습니다

결론적으로 신자는 사망의 냄새를 내도 결국엔 생명의 냄새를 내고, 불신자는 생명의 냄새를 내는 것 같아도 사망의 냄새를 냅니다. 그러면 생명의 냄새 같은 사망의 냄새는 무엇인지 살펴보겠습니다.

18 그들의 말을 하몰과 그의 아들 세겜이 좋게 여기므로 19 이 소년이 그 일 행하기를 지체하지 아니하였으니 그가 야곱의 딸을 사랑함이며 그는 그의 아버지 집에서 가장 존귀하였더라 20 하몰과 그의 아들 세겜이 그들의 성읍 문에 이르러 그들의 성읍 사람들에게 말하여 이르되 21 이 사람들은 우리와 친목하고 이 땅은 넓어 그들을 용납할 만하니 그들이 여기서 거주하며 매매하게 하고 우리가 그들의 딸들을 아내로 데려오고 우리 딸들도 그들에게 주자 22 그러나 우리 중의 모든 남자가 그들이 할례를 받음 같이 할례를 받아야 그 사람들이 우리와 함께 거주하여 한 민족 되기를 허락할 것이라_창 34:18~22

정말 멋있지 않습니까? 야곱의 아들들은 속이기에 바쁜데, 하몰과 세겜은 그들의 말을 좋게 여기고서 할례를 받겠다고 합니다. 그러고는 지체하지 않고 가서 백성을 설득합니다. 너무나 신사적이고, 친절합니다. 결코 할례를 강요하지 않고 백성을 설득해 내는 모습이 합리적으로 보이기까지 합니다.

그런데 23절을 보세요.

> 그러면 그들의 가축과 재산과 그들의 모든 짐승이 우리의 소유가 되지 않겠느냐 다만 그들의 말대로 하자 그러면 그들이 우리와 함께 거주하리라_창 34:23

우리는 생명의 냄새 같은 사람들에게서 사망의 냄새를 분별해 내야 합니다. 할례를 받으라는 야곱의 아들들의 제안에 하몰과 세겜은 지체하지 않고 "우리가 받겠다"고 합니다. 디나를 너무 좋아해서 그런 것이지만, 할례가 뭔지도 모르고 넙죽 받겠다고 합니다. 할례를 우습게 여기고 있습니다. 상대가 원하는 대로 해 주고 협상에서 우위를 차지하겠다는 속셈뿐입니다. 또한 디나를 욕보인 일에 대해 진정으로 회개하지 않습니다. 불신자가 무슨 회개를 하겠습니까.

게다가 다른 꿍꿍이가 있습니다. 23절을 한마디로 요약하면, 자신들의 경제력을 강화하려고 이 결혼을 하겠다는 말입니다. 우리가 이런 걸 분별해 내야 합니다. 다시 18절부터 자세히 살펴보겠습니다.

18 그들의 말을 하몰과 그의 아들 세겜이 좋게 여기므로 19a 이 소

년이 그 일 행하기를 지체하지 아니하였으니……_창 34:18~19a

지난 12절에서 세겜은 "이 소녀만 내게 주어" 아내가 되게 하면 뭐든지 주겠다고 했습니다. 지금은 오로지 '이 소녀'만이 목적이기에 눈에 보이는 것이 없습니다. 그러다 이 소녀, 내가 바라는 그것을 쟁취하고 나면 또 다른 걸 찾아 눈을 돌리는 게 이 세상 사람들의 특징입니다. 상대를 죽기 살기로 쫓아다니며 '결혼만 해 주면 뭐든지 다 할게' 애걸하던 사람이 결혼 후에 바람피우는 경우를 우리가 종종 보지 않습니까.

세겜도 마찬가지입니다. 상대를 얻겠다고 강간부터 저지르는 걸 사랑이라고 할 수 있습니까? 사랑은 상대의 유익을 구하는 것인데 가장 중요한 걸 범하고 물질로 보상하겠다고 합니다. 빙물(聘物)이든 예물이든 당장은 다 줄 것 같아도, 이처럼 약속을 남발하는 사람치고 잘 지키는 사람, 제대로 된 사람을 못 봤습니다.

헤롯 왕도 헤로디아의 딸에게 "네가 내게 구하면 나라의 절반까지라도 주겠다"고 했지만(막 6:23), 애초부터 지키지 못할 약속이었습니다. 그런데 이런 약속만 믿고 뛰어들었다가 인생을 망친 사람이 한둘이 아닙니다. 아무리 "그 결혼은 하지 말라" 충고해도 오직 이 소녀만이 목적이고, 이 소녀의 미모밖에 보이지 않기에 귓등으로도 듣지 않습니다. 공동체가, 제가 말리는데도 밀어붙였다가 끝내 실패한 분들이 교회에도 수두룩합니다. 잠시 뒤를 못 내다보는 것이죠.

할례는 육체의 고통이 따르는 일입니다. 그런데 세겜은 '이 소녀만 나에게 온다면 그까짓 것 못 하겠어!' 하고 할례를 아주 우습게 여깁니다. 요즘으로 빗대어 말하면 '결혼해 준다는데 그까짓 교회 한번 못 가겠어, 그까짓 세례 못 받겠어' 하는 겁니다. 경건을 이익의 방도로 생각하는 것입니다. 예수 때문에 하는 게 아니라, 오로지 이 소녀 때문에 할례를 받겠답니다. 할례만 받으면 자신이 행복해질 줄 압니다. 그러나 할례는 내가 죽어지는 것입니다. 십자가를 지는 일입니다.

……그가 야곱의 딸을 사랑함이며 그는 그의 아버지 집에서 가장 존귀하였더라_창 34:19b

"그는 그의 아버지 집에서 가장 존귀하였더라"는 말은, 세겜이 그의 가족 중에서 가장 신분이 높은 자라는 걸 의미합니다. 그러니 누가 그를 막을 수 있겠습니까. 자기가 하고 싶은 일은 반드시 해야 합니다. 그 기개로 모두를 할례받게 했습니다. 또, 성읍 온 주민을 설득할 수 있을 만큼 인기가 있었던 걸로도 보입니다.

가만 보면 소위 존귀한 자들의 백성이나 자녀들이 말을 잘 듣습니다. 왜, 독재자 가정의 아들딸들이 말을 잘 듣잖아요. 자기 생각이 없기 때문입니다. 그런데도 우리는 '집안이 뼈대 있네, 예의가 있네' 하면서 좋아합니다. 생각해 보세요. 온 집안 식구가 한 사람 말에 휘둘린다면 이상한 집 아니겠습니까? 누가 "우리 집은 내 말 한마디면 꼼짝 못 해" 한다면 '음, 사망의 냄새군' 하고 알아차려야 하는데, '어머나, 능력 있네!' 하니까 우리가 속아 넘어가는 겁니다.

그러나 세겜이 아무리 인기 많고 존귀하면 뭣합니까. 그 존귀하신 분이 디나와 똑같이 정욕의 노예로 전락했습니다. '불나비사랑'이라는 노래도 있듯, 부나비처럼 활활 타는 불을 향해 거침없이 달려들었다가 비참한 결말을 맞았습니다. 정욕은 사람을 마비시켜 판단을 흐리게 합니다. 세겜이 주민을 사랑해서 할례받게 한 것이 아닙니다. 오직 자기의 정욕을 채우려고 백성을 이용합니다. 존귀한 자리에 앉아서 백성의 유익은 나 몰라라, 오직 자기의 유익만을 구했기 때문에 멸망한 것입니다.

> 20 하몰과 그의 아들 세겜이 그들의 성읍 문에 이르러 그들의 성읍 사람들에게 말하여 이르되 21 이 사람들은 우리와 친목하고 이 땅은 넓어 그들을 용납할 만하니 그들이 여기서 거주하며 매매하게 하고 우리가 그들의 딸들을 아내로 데려오고 우리 딸들도 그들에게 주자_창 34:20~21

나아가 하몰과 세겜은 안전을 강조하면서 야곱 집안과 친목하자 설득합니다. 그들이 여기에 거주하며 매매해도 충분할 만큼 이 땅이 넓다는 겁니다.

> 그러나 우리 중의 모든 남자가 그들이 할례를 받음 같이 할례를 받아야 그 사람들이 우리와 함께 거주하여 한 민족 되기를 허락할 것이라_창 34:22

하나님께서 가장 염려하시는 것이 혼합주의이고, 불신결혼입니다. 비록 하나님을 모르는 족속이기는 하지만, 다른 민족과 섞이는 것을 너무 아무렇지 않게 생각합니다. 그러나 그리스도와 벨리알이 어찌 조화를 이루겠습니까(고후 6:15). 결정적으로 23절을 보겠습니다.

> 그러면 그들의 가축과 재산과 그들의 모든 짐승이 우리의 소유가 되지 않겠느냐 다만 그들의 말대로 하자 그러면 그들이 우리와 함께 거주하리라_창 34:23

모든 인간의 마음속에는 이런 이기적인 욕심이 존재합니다. 따라서 순수한 동기에서 비롯된 일은 하나도 없다고 해도 과언이 아닙니다. 더구나 강간을 저지르고도 회개하기는커녕 결혼에, 사업에만 눈이 멀어 있는 자들에게 무슨 선한 것이 있겠습니까.

아마도 가나안 땅 차지가 야곱의 비전인 걸 이들이 어렴풋이 알았던 것 같습니다. 그래서 야곱에게 거리낌 없이 땅을 팔았고, 훗날 야곱의 소유가 우리 것이 되리라며 숨겨 온 속셈을 비로소 드러냅니다. "너희가 할례를 받지 아니하면 디나를 데리고 가리라" 한 야곱 아들들의 말은 언급조차 하지 않습니다. 그저 '그들의 소유가 우리 소유가 될 것'이라고만 밝힙니다.

이것은 정직하지도, 진실하지도 않은 협상입니다. 공공의 이익에 부합하지도 않습니다. 사적인 요구만 하면서 진짜 이유는 숨기고 있습니다. 그러면서 공동체를 위하는 척, 간교하게 속입니다. 세겜이 절대 착한 사람이 아닙니다. 자기 한 사람의 쾌락을 위해, 소위 사랑을 위해서 자기 민족을 이용한 사람입니다.

이단 전문 목사님에 의하면 이단들이 특히 노리는 부류가 있다고 합니다. 첫째로 착한 사람이고, 둘째로 분별없는 사람이랍니다. 실제로 한 분이 제 설교에 큰 은혜를 받았다면서 메일로 자신의 이야기를 나누셨는데, 요즘 한 단체에서 성경 공부를 하면서 눈이 열렸다고 하시는 겁니다. 제가 그곳은 이단이라고 답변을 드렸죠. 그러자 이분이 다음 주일부터 그곳에 안 갈 생각을 하니까 무섭다고 하셨습니다. 혹여 해코지당할까 두렵다는 것입니다. 안 온다고 해코지한다면 정말 이단이 맞지 않습니까? 그곳에서 성경 보는 눈이 열렸다면서 왜 그런 소리를 합니까.

십자가 지기 싫고 존귀한 자리에만 앉아 있으려 하니까, 오픈도 꺼려지고 신앙에 클클증이 나는 겁니다. 죄를 오픈하지 못하면 신앙의 길을 터 줄 다른 것을 자꾸 찾게 되고, 뜨거운 것으로 충족하고 싶은 욕구가 생깁니다. 그래서 다들 이단에 가는 겁니다. 분별력이 없는 사람, 착한 사람을 이단이 노린다고 하지 않습니까. 착해 보이지만 욕심으로 똘똘 뭉친 사람이 이단에 갑니다. 주님이 만세 전부터 택하신 사람은 절대 이단에 가지 않습니다. 결국 택함받지 못해서 이단에 가는 것입니다. 자기 욕심 때문에 가는 것입니다.

성문으로 출입하는 모든 자가 하몰과 그의 아들 세겜의 말을 듣고
성문으로 출입하는 그 모든 남자가 할례를 받으니라_창 34:24

무엇보다 야곱의 재물에 마음이 뺏겨서 이들이 할례를 받지 않았겠습니까? 사람이 다 악합니다. 야곱의 재산이 우리 재산이 될 것이라 하니까 주저함 없이 할례를 받습니다. 우리도 그렇습니다. 일본의 재산이, 일본 땅이 우리 재산, 우리 땅 된다고 하면 할례받지 않을 사람 있습니까? "나를 어서 째세요" 하고 하나같이 드러누워 있을 겁니다.

결혼이든 사업이든 주식이든 망하는 이유는 다 똑같습니다. 내 욕심 때문입니다. 할례를 미끼로 죽이려는 상대편 속셈도 모르고, 그저 그들의 소유가 내 소유가 되리라는 꿈에 부풀어서 다 살을 벱니다. 욕심을 버리면 돈을 번다는 말이 정말 맞습니다. 그러니까 설교 말씀이 안 들리는데 돈을 벌겠다는 사람은 바보입니다. 말씀으로 내 욕심을 처리하지 못하면 돈도 못 법니다. 벌어도 조금 있다가 사라집니다.

기상 캐스터가 홍수가 언제 날지 압니까? 만일 그렇다면 천재지변은 일어나지 않을 것입니다. 쓰나미, 지진과 같은 갑작스러운 천재지변은 누구도 정확히 예측할 수 없습니다. 기상 캐스터가 알려 줄 수 있는 것은 오늘 비가 오는지 안 오는지, 보슬비가 내리는지 소낙비가 내리는지 정도입니다.

만사를 알려면 하나님의 말씀을 묵상해야 합니다. 하나님이 모든 것을 가르쳐 주십니다. 어떻게요? 비가 와도 홍수가 나도, 주식이 망해도 흥해도 말씀으로 내 삶을 해석할 수 있는 능력을 주십니다. 그런데 자꾸 하나님의 말씀을 무시하니까 아무 일도 안되는 겁니다. "주식, 코인, 부동산 투자해서 내가 한 번만 이겨 보고 그다음부터 열심히 말씀 볼게요." 이런 말도 안 되는 소리를 하면서 아파트에, 직장에, 가족까지 잃고도 끊지 못하는 사람들을 제가 수없이 보았습니다.

지도자 잘못 만나 세겜 사람들이 다 망했습니다. 그러니 지도자 한 사람이 얼마나 중요한지 모릅니다. 세겜이 풍기는 사망의 냄새를 생명의 냄새로 맡고 들러붙었다가 모조리 죽었습니다. 불나비사랑이 따로 없습니다. 뭐든지 유혹하는 냄새는 사망의 냄새라는 걸 기억하십시오.

그러면 우리는 세겜을 욕해야 할까요? 아니죠. 결국 모두가 자기 욕심 때문에 죽은 것입니다. 누구 때문이 아닙니다.

수십 년간 리더십 분야만을 연구한 제임스 쿠제스(James M. Kouzes)와 배리 포스너(Barry Z. Posner)는 그들이 공동 집필한 『최고의 리더』에서 이같이 말합니다.

"가장 중요한 리더십의 원칙 중의 원칙이며 시작점은 '리더십은 나로부터 출발한다'는 인식입니다. 리더십은 도구와 요령이 아니라 신념과 소신으로부터 나옵니다. 그러면 가장 먼저 이끌어야 할 사람은 누구겠습니까? 바로 나 자신입니다. 내가 리더십의 알파인 것입니다. 내가 바로 나를 이끄는 리더입니다. 그러므로 리더십은 전가될 수 있는 것이 아닙니다.

만일 상사가 바람직한 리더십을 발휘하지 않는다고 해서 최선을 다하지 않는 것은 가장 중요한 자신에 대한 리더십을 상실하는 것입니다. 우리에게 가장 큰 영향력을 미치는 것은 가장 가까운 리더입니다. 만일 누가 직장에서 장기적 관점에서 가장 성공할까 궁금하면 그 사람의 출신 학교나 성적, 전공, 집안, 과거의 경력, 부모의 지위보다 최초의 상사와의 관계가 어떠했는지 알아보십시오. 나에게 가까운 상사, 즉 내가 잘 아는 사람을 위해 일하고, 잘 아는 사람을 위해 헌신하고, 그 사람의 성공을 도울 수 있는 사람이 직장에서 훌륭한 리더로 성장할 수 있는 가장 확실한 지표입니다.

그러므로 스스로에게 '나는 중요한 사람인가?'라고 묻지 마십시오. 그렇게 물으면 대접받고 싶어집니다. 그 대신 '나는 어떻게 중요한 사람이 될 수 있는가?'라고 물어야 합니다. 그러면 누군가를 도울 수 있습니다. 이처럼 남을 도울 수 있는 능력을 가진 사람이 모두가 따르는 리더입니다. 자신을 이끄는 힘, 이것이 리더십의 출발선입니다."

저에게 맨날 지질한 시집살이 이야기만 한다며 핀잔하시는 분도 있습니다. 그런데 나에게 가장 가까운 상사에게 헌신하는 사람이 진정한 리더십을 발휘할 수 있다고 하지 않습니까? 지금은 돌아가셨지만, 저에게 가장 가까운 상사는 시어머니였잖아요. 시어머니의 모진 타박 가운데도 제가 스스로를 이끌어서 살아났기에, 마침내 시어머니와 대화가 통하게 됐습니다. "시어머니 때문에!" 하며 탓하지 않고, 내가 나를 이끌어 어떤 일에도 "옳소이다" 하게 됐습니다.

어떤 상황에서도 내가 나를 이끌어야 합니다. 내가 리더십의 알파, 시작입니다. 리더십은 나로부터 시작됩니다. 세상의 전문가가 수십 년간 리더십만 연구해서 깨달은 이 원리를 우리는 이미 알고 있잖아요.

그러니까 세겜을 욕할 것이 없습니다. 세겜 때문에 다 죽었다고요? "나는 할례 안 받겠다!" 내가 거부하면 되는데, 성경적인 가치관이 없으니까 노예근성도, 욕심도 못 버려서 죽은 것이죠. 세겜도 그렇습니다. 리더십이 주어졌지만 어떻게 써야 하는지를 모릅니다. 그의 잘못된 리더십 때문에 한 민족이 몰살당했습니다. 그러니까 어떤 경우에도 내가 나를 이끌어야 합니다. 내가 살아나야 합니다. 이해되십니까? 이것이 너무 중요합니다. 그래야 내게서 사망의 냄새가 나도 돌이켜 생명의 냄새를 낼 수 있고, 생명의 냄새 같지만 사망의 냄새를 내는 사람을 분별할 수 있습니다.

세겜은 돈과 권세로 뭐든지 할 수 있다고 믿는 권력층, 기득권층입니다. 한편 야곱의 아들들은 사회정의를 극단적으로 부르짖는 무리라고 할 수 있습니다. 이 둘 사이에 해결의 길은 없습니다.

시므온과 레위가 나섰지만, 단지 두 사람이 쓰였을 뿐입니다. 가룟 유다와 같은 악역은 어느 때에나 존재합니다. 그런 역할은 내가 아니어도 할 사람이 있으니까 '내가 이 세계를 바꾸겠다!' 하는 빗나간 투쟁은 그만두십시오. 대신에 내 옆에 사람, 내게 가장 가까운 리더가 성공할 수 있도록 도와보시기를 바랍니다.

하나님은 교회 공동체를 통해 우리, 특별히 리더들을 훈련하십니다. 리더십은 나로부터 시작되는데 작은 공동체 하나 이끌지 못하면 어떻게 가정을, 회사를 이끌겠습니까. 교회 공동체에서 이해타산 전혀 없는 사람들을 살리고자 노력해 봐야 어디서든 훌륭한 리더십을 발휘할 수 있습니다. 그런데 교회 공동체를 우습게 알면 아무리 돈을 많이 벌어도 리더십이 꽝인 겁니다. 지금은 잘나가도 세겜처럼, 하몰처럼 조금 있다 멸망할 수 있습니다. 사망에 속해서 죽음의 길로 가는 겁니다.

　신자도 불신자도 사망의 냄새를 냅니다. 말씀을 열심히 보아야만 우리가 진짜 사망의 냄새를 분별해 낼 수 있습니다. "교회 열심히 다녔는데 왜 이런 잘못된 결혼을 했지? 내가 속았어!" 이런 얘기 하지 말라는 것입니다. 전부 여러분 삶의 결론입니다. 가만 보면, 꼭 자기 같은 사람을 고릅니다. 누가 여러분을 속였습니까? 여러분이 속임수쟁이니까 속임수쟁이를 고른 겁니다. 어려서부터, 지금부터라도 성경을 봐야 합니다. 성경에 답이 있습니다. 세겜이 너무 멋있으니까 우리도 헷갈렸는데, 함께 성경 한 절, 한 절 묵상하면서 생명의 냄새 같은 사망의 냄새를 분별해 냈잖아요. 할렐루야!

　간혹 자기가 직통계시를 받았다면서 '누가 틀렸네, 여기가 맞네' 하는 말을 떠들어 대는 사람도 봅니다. "기도해 봤더니 여기를 가라고 했어, 이 사람과 결혼하라고 했어." 이런 근거도 없는 말들을 덥석 믿습니다. 내가 말씀을 묵상하며 인도받아야 합니다. 상대가 사망의 사람인가, 생명의 사람인가 내가 인도받아야 합니다. 하나님이 성경을 통해 다 가르쳐 주시는데 왜 맨날 기도받으러, 예언받으러 다닙니까? 그런 건 미신을 믿는 것이나 다름없습니다. 더디 가더라도 말씀 보는 훈련을 해야 합니다. 성경을 통해 하나님 찾고 명령을 찾고 약속을 찾는 것이 응답받는 구조 속으로 들어가는 것입니다. 하나님은 100% 옳으시기 때문입니다.

• 생명의 냄새 같은 사망의 냄새를 분별하는 나의 기준은 무엇입니까? 예

수는 안 믿어도 재력 있고 성품 좋은 사람을 생명의 냄새라고 착각하지는 않습니까?

• '너 때문에 내가 망했어!' 하고 누구를 원망하고 있습니까? 너 때문이 아니라 나 때문 아닙니까? 나의 무엇 때문에 망했습니까? 욕심 때문입니까, 노예근성 때문입니까? 공공의 유익을 부르짖지만 실은 내 욕심을 채우고자 강행하는 일은 없습니까?

• 어떤 경우에도 내가 나를 이끌고 있습니까? 내가 리더십의 시작이며, 내게 가장 가까운 상사가 성공하도록 돕는 사람이 진정한 리더십을 발휘합니다. 내 옆의 상사를 어떻게 돕겠습니까? 돕기는커녕 상사를 무시하고 내가 중요한 사람이 되려고 질서를 파괴하지는 않습니까?

내게서 올바른 냄새를 나타내 주실 분은 하나님밖에 없습니다

고린도후서 2장 14절에서 바울 사도는 "항상 우리를 그리스도 안에서 이기게 하시고 우리로 말미암아 각처에서 그리스도를 아는 냄새를 나타내시는 하나님께 감사하노라"고 고백합니다. 하나님은 우리보고 "좋은 냄새를 내라" 하지 않으셨습니다. 바울의 고백처럼, 우리에게서 냄새를 나타내시는 분은 하나님입니다. 보잘것없는 우리를 그리스도의 냄새 삼아 주셨습니다. 그 자긍심을 가지고 살아가십시오.

그런데 야곱은 뭐라고 합니까?

야곱이 시므온과 레위에게 이르되 너희가 내게 화를 끼쳐 나로 하여금 이 땅의 주민 곧 가나안 족속과 브리스 족속에게 악취를 내게 하였도다 나는 수가 적은즉 그들이 모여 나를 치고 나를 죽이리니 그러면 나와 내 집이 멸망하리라_창 34:30

이게 무슨 말입니까? 이쯤 되면 아들들을 야단쳐야 하지 않습니까? "너희가 어떻게 그런 거짓말을 할 수 있니? 어떻게 함부로 할례를 이용할 수 있어, 어떻게 이런 끔찍한 살육을 저지를 수 있어!" 하고 난리 쳐야 마땅합니다. 그런데 야곱은 가만히 앉아서 "내가 멸망하게 생겼다. 나는 예수 믿는 사람인데 너희 때문에 내게서 악취가 나게 됐다" 하고 아들들에게 책임을 전가하고 있습니다.

예전에도 야곱은 에서에게 보복당할까 두려워하며 떨었던 적이 있습니다. 그때 하나님이 얍복 나루에 친히 찾아오셔서 야곱을 만나 주셨습니다. 그런데 십여 년이 흘러 배부르고 등 따습해지자 그 은혜를 싹 잊었습니다. 여전히 형편없고 지질한 모습만 보여 줍니다. 딸이 강간당해도, 가나안 족속과 통혼할 위기에 놓여도 전혀 애통해하지 않습니다. 오직 자신의 생명과 명예에만 관심이 있습니다. 이런 야곱의 태도가 아들들의 화를 더욱 돋웁니다.

그들이 이르되 그가 우리 누이를 창녀 같이 대우함이 옳으니이까 _창 34:31

아들과 아버지가 한판 세게 붙었습니다. 아들들은 디나를 가리켜 '아버지의 딸'이라고도 하지 않습니다. 끝까지 '우리 누이'라고 합니다. 세겜만 아니라 아버지도 디나를 창녀처럼 대하고 있다고 몰아붙입니다. 그럴 만도 합니다. 아버지라는 사람이 딸이 강간을 당해도 가만있고, 예물로 잘못을 무마하려는 상대의 불손한 태도를 보고도 가만있습니다. 언뜻 보면 포주가 따로 없습니다. 정말 야곱의 심중에는 레아의 아들딸들은 없나 봅니다. 여러분, 이 사건에 레아의 자녀들만 연루됐다는 사실을 주목하시기 바랍니다. 라헬의 자녀들은 언급조차 되지 않았습니다.

디나가 강간당했을 때나 하몰과 협상할 때도 그렇습니다. 야곱에게서는 일말의 애정조차 찾아볼 수 없습니다. 결혼 반대도 오라비들이 했지, 야곱은 한마디도 안 했습니다. 새사람 이스라엘이 다시 옛사람으로 돌아간 것 같습니다. 속임과 거짓, 두려움으로 똘똘 뭉친 본성에서 여전히 벗어나지 못했습니다. 그런 약점 때문에 형과 갈렸고, 가족을 강간과 살인으로 내몬 것도 모자라 이제는 자녀들과도 갈리게 생겼습니다.

야곱은 좋은 것만 늘 좋고 싫은 건 죽도록 싫습니다. 끝까지 라헬만 끼고돕니다. 이 모든 것이 훗날 요셉 사건을 이해하는 단초가 됩니다. 앞으로 묵상하겠지만 아들들이 요셉을 팔아넘기고 그가 죽었다고 속였을 때는 야곱이 비탄에 잠겼는데, 디나 사건에서는 전혀 동요하지 않습니다. 그러니까 편애하는 아버지가 미워서 아들들이 형제 요셉을 팔아먹는 엄청난 일을 저지른 것 아니겠습니까.

그런데 중요한 사실은, 이들이 끝에는 화해했다는 것입니다. 믿음의 자녀들은 결국엔 화해합니다. 이러니저러니 해도 믿음의 씨가 있잖아요. 하루가 멀다고 문제가 터지고 서로 치고받고 싸워도 믿음의 가문은 결국 생명의 냄새를 나타냅니다. 하나님이 그들을 도와주시기 때문입니다.

성경을 볼 때마다 얼마나 기가 막힌지 모릅니다. 큰 변을 당하고도 가나안 토착민들이 왜 야곱에게 보복하지 않았을까요? 이어지는 35장 5절을 보면 "그들이 떠났으나 하나님이 그 사면 고을들로 크게 두려워하게 하셨으므로 야곱의 아들들을 추격하는 자가 없었더라"고 합니다. 하나님이 야곱을 도와주신 것입니다. 야곱 가문의 여정을 보호하셨습니다. 만일 그러지 않으셨다면 모두가 들고일어나 야곱은 큰일을 당했을 것입니다.

생각해 보세요. 지금까지 야곱의 공로로 된 일이 있습니까? 야곱에게는 잘난 것 하나 없습니다. 본문만 보아도 그렇습니다. 야곱은 "너희가 나로 하여금 악취를 내게 하였다" 하며 자식들만 탓합니다. 여전히 하나님에 대해 잘 모릅니다.

야곱에게서 악취가 나는 건 그의 아들들 때문이 아니라 야곱 자신이 하나님을 의지하지 않기 때문입니다. 우리는 하나님의 냄새이기에, 하나님을 의지할 때에만 생명의 냄새를 낼 수 있습니다. 야곱이 정신 못 차려서 사망의 냄새를 내는 것 아닙니까? 자기 예배가 회복되지 않아서인데, 회개하기는커녕 아들들에게 모든 책임을 전가합니다.

그런데도 하나님은 야곱을 끊임없이 보호하십니다. 거짓말에,

살인에 각종 죄로 얼룩져 있는데도 야곱 가문을 부요케 하셨습니다. 아브라함도, 이삭도 그렇죠. 자기 목숨을 염려해 아내를 팔아먹은 지질한 인물들인데도 그들을 부요케 하시고 끝까지 인도해 주셨습니다.

우리가 하나님과 함께할 때만 예수 그리스도의 냄새인 것이 아닙니다. 하나님과 함께할 때도, 하나님을 멀리할 때도 우리는 예수 그리스도의 냄새입니다. 그것이 향기인지, 악취인지 판단하는 것은 냄새를 맡는 사람의 몫입니다. 그러니까 겉이 멀쩡하다고 세겜을 생명의 냄새로 맡으면 안 됩니다. 예수 씨가 있어야 생명의 냄새를 낼 수 있습니다. 아무리 멋있어도 예수 씨가 없으면 사망의 냄새입니다. 형편없어도 야곱을 생명의 냄새로 맡아야 합니다. 이것이 주님의 신비입니다. 하나님은 믿는 자의 머리털 하나도 건드리지 못하도록 늘 보호하십니다. "너를 축복하는 자에게는 내가 복을 내리고 너를 저주하는 자에게는 내가 저주하리라……"(창 12:3a). 아브라함에게 주신 이 약속을 때마다, 시마다 신실히 이루시는 걸 보여 주십니다.

물론 세겜 민족을 살육한 것은 분명 잘못된 일입니다. 그래서 훗날 야곱은 시므온과 레위를 향해 저주와도 같은 유언을 남깁니다(창 49장). 그럼에도 불신자와의 통혼은 절대로 안 되기에 이렇게라도 막으신 것입니다.

창세기는 1장부터 마지막 장까지 하나님의 백성과 사탄의 후손들이 벌이는 싸움에 관한 이야기입니다. '사탄은 이렇게 싸움을 걸어 온다, 이것이 사탄의 간계다, 돈, 결혼, 유혹으로 사탄은 우리를 넘어뜨리려 한다' 끊임없이 경고합니다. 나아가 야곱을 그리스도의 냄새

삼으셔서, '항상 우리를 그리스도 안에서 이기게 하시고 우리로 말미암아 각처에서 그리스도를 아는 냄새를 나타내시는 하나님께 감사하는 것'만이 승리의 비결인 것을 알려 주십니다. 창세기를 묵상하며 우리가 계속 보았잖아요. 야곱에게는 이길 힘이 하나도 없습니다. 오직 하나님이 도우셔서, 하나님이 힘 주셔서 야곱이 이겼습니다.

야곱처럼 나도 그리스도의 냄새에 불과합니다. 그것이 향기인지 악취인지는 내가 결정하는 것이 아닙니다. 나는 그리스도의 향기를 낼 수 없습니다. 하나님이 풍기게 하셔야 합니다. 그러나 비록 내가 사망의 냄새만 낼지라도, 주께서 나를 이끄사 마침내 생명의 냄새 되게 하실 것입니다.

야곱이 연약합니다. 예배가 회복되지 않으니까, 자식이 강간당하고 살인을 저지르는 기가 막힌 사건이 연속해 오는데도 야곱이 전혀 깨닫지 못합니다. 그저 "내가 멸망하게 되었다"라고만 외치고 있습니다. 라반과 에서의 시험에 합격했어도, 제대로 예배드리지 않으면 또 넘어질 수밖에 없습니다. 야곱을 통해 주시는 이 경고를 들으십시오. 3대 신앙인이라고 이기는 게 아닙니다. 날마다 하나님께 '물어 이르되' 해야 합니다.

특별히 우리가 생명의 냄새와 사망의 냄새를 날마다 분별해야 하는데, 어려서부터 말씀을 길로 놓고 걸어가지 않으면 가려낼 수가 없습니다. 그러므로 어려서부터 날마다 말씀을 묵상하고, 부모님과 친구들, 믿음의 선배들이 나누어 주는 간증을 들으며 자라 가는 것이 우리 아이들에게 얼마나 큰 재산이고 실질적인 힘이 되는지 모릅니다. 하물과 세겜처럼 돈을 앞세워 자녀를 교육하고 있다면 앞으로 남아도 뒤로 밑지는 것입니다.

어버이 주일에 우리들교회 영아부에서 특별한 시상식이 열렸습니다. 많은 부모님이 상을 받으셨는데 시상 부문과 그 이유를 여러분에게도 소개합니다.

첫 번째는 '생육·번성'상입니다.

위 어머니는 인구절벽 시대에 생육하고 번성하라는 창조 명령에 옳소이다 순종하여 영적 후사를 순풍순풍 낳아 자모실을 충만하게 하였으므로 이 상을 수여합니다.

이 상은 수상자가 가장 많았는데 그중 4명의 공주님을 낳고 자의 반 타의 반으로 자모실을 떠나지 못하는 집사님이 대표로 받으셨습니다. 우리들교회 교인이라면 앞으로 5명은 낳아야 이 상을 받을 수 있습니다.

두 번째는 '남은 자'상입니다. 이 상은 아버지들이 대상입니다.

위 아버지는 육아의 포로 생활을 겪는 아내의 마음을 깊이 체휼하여 환경 좋은 애굽으로 도망하지 않고 환난 날에 맞먹게 시끄러운 자모실에서 아내와 함께 끝까지 예배를 드렸으므로 이 상을 수여합니다.

세 번째는 '하나멜의 밭'상입니다.

위 어머니는 자녀를 기업으로 주신 하나님의 약속을 기억하여, 아프고 힘든 자녀를 위해 은 17세겔 같은 시간과 애정의 대가를 치르고 봉인하지 않은 증서를 토기에 담는 것과 같은 손과 발이 가는 구체적인 적용을 하였으므로 이 상을 수여합니다.

이 상은 유다를 회복시키실 하나님을 신뢰하며 하나멜의 밭을 산 예레미야처럼(렘 32:6~15) 회복을 소망하며 몸이 아프고 연약한 자녀를 돌보고 있는 어머니께 드리는 상입니다. 여러 후보 가운데 아이가 중환자실에 입원해 있는 한 어머니가 받으셨답니다.

네 번째는 '에벳멜렉'상입니다.

위 어머니는 에벳멜렉이 구스 사람임에도 불구하고 하나님을 신뢰하므로 유다 사람들을 도와줬던 것처럼, 오직 믿음으로 내 배로 낳지 않은 자녀까지 내 자녀처럼 사랑하고 양육하였기에 이 상을 수여합니다.

예레미야 38장에 등장하는 에벳멜렉은 구스 출신의 흑인 내시로 예레미야를 토굴 감옥에서 건져내 준 인물입니다. 하나님이 그의 신앙을 알아보시고 예루살렘 성이 함락될 때 그를 구원해 주셨죠. 이 상은 재혼 가정에서 남편의 자녀까지 성심껏 돌보고 있는 어머니들에게 돌아갔습니다.

마지막은 '레아'상입니다.

위 어머니는 세상과 돈과 불신앙의 라헬을 내려놓지 못하는 남편에게 사랑을 구하지 않고 오직 하나님께 사랑을 구함으로 혼자서 자녀를 데리고 예배드리며, 하나님과 연합하고 하나님을 찬양하며 영적 후사를 길러 가는 수고를 아끼지 않았기에 이 상을 수여합니다.

이 상은 남편이 교회에 오지 않아도 홀로 씩씩하게 영아부 예배를 드리는 어머니들을 격려하고자 마련했습니다.

우리들교회 영아부에 참 소망이 있지요? '하나멜의 밭'상 ,'에벳멜렉'상, '레아'상…… 세상은 알아듣지 못할 언어이지만, 말씀 안에 있는 우리 아이들은 엄마가 이 상을 받았다는 걸 영원히 기억하며 자랑하지 않겠습니까?

어떤 부문에도 해당하지 않아서 상을 못 받으신 부모님들, 내년에 받을 수 있는 상 하나가 있습니다. 바로 '생육·번성'상입니다. 요즘 같은 인구절벽 시대에 꼭 도전해 보시길 바랍니다. 교회를 살리고 나라를 살리는 길입니다. 이처럼 영적 후사를 낳고 기르시는 부모님들의 수고로 교회가 자라 가고 하늘나라가 확장되는 줄 믿습니다.

말씀의 가치관을 갖지 못한 자녀는 생명의 냄새와 사망의 냄새를 분별하지 못합니다. 그의 앞에 세겜 같은 이성이 나타나 유혹하면 딱 넘어가는 겁니다. 잠시 뒤에 멸망하리라 해도 '이 사람과 반드시 결혼할 테야!' 하면서 부나비처럼 불 속으로 뛰어드는 겁니다. 우리 자녀들을 사망의 길로 흘러가게 둬서는 안 되잖아요. 그러므로 어릴 때부터 말씀을 심어 줘야 합니다. 자녀를 말씀으로 가르쳐야 합니다.

우리는 그리스도 안에서 냄새입니다. 신자에게서 사망의 냄새가 나기도 하고, 불신자에게 생명의 냄새가 나는 듯 보이기도 합니다. 그래서 늘 타인의 겉모습에 속고, 내 분노에 내가 속고, 세상의 유혹에도 너무 잘 속습니다. 그러나 악취인가, 향기인가는 내가 결정할 수 없습니다. 상대가 나를 악취로 맡는가, 향기로 맡는가도 내가 결정하는 게 아닙니다. 우리로 말미암아 그리스도를 아는 냄새를 나타내시는 하나님을 신뢰하는 것만이 우리가 생명의 냄새를 나타내는 길입니다. 우리가 언제나 하나님을 생각하며 나아가면, 하나님이 우리 가운데 그리스도의 향기를 나타내십니다.

야곱을 보세요. 비록 사망의 냄새 가운데 있지만 하나님이 그를 끝까지 인도하십니다. 야곱에게는 이길 힘 하나 없지만, 주님이 도우심으로 야곱이 자신의 지질함을 생각하고 하나님을 생각하며 한 발을 또 디딥니다. 야곱은 늘 하나님을 생각하지만, 늘 환경에 무너집니다. 그래서 하나님이 야곱을 알맞게 다루어 가시는 걸 우리가 계속 보고 있잖아요. 아프지만 신자라면 하나님의 징계를 달게 받아야 합니다. 야곱 하나 구원받고 깨닫게 하려고 여러 자녀가 수고합니다. 이 고난의 축복을 겸손히 받아야 합니다.

어떤 때도 우리가 낙망하거나 교만하지 않을 것은 나는 그리스도 안에서 냄새이기 때문입니다. 나로 말미암아 그리스도를 아는 냄새를 나타내 주실 분은 하나님이기 때문입니다. 나를 사망의 냄새로 맡는지, 생명의 냄새로 맡는지 주변 사람들과 한번 나누어 보십시오. 나를 향기로운 생명의 냄새로 맡는다고 잘난 체할 것도, 사망의 썩는 냄새로 맡는다고 낙심할 필요도 없습니다. 우리가 향기의 제사를 드릴 때 그것이 승리한 장수에게는 생명의 냄새이지만, 적국으로 끌려가는 포로들에게는 사망의 냄새 아니겠습니까. 그러므로 하나님이 나를 그리스도의 냄새로 삼아 주신 것 자체로 기뻐하며, 나를 사망의 냄새로 맡는 사람을 위해 더욱 기도하십시오. 날마다 말씀 앞에 서서 생명의 냄새와 사망의 냄새를 분별하게 해 달라고 기도하십시오.

- 날마다 벌어지는 사탄과의 싸움에서 나는 이길 힘 하나 없지만 하나님이 이기게 하실 것을 신뢰하며 나아갑니까? 매일 말씀으로 하나님께 '물어 이르되' 합니까? 자녀들을 말씀으로 가르치고 있습니까?

- 열심히 복음을 전해도 나를 악취로 생각하는 가족 때문에 낙심합니까? '나 정도면 괜찮은 신앙인이지' 하고 나를 향기로 여기지는 않습니까? 나로 말미암아 그리스도를 아는 냄새를 나타내실 분은 오직 하나님뿐임을 인정하고 하나님만 믿고 의지합니까?

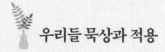
우리들 묵상과 적용

저는 4대째 믿는 가정에서 자랐습니다. 의사이자 교회 장로이신 아버지는 밤늦게 수술이 끝나면 술과 담배를 하고, 마약성 진통제까지 맞으면서 스트레스를 푸셨습니다. 이 일로 약사인 어머니는 아버지와 심하게 다투셨습니다. 어머니는 아버지를 고쳐 보겠다며 각종 치유 집회를 다니셨는데, 어린 제게 아버지는 위선자로, 어머니는 과하게 독실한 신자로 보일 뿐이었습니다. 이런 혼란과 긴장감 속에서 제 소원은 하루빨리 집을 떠나는 것이 되었습니다. 이후 저는 서울에서 대학 생활을 하다가 청년부에서 아내를 만나 결혼했습니다.

항상 기독교인으로서 일상생활에 모범을 보이고자 했고, 직장에서도 늘 열심히 일해서 어딜 가든 인정받는 부자 청년으로 살았습니다(마 19:22). 그러나 회사 일은 만만치 않았고, 저는 직장에서 받은 스트레스를 아내에게 쏟아부었습니다. 아내는 육아로 인한 육체적 고난에 저로 인한 정신적 고난까지 더해지자, 하나님의 말씀을 간절히 사모하게 되었습니다. 그러나 교만했던 저는 자기 욕심 때문에 할례를 받은 세겜처럼, 말씀을 가볍게 여겼습니다(창 34:23). 그러면서 '고난이 축복이라면 별 고난이 없는 내 인생은 뭔가?' 하는 냉소적인 마음으로 말씀을 제대로 듣지 않고 교회 주차장을 배회했습니다. 그런데 그렇게 두 달 넘게 교회 뜰만 밟던 중에 고정관념에 매여 늘 남을 정죄하고, 정작 고난을 고난으로 깨닫지 못하는 완악한 제 모습이 보이기 시작했습니다. 이후 양육을 받으면서, 교만과 상처로 똘똘 뭉쳐 교회 뜰에서 서성이던 위선자가 바로 저임을 고백하였습니다.

신임 목자가 되어 목장예배를 인도할 때의 일입니다. 아내는 제가 여자 직장 동료와 너무 통화를 자주 한다며 저를 강하게 비난했습니다. 저는 자존심이 크게 상해 모임을 중단하고, 목원들을 집으로 돌려보냈습니다. 시므온과 레위와 같이 제 분노를 따라 행했기에 생명의 냄새가 아닌 사망의 냄새를 목장에서 풍기게 된 것입니다(창 34:25, 고후 2:16). 그런데 그날 한 목원 부부가 서로 다투다가 급기야 남편 집사님이 죽겠다며 가출하는 일이 있었습니다. 아내에게 화가 나 있던 저는 일부러 그 일을 '나 몰라라' 했는데, 다음 날 망연자실한 부인 집사님을 보고, 가슴이 덜컥 내려앉았습니다. 저는 교회 공동체에 급히 기도를 요청했고, 다행히 남편 집사님은 그다음 날 집으로 돌아왔습니다. 그 집사님은 "고속도로에서 혼자 죽으려니 억울해서 같이 죽으려고 집에 들어왔는데, 아내가 반갑게 맞이하는 바람에 마음이 풀렸다"고 했습니다.

이 일로 저는 야곱이 시므온과 레위에게 악취를 내게 했다고 책임 전가한 것처럼, 내 자존심 때문에 아내 탓만 한 것을 회개하고 아내에게 사과하였습니다(창 34:30). 사망의 냄새를 피우던 저를 생명의 냄새를 내는 자로 변화시켜 주신 하나님, 사랑합니다.

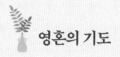

영혼의 기도

하나님 아버지, 내가 향기인가, 악취인가 끊임없이 묵상합니다. 그 시간에 하나님을 묵상하면 좋겠는데, 늘 내가 중요하니까 이런 엇나간 묵상만 합니다. 주님을 믿어도 늘 내가 우선입니다. 그래서 조금만 무시받아도 분노하고 낙망합니다. 상대를 정죄하면서 교묘하게 복수를 하기도 합니다. 주여, 이런 우리를 불쌍히 여겨 주옵소서.

주님, 악취든지 향기든지 내가 결정하는 것이 아니라고 말씀하십니다. 냄새를 나타내시는 분은 오직 하나님뿐이라고 하십니다. 그래도 나를 그리스도 안에서 냄새로 삼아 주겠다고 하시니 얼마나 감사한지 모르겠습니다. 주님은 우리 스스로 좋은 냄새를 내라 하지 않으십니다. 오직 그리스도 안에서 이기게 하시는 하나님을 의지하라 말씀하십니다. 우리도 나의 자녀를, 부모를, 스승과 상사를 하나님의 시선으로 바라보게 하옵소서.

야곱처럼 우리도 내어놓을 것 하나 없는 지질한 인생입니다. 늘 환경에 무너지고 사망의 냄새만 냅니다. 그러나 말씀으로 나의 지질함을 보고 내어놓으며 갈 때, 사망의 냄새 같지만 생명의 냄새를 내는 우리가 될 줄 믿습니다. 내가 잘나서가 아니라, 주님이 나를 그리스도

390

안에서 냄새 삼아 주셔서 조금씩 나아가고 있다고 고백하는 우리가 되게 하옵소서. 우리가 그리스도 안에서 향기를 나타낼 수 있도록 주님, 도와주옵소서. 예수님 이름으로 기도하옵나이다. 아멘.

주님, 속이 시원하시겠습니다

초판 발행일 ㅣ 2024년 2월 29일

지은이 ㅣ 김양재

발행인 ㅣ 김양재
편집인 ㅣ 송민창
편집장 ㅣ 정지현
편집 ㅣ 김윤현 정연욱 진민지 고윤희
디자인 ㅣ 디브로
표지 일러스트 ㅣ 이옥진

발행한 곳 ㅣ 큐티엠
주소 ㅣ 경기도 성남시 분당구 판교공원로2길 22, 4층 큐티엠 (우)13477
편집 문의 ㅣ 070-4635-5318   **구입 문의** ㅣ 031-707-8781
팩스 ㅣ 031-8016-3193
홈페이지 ㅣ www.qtm.or.kr   **이메일** ㅣ books@qtm.or.kr
인쇄 ㅣ ㈜신성토탈시스템
총판 ㅣ ㈜사랑플러스 02-3489-4300

ISBN ㅣ 979-11-92205-74-8

큐티엠(QTM, Quiet Time Movement)은 '날마다 큐티'하는 말씀묵상 운동을 통해
영혼을 구원하고, 가정을 중수하고, 교회를 새롭게 하는 일에 헌신합니다.